공부 기본기

중학 국어 어휘력

공부기본기 **중학 국어** 어휘력

한자어 | 한자성어 | 속담 | 우리말 | 관용구

1판 1쇄 발행 2014년 3월 3일
1판 6쇄 발행 2017년 12월 25일

지은이 박일환
펴낸이 이재성
기획편집 김민희
디자인 나는물고기
마케팅 이상준

펴낸곳 북아이콘
등록 제313-2012-88호
주소 07228 서울시 영등포구 영신로 220 KnK디지털타워 1102호
전화 (02)309-9597(편집)
팩스 (02)6008-6165
메일 bookicon99@naver.com

ISBN 978-89-98160-05-0 53710

공부 기본기

중학 국어 어휘력

한자어 : 한자성어 : 속담 : 우리말 : 관용구

글 박일환

북아이콘

이 책의 특징

01:

공부는 무엇보다 기본기가 우선입니다.

게임이나 스포츠도 규칙을 모르거나 요령이 없을 때는 재미도 없고 실력도 늘지 않지만, 그 규칙이나 요령을 알고 나면 쉬워지고 흥미가 생겨납니다. 공부도 마찬가지로 알면 재미있고, 재미가 있으면 더 열심히 하고 잘 할 수 있게 되는 것입니다.

운동선수에게 기초 체력이 중요하듯이, 공부하는 학생에게는 공부의 기본기가 무엇보다 중요합니다. 기초가 잘 닦여 있어야 응용도 가능하고, 실전력도 생기기 때문입니다. 이에 반해 기본기가 탄탄하지 못하면, 상황 변화에 따른 대응력이 떨어져 쉽게 흔들리게 됩니다. 국어, 수학, 영어 등 모든 과목 학습에 있어 튼튼한 기본기가 뒷받침되어야 하는 것입니다. 이러한 공부의 기본기를 갖추는 데는 시간이 걸리지만 궁극적으로는 훨씬 빨리 도달하는 지름길이며, 꼭 통과해야 하는 외나무다리인 것입니다.

02:

어휘력은 중학 학습에 가장 중요한 기초 능력입니다.

공부를 하는데 있어서 가장 중요한 기본기의 하나가 어휘력입니다. 어휘는 개념 학습의 기초입니다. 요즘은 교과 개념을 이해하는 방식으로 학습이 이루어지며, 예전처럼 교과 내용을 단순히 외우는 방법으로는 제대로 된 실력을 쌓을 수 없습니다. 따라서 어휘력은 국어 과목뿐만 아니라 다른 과목의 학습에도 영향을 미쳐 성적을 좌우하는 요인으로 작용합니다. 어휘력의 강약은 독해력의 강약으로 연계되어 학습 능력을 좌우하게 되는 것입니다. 그러나 어휘 실력은 저절로 늘지 않습니다. 다른 모든 학습이 그렇듯이 어휘도 틈틈히 차근차근 공부해야 온전히 자신의 것이 됩니다. 가장 좋은 어휘 학습 방법은 과정 자체가 쉽고 재미있어 공부하는 스스로가 그것을 흥미있게 받아들이는 것입니다.

03:

어휘별 특성에 따른 구성으로 학습 효과가 극대화 됩니다.

이 책은 중학생들에게 꼭 필요한 한자어, 한자성어, 속담, 우리말, 관용구 등 국어 어휘 전반에 걸쳐 선별해 수록했습니다. 특히 어휘 분야별로 그 특성에 근거해 세부 구성을 다르게 함으로써, 최대의 학습 효과가 발생될 수 있도록 하였습니다. 즉, 어휘를 특성에 따라 묶고 효과적인 학습법을 접목해 체계적인 이해와 동시에 학습 효과가 배가되도록 한 것입니다.

어휘력을 늘이는 방법에는 여러 가지가 있지만, 국어 어휘의 많은 부분을 차지하는 한자어의 경우 어떤 한자로 이루어졌는지를 알면 단어의 의미를 어느 정도는 예측할 수 있습니다. 이 책의 '한자어' 단원에서는 같은 음과 뜻을 포함하는 단어들을 엮어서 구성함으로써, 가나다 순서인 사전식 구성에 비해 훨씬 효과적으로 한자어를 익힐 수 있습니다. 또한 한자성어는 보다 효율적인 학습이 이루어지도록 주제 단위별로 묶고, 한자의 뜻에 근거한 뜻풀이를 결합하였습니다. 속담도 주제별로 묶어서 구성하여 유사 속담에 대한 학습이 동시에 이루어지도록 하였습니다. 우리말은 시작하는 음과 끝나는 음이 같은 낱말을 기준으로 묶어서 체계적인 접근이 가능하도록 하였습니다. 관용구도 같은 음으로 시작되는 단어들을 묶어서 학습할 수 있도록 구성하였습니다.

04:

체계적인 구성으로 학습 습관을 들이는데 유용합니다.

어휘 학습은 꾸준히 하는 것이 필요합니다. 꾸준한 어휘 학습이 이루어지기 위해서는 학습 호흡과 습관이 무척 중요합니다. 이 책은 적정한 분량의 어휘를 지속적으로 습득할 수 있도록 유사한 어휘를 묶어서 구성하는 방식을 취했습니다. 학습하기 편하도록 각 분야별로 어휘수를 적정하게 안배해 학습자가 일정한 분량을 나누어 학습하고 학습 습관을 들이는데 유용하도록 체계적인 구성을 하였습니다. 부디 우리 중학생들이 이 책으로 기본기를 다져 평생의 자산으로 삼기를 기대해 봅니다.

이 책의 차례

1 한자어 11쪽~172쪽

2 한자성어 173쪽~204쪽

3 속담 205쪽~244쪽

6	**꿈, 낯**	꿈(을) 깨다/ 꿈도 야무지다/ 꿈에 밟히다/ 낯(을) 들다/ 낯(이) 두껍다/ 낯이 깎이다
7	**눈**	눈(에) 띄다/ 눈(에) 어리다/ 눈(을) 돌리다/ 눈(을) 똑바로 뜨다/ 눈(이) 높다/ 눈(이) 많다/ 눈(이) 맞다/ 눈도 깜짝 안 하다/ 눈 밖에 나다/ 눈에 밟히다
8	**다리, 뒤**	다리(를) 놓다/ 다리(를) 뻗고〔펴고〕자다/ 뒤(가) 구리다, 뒤가 깨끗하다/ 뒤가 든든하다/ 뒤로 물러나다/ 뒤를 캐다
9	**마음**	마음(을) 붙이다/ 마음에 두다/ 마음에 차다/ 마음이 통하다/ 마음이 풀리다
10	**머리**	머리(가) 굳다/ 머리(가) 굵다/ 머리(를) 내밀다/ 머리(를) 맞대다/ 머리(를) 숙이다/ 머리를 쥐어짜다
11	**목, 목구멍**	목에 힘을 주다/ 목이 날아가다〔달아나다〕/ 목이 빠지게 기다리다/ 목구멍까지 차오르다〔치밀어 오르다〕/ 목구멍에 풀칠하다/ 목구멍의 때(를) 벗기다
12	**바가지, 바닥, 바람**	바가지(를) 긁다/ 바가지(를) 쓰다/ 바닥(이) 드러나다/ 바닥을 기다/ 바람(을) 넣다/ 바람(을) 잡다
13	**발**	발(을) 구르다/ 발(을) 끊다/ 발(을) 빼다〔씻다〕/ 발(이) 묶이다/ 발 벗고 나서다/ 발이 닳다
14	**발등, 배**	발등(을) 찍히다/ 발등에 불(이) 떨어지다/ 발등의 불을 끄다/ 배(가) 아프다/ 배(를) 불리다〔채우다〕
15	**불, 불꽃, 불똥, 빛**	불을 끄다/ 불꽃(이) 튀다/ 불똥(이) 튀다/ 빛을 발하다/ 빛을 보다
16	**뼈, 사람**	뼈를 깎다〔갈다〕/ 뼈를 묻다/ 뼈에 사무치다/ 사람(을) 버리다/ 사람(을) 잡다/ 사람(이) 되다
17	**속**	속(을) 긁다/ 속(을) 끓이다/ 속(을) 뜨다〔떠보다〕/ 속(이) 뒤집히다/ 속(이) 시원하다
18	**손, 숨, 씨**	손(에) 익다/ 손(을) 끊다/ 손(을) 내밀다/ 손(을) 뻗치다/ 손(이) 맵다/ 손(이) 크다/ 손을 맞잡다/ 숨(을) 돌리다/ 숨(이) 막히다/ 씨도 먹히지 않다/ 씨를 말리다
19	**앞뒤, 어깨**	앞뒤(를) 가리지 않다/ 앞뒤가 다르다/ 앞뒤가 막히다/ 어깨가 무겁다/ 어깨가 처지다〔낮아지다/늘어지다〕/ 어깨에 힘(을) 주다
20	**이, 입**	이(가) 갈리다/ 이를 악물다〔깨물다/물다/사리물다〕/ 입(을) 막다/ 입(을) 맞추다/ 입(을) 모으다/ 입에 담다
21	**주머니, 침, 칼**	주머니(를) 털다/ 주머니가 가볍다/ 침(을) 삼키다〔흘리다〕/ 침이 마르다/ 칼을 빼들다/ 칼자루를 휘두르다
22	**피**	피(가) 끓다/ 피(를) 토하다/ 피가 뜨겁다/ 피가 마르다/ 피를 빨아먹다
23	**하늘, 허리**	하늘에 맡기다/ 하늘을 찌르다/ 하늘이 노래지다/ 허리가 잘리다/ 허리가 휘다

start!

1

한자어

세상에 가능可能하지 않은 일은 없다.

1 | 가

가능, 가부, 가시, 가용

'옳다', '할 수 있다' 가(可)

가능(可能) 할 수 있거나 될 수 있음. 예 세상에 가능하지 않은 일은 없다.
가부(可否) 1. 옳고 그름. 2. 찬성과 반대를 아울러 이르는 말. 예 투표로 가부를 결정하도록 합시다.
가시(可視) 눈으로 볼 수 있는 것. 예 나무를 베어내니 가시 범위가 넓어졌다.
가용(可溶) 물질이 액체에 잘 녹음. 반대말 불용(不溶).

가보, 가업, 가정

'집' 가(家)

가보(家寶) 한 집안에서 대를 물려 전해 오거나 전해질 보배로운 물건. 예 이 도자기는 우리 집에 전해져 오는 가보야.
가업(家業) 1. 대대로 물려받는 집안의 생업. 2. 집 안에서 하는 직업. 3. 한 집안이 이룩한 재산이나 업적. 예 가업을 이어받다.
가정(家庭) 1. 한 가족이 생활하는 집. 2. 가까운 혈연관계에 있는 사람들의 생활 공동체. 예 엄한 가정에서 자란 사람들은 예의가 바르다.

가감, 가공, 가열, 가중

'더하다' 가(加)

가감(加減) 더하거나 빼는 일. 또는 그렇게 하여 알맞게 맞추는 일. 예 사실을 가감 없이 전달했다.
가공(加工) 원자재나 반제품을 인공적으로 처리하여 새로운 제품을 만들거나 제품의 질을 높임. 예 나무를 가공하여 책상을 만들었다.
가열(加熱) 1. 어떤 물질에 열을 가함. 2. 어떤 사건에 열기를 더함. 예 설탕을 가열하면 녹아내린다.
가중(加重) 책임이나 부담 따위를 더 무겁게 함. 예 가중 처벌.

2 | 각

각도, 각막, 각목, 각축

'짐승의 뿔' 각(角)

각도(角度) 1. 생각의 방향이나 관점. 2. 한 점에서 갈리어 나간 두 직선의 벌어진 정도.
예 여러 각도로 문제를 검토하다.
각막(角膜) 눈알의 앞쪽 바깥쪽을 이루는 투명한 막. 예 각막 손상.
각목(角木) 모서리를 모가 나게 깎은 나무. 예 각목을 들다.
각축(角逐) 서로 이기려고 다투며 덤벼듦. 예 각축을 벌이다.

각서, 각성, 각오

'깨닫다', '터득하다' 각(覺)

각서(覺書) 약속을 지키겠다는 내용을 적은 문서. 예 각서를 쓰다.
각성(覺醒) 1. 깨어 정신을 차림. 2. 깨달아 앎. 예 각성을 촉구하다.
각오(覺悟) 1. 앞으로 해야 할 일이나 겪을 일에 대한 마음의 준비. 2. 도리를 깨우쳐 앎.
예 각오를 다지다.

각광, 각본, 각선미

'다리', '정강이' 각(脚)

각광(脚光) 사회적 관심이나 흥미. 예 신인 여배우가 각광을 받다.
각본(脚本) 1. 연극이나 영화를 만들기 위하여 쓴 글. 2. 대본을 각색함. 또는 그런 것.
예 어제 경기의 승리는 각본 없는 드라마였다.
각선미(脚線美) 주로 여자의 다리에서 느끼는 아름다움. 예 각선미가 아름답다.

3 | 간

간격, 간식, 간주

'틈' 간(間)

간격(間隔) 1. 공간적으로 벌어진 사이. 2. 시간적으로 벌어진 사이. 3. 사람들의 관계가 벌어진 정도. 예 적당히 간격을 벌리다.

간식(間食) 끼니와 끼니 사이에 음식을 먹음. 또는 그 음식. 비슷한말 새참.

간주(間奏) 한 악곡의 도중에 어떤 기분을 나타내기 위하여 연주하는 부분. 예 노래의 일절과 이 절 사이에 간주가 있다.

간병, 간파, 간호

'보다', '지키다' 간(看)

간병(看病) 앓는 사람이나 다친 사람의 곁에서 돌보고 시중을 듦. 예 어머니 간병을 하느라 힘들겠구나.

간파(看破) 속내를 꿰뚫어 알아차림. 예 속마음을 간파하다.

간호(看護) 다쳤거나 앓고 있는 환자나 노약자를 보살피고 돌봄. 예 환자를 간호하다.

간계, 간교, 간신

'범하다', '간통하다' 간(奸)

간계(奸計) 간사한 꾀. 예 간계에 넘어가다.

간교(奸巧) 간사하고 교활함. 예 사기꾼의 간교.

간신(奸臣) 간사한 신하. 예 간신의 모함을 받다.

4 | 갈, 강

갈구, 갈망, 갈증	'목이 마르다' 갈(渴)

갈구(渴求) 간절히 바라며 구함. 예 사랑을 갈구하다.
갈망(渴望) 간절히 바람. 예 배움에 대한 갈망.
갈증(渴症) 목이 말라 물을 마시고 싶은 느낌. 예 갈증이 나다.

강도, 강매, 강탈, 강호	'굳세다', '힘이 있는 자' 강(强)

강도(强度) 센 정도. 예 강도 높은 훈련을 시키다.
강매(强賣) 남에게 물건을 강제로 떠맡겨 팖. 예 물품 강매 행위.
강탈(强奪) 남의 물건이나 권리를 강제로 빼앗음. 예 물건을 강탈하다.
강호(强豪) 실력이나 힘이 뛰어나고 강한 사람. 또는 그런 집단. 예 씨름판의 강호.

강습, 강연, 강좌	'익히다', '읽다', '풀이하다' 강(講)

강습(講習) 1. 일정 기간 동안 학문, 기예, 실무 따위를 배우고 익히도록 지도함. 2. 옛글을 강론하여 익힘. 예 수영 강습.
강연(講演) 일정한 주제에 대하여 청중 앞에서 강의 형식으로 말함.
강좌(講座) 1. 일정한 주제에 대한 지식을 체계적으로 전달하기 위하여 편성한 강습회, 출판물, 방송 프로그램 따위를 이르는 말. 2. 대학에서 교수가 맡아 강의하는 학과목. 예 일본어 강좌.

5 | 개, 객

개간, 개벽, 개설, 개항	'열다', '통하다' 개(開)

개간(開墾) 거친 땅이나 버려 둔 땅을 일구어 논밭이나 쓸모 있는 땅으로 만듦. 예 간석지 개간.
개벽(開闢) 1. 세상이 처음으로 생겨 열림. 2. 세상이 어지럽게 뒤집힘. 3. 새로운 시대가 열리는 것을 비유해서 이르는 말. 예 천지가 개벽을 하다.
개설(開設) 설비나 제도 따위를 새로 마련하고 그에 관한 일을 시작함. 예 강좌 개설.
개항(開港) 1. 외국과 통상을 할 수 있게 항구를 개방하여 외국 선박의 출입을 허가함. 또는 그 항구. 2. 새로 항구나 공항을 열어 업무를 시작함. 예 개항 이후 새로운 서구 문물이 물밀듯 들어왔다.

개각, 개명, 개종, 개헌	'고치다', '따로', '다시' 개(改)

개각(改閣) 내각을 개편함. 예 개각을 단행하다.
개명(改名) 이름을 고침. 또는 그 이름. 예 법원에 개명 신청을 하다.
개종(改宗) 믿던 종교를 바꾸어 다른 종교를 믿음. 예 불교로 개종하다.
개헌(改憲) 헌법을 고침. 예 직선제 개헌.

객석, 객사, 객지	'손님' 객(客)

객석(客席) 극장 따위에서 손님이 앉는 자리. 예 객석을 꽉 메운 청중.
객사(客死) 객지에서 죽음. 예 객사를 당하다.
객지(客地) 자기 집을 멀리 떠나 임시로 있는 곳. 예 객지를 떠돌다.

6 | 거

거주, 거처	'있다', '살다' 거(居)

거주(居住) 일정한 곳에 머물러 삶. 또는 그런 집. 예 거주 지역.
거처(居處) 일정하게 자리를 잡고 사는 일. 또는 그 장소. 예 거처를 옮기다.

거물, 거액, 거장	'크다', '많다' 거(巨)

거물(巨物) 1. 큰 물건. 2. 세력이나 학문 따위가 뛰어나 사회적으로 영향력이 큰 인물. 예 정계의 거물.
거액(巨額) 아주 많은 액수의 돈. 예 거액을 제시하다.
거장(巨匠) 예술, 과학 따위의 어느 일정 분야에서 특히 뛰어난 사람. 예 미술계의 거장.

거동, 거사, 거수	'들다', '오르다' 거(擧)

거동(擧動) 몸을 움직임. 또는 그런 짓이나 태도. 예 거동이 수상하다.
거사(擧事) 큰일을 일으킴. 예 거사를 모의하다.
거수(擧手) 손을 위로 들어 올림. 예 거수로 표결하다.

7 | 건

건강, 건아, 건전
'튼튼하다' 건(健)

건강(健康) 정신적으로나 육체적으로 아무 탈이 없고 튼튼함. 또는 그런 상태.
건아(健兒) 건강하고 씩씩한 사나이. 예 당당한 우리 대한의 건아.
건전(健全) 1. 병이나 탈이 없이 건강하고 온전함. 2. 사상이나 사물 따위의 상태가 한쪽으로 치우치지 않고 정상적이며 위태롭지 않음. 예 건전 가요.

건국, 건설, 건의
'세우다' 건(建)

건국(建國) 나라가 세워짐. 또는 나라를 세움. 예 고조선의 건국
건설(建設) 1. 건물, 설비, 시설 따위를 새로 만들어 세움. 2. 조직체 따위를 새로 이룩함. 예 건설 현장.
건의(建議) 개인이나 단체가 의견이나 희망을 내놓음. 또는 그 의견이나 희망. 예 건의 사항.

건기, 건조, 건초
'하늘' 건(乾)

건기(乾期) 기후가 건조한 시기. 반대말 우기(雨期).
건조(乾燥) 1. 물기나 습기가 말라서 없어짐. 또는 물기나 습기를 말려서 없앰. 2. 분위기, 정신, 표현, 환경 따위가 여유나 윤기 없이 딱딱함. 예 건조한 바람.
건초(乾草) 베어서 말린 풀. 예 건초 더미가 쌓여 있다.

8 | 견, 결

견문, 견본, 견학, 견해	'보다' 견(見)

견문(見聞) 1. 보고 들음. 2. 보거나 듣거나 하여 깨달아 얻은 지식. 예 견문을 넓히다.
견본(見本) 전체 상품의 품질이나 상태 따위를 알아볼 수 있도록 본보기로 보이는 물건. 예 상품의 견본.
견학(見學) 실지로 보고 그 일에 관한 구체적인 지식을 넓힘. 예 공장 견학.
견해(見解) 어떤 사물이나 현상에 대한 자기의 의견이나 생각. 예 견해를 밝히다.

결과, 결말, 결성, 결집	'맺다', '맺히다' 결(結)

결과(結果) 1. 열매를 맺음. 또는 그 열매. 2. 어떤 원인으로 결말이 생김. 또는 그런 결말의 상태. 예 연구 결과.
결말(結末) 어떤 일이 마무리되는 끝. 예 소설의 결말 부분.
결성(結成) 조직이나 단체 따위를 짜서 만듦. 예 후원회의 결성.
결집(結集) 한곳에 모여 뭉침. 또는 한곳에 모아 뭉침. 예 민족적 결집.

결단, 결렬, 결승, 결판	'터지다' 결(決)

결단(決斷) 결정적인 판단을 하거나 단정을 내림. 또는 그런 판단이나 단정. 예 결단을 내리다.
결렬(決裂) 1. 갈래갈래 찢어짐. 2. 교섭이나 회의 따위에서 의견이 합쳐지지 않아 각각 갈라서게 됨. 예 회담의 결렬.
결승(決勝) 운동 경기 따위에서, 마지막 승자를 결정함. 예 결승에 오르다.
결판(決判) 옳고 그름이나 이기고 짐에 대한 최후 판정을 내림. 또는 그 일. 예 결판을 짓다.

9 | 경

경로, 경전, 경제, 경험 ｜ '날', '날실' 경(經)

경로(經路) 1. 지나는 길. 2. 일이 진행되는 방법이나 순서. 예 침투 경로.
경전(經典) 1. 변하지 않는 법식(法式)과 도리. 2. 성현이 지은, 또는 성현의 말이나 행실을 적은 책. 3. 종교의 교리를 적은 책. 예 불교 경전.
경제(經濟) 인간의 생활에 필요한 재화나 용역을 생산 · 분배 · 소비하는 모든 활동. 또는 그것을 통하여 이루어지는 사회적 관계. 예 경제가 발전하다.
경험(經驗) 자신이 실제로 해 보거나 겪어 봄. 또는 거기서 얻은 지식이나 기능. 예 경험이 풍부하다.

경감, 경상, 경시 ｜ '가볍다' 경(輕)

경감(輕減) 부담이나 고통 따위를 덜어서 가볍게 함. 예 세금의 경감.
경상(輕傷) 조금 다침. 또는 그 상처. 예 경상을 입다.
경시(輕視) 대수롭지 않게 보거나 업신여김. 예 인명 경시 풍조.

경각심, 경계, 경구, 경종 ｜ '경계하다', '타이르다' 경(警)

경각심(警覺心) 정신을 차리고 주의 깊게 살피어 경계하는 마음. 예 경각심을 높이다.
경계(警戒) 1. 뜻밖의 사고가 생기지 않도록 조심하여 단속함. 2. 옳지 않은 일이나 잘못된 일들을 하지 않도록 타일러서 주의하게 함. 예 경계를 늦추다.
경구(警句) 진리나 삶에 대한 느낌이나 사상을 간결하고 날카롭게 표현한 말. 예 경구를 마음에 새기다.
경종(警鐘) 1. 위급한 일이나 비상사태를 알리는, 종이나 사이렌 따위의 신호. 2. 잘못된 일이나 위험한 일에 대하여 경계하여 주는 주의나 충고를 비유해서 이르는 말. 예 경종을 울리다.

10 | 계

계략, 계산, 계획

'꾀', '계략' 계(計)

계략(計略) 어떤 일을 이루기 위한 꾀나 수단. 예 계략을 꾸미다.
계산(計算) 1. 수를 헤아림. 2. 어떤 일을 예상하거나 고려함. 3. 값을 치름. 4. 어떤 일이 자기에게 이해득실이 있는지 따짐.
계획(計劃) 앞으로 할 일의 절차, 방법, 규모 따위를 미리 헤아려 작정함. 또는 그 내용.

계보, 계열, 계통

'잇다', '걸리다' 계(系)

계보(系譜) 1. 조상 때부터 내려오는 혈통과 집안의 역사를 적은 책. 2. 혈연관계나 학풍, 사조(思潮) 따위가 계승되어 온 연속성. 예 계보를 잇다.
계열(系列) 서로 관련이 있거나 유사한 점이 있어서 한 갈래로 이어지는 계통이나 조직. 예 인문 계열.
계통(系統) 1. 일정한 체계에 따라 서로 관련되어 있는 부분들의 통일적 조직. 2. 일의 체계나 순서. 3. 일정한 분야나 부문. 4. 하나의 공통적인 것에서 갈려 나온 갈래. 예 호흡기 계통.

계모, 계승

'잇다', '이어 나가다' 계(繼)

계모(繼母) 의붓어머니. 예 계모에게 구박을 받다.
계승(繼承) 1. 조상의 전통이나 문화유산, 업적 따위를 물려받아 이어 나감. 2. 선임자의 뒤를 이어받음. 예 전통 문화의 계승.

11 | 고

고급, 고령, 고성, 고지 | '높다' 고(高)

고급(高級) 1. 물건이나 시설 따위의 품질이 뛰어나고 값이 비쌈. 2. 지위나 신분 또는 수준 따위가 높음. 예 고급 음식점.
고령(高齡) 늙은이로서 썩 많은 나이. 또는 그런 나이가 된 사람. 예 90세의 고령이시다.
고성(高聲) 크고 높은 목소리. 예 고성이 오가다.
고지(高地) 1. 지대가 높은 땅. 2. 이루어야 할 목표. 또는 그 수준에 이른 단계. 예 고지를 점령하다.

고발, 고별, 고지 | '알리다', '묻다' 고(告)

고발(告發) 세상에 잘 알려지지 않은 잘못이나 비리 따위를 드러내어 알림. 예 고발 기사.
고별(告別) 1. 같이 있던 사람과 헤어지면서 작별을 알림. 2. 장례 때에 죽은 사람에게 이별을 알림. 예 고별 연설.
고지(告知) 게시나 글을 통하여 알림. 예 결정 사항을 고지하다.

고뇌, 고심, 고전, 고행 | '쓰다' 고(苦)

고뇌(苦惱) 괴로워하고 번뇌함. 예 고뇌에서 벗어나다.
고심(苦心) 몹시 애를 태우며 마음을 씀. 예 고심 끝에 결정을 내리다.
고전(苦戰) 전쟁이나 운동 경기 따위에서, 몹시 힘들고 어렵게 싸움. 또는 그 싸움. 예 고전을 면치 못하다.
고행(苦行) 몸으로 견디기 어려운 일들을 통하여 수행을 쌓는 일. 예 부처님의 고행.

12 | 공

공개, 공공, 공금, 공용, 공익, 공정

'공변되다', '공적인 것' 공(公)

공개(公開) 어떤 사실이나 사물, 내용 따위를 여러 사람에게 널리 터놓음.
공공(公共) 국가나 사회의 구성원에게 두루 관계되는 것. 예 공공 기관.
공금(公金) 1. 국가나 공공 단체가 소유하는 돈. 2. 개인의 돈이 아닌 어떤 조직이나 모임의 구성원 전체가 공동으로 소유하는 돈. 예 공금을 유용하다.
공용(公用) 1. 공공의 목적으로 씀. 또는 그런 물건. 2. 공적인 용무. 3. 공공 단체에서 공적으로 쓰는 비용. 예 공용 물품.
공익(公益) 사회 전체의 이익. 예 공익 광고.
공정(公正) 공평하고 올바름. 예 공정 보도.

공감, 공동, 공범, 공생

'함께', '함께하다' 공(共)

공감(共感) 남의 감정, 의견, 주장 따위에 대하여 자기도 그렇다고 느낌. 또는 그렇게 느끼는 기분. 예 공감을 얻다.
공동(共同) 둘 이상의 사람이나 단체가 함께 일을 하거나, 같은 자격으로 관계를 가짐. 예 공동 개최.
공범(共犯) 범죄 구성 요건에 해당하는 행위를 공동으로 실행한 사람. 또는 그 행위. 예 공범으로 몰다.
공생(共生) 서로 도우며 함께 삶. 예 공생 관계.

공간, 공상, 공중

'비다', '없다' 공(空)

공간(空間) 1. 아무것도 없는 빈 곳. 2. 영역이나 세계를 이르는 말. 예 좁은 공간.
공상(空想) 현실적이지 못하거나 실현될 가망이 없는 것을 막연히 그리어 봄. 또는 그런 생각. 예 공상에 잠기다.
공중(空中) 하늘과 땅 사이의 빈 곳. 예 공중으로 솟구치다.

13 | 관

관계, 관문, 관심

'빗장', '닫다' 관(關)

관계(關係) 1. 둘 이상의 사람, 사물, 현상 따위가 서로 관련을 맺거나 관련이 있음. 또는 그런 관련. 2. 어떤 방면이나 영역에 관련을 맺고 있음. 또는 그 방면이나 영역.

관문(關門) 1. 국경이나 요새의 성문(城門). 2. 국경이나 주요 지점의 통로에서 지나가는 사람과 물품을 조사하는 관(關)의 문. 3. 국경이나 요새 따위를 드나들기 위하여 반드시 거쳐야 하는 길목. 4. 어떤 일을 하기 위하여 반드시 거쳐야 하는 대목. 예 관문을 통과하다.

관심(關心) 어떤 것에 마음이 끌려 주의를 기울임. 또는 그런 마음이나 주의.

관례, 관성, 관습, 관행

'버릇', '버릇이 되다' 관(慣)

관례(慣例) 전부터 해 내려오던 전례(前例)가 관습으로 굳어진 것. 예 관례에 따르다.

관성(慣性) 물체가 밖의 힘을 받지 않는 한 정지 또는 등속도 운동의 상태를 지속하려는 성질. 예 관성의 법칙.

관습(慣習) 어떤 사회에서 오랫동안 지켜 내려와 그 사회 성원들이 널리 인정하는 질서나 풍습. 예 오랜 관습.

관행(慣行) 오래전부터 해 오는 대로 함. 또는 관례에 따라서 함. 예 관행을 깨다.

관광, 관점, 관중

'보다' 관(觀)

관광(觀光) 다른 지방이나 다른 나라에 가서 그곳의 풍경, 풍습, 문물 따위를 구경함.

관점(觀點) 사물이나 현상을 관찰할 때, 그 사람이 보고 생각하는 태도나 방향 또는 처지. 예 관점이 다르다.

관중(觀衆) 운동 경기 따위를 구경하기 위하여 모인 사람들. 예 야구 관중.

14 | 구

구급, 구조, 구원

'건지다', '구원하다' 구(救)

구급(救急) 1. 위급한 상황에서 구하여 냄. 2. 병이 위급할 때 우선 목숨을 구하기 위한 처치를 함. 예 구급 요령.
구조(救助) 재난 따위를 당하여 어려운 처지에 빠진 사람을 구하여 줌. 예 인명 구조.
구원(救援) 어려움이나 위험에 빠진 사람을 구하여 줌. 예 구원 요청.

구간, 구분, 구역

'지경', '나누다' 구(區)

구간(區間) 어떤 지점과 다른 지점과의 사이. 예 공사 구간.
구분(區分) 일정한 기준에 따라 전체를 몇 개로 갈라 나눔. 예 구분을 짓다.
구역(區域) 갈라놓은 지역. 예 출입 금지 구역.

구도, 구상, 구성, 구조

'얽다', '집을 짓다' 구(構)

구도(構圖) 그림에서 모양, 색깔, 위치 따위의 짜임새. 예 구도를 잡다.
구상(構想) 앞으로 이루려는 일에 대하여 그 일의 내용이나 규모, 실현 방법 따위를 어떻게 정할 것인지 이리저리 생각함. 또는 그 생각. 예 작전 구상.
구성(構成) 몇 가지 부분이나 요소들을 모아서 일정한 전체를 짜 이룸. 또는 그 이룬 결과. 예 구성 성분.
구조(構造) 부분이나 요소가 어떤 전체를 짜 이룸. 또는 그렇게 이루어진 얼개. 예 산업 구조.

15 | 규, 극

규격, 규정, 규칙	'법', '규정' 규(規)

규격(規格) 1. 일정한 규정에 들어맞는 격식. 2. 제품이나 재료의 품질, 모양, 크기, 성능 따위의 일정한 표준. 예 규격 봉투.
규정(規定) 1. 규칙으로 정함. 또는 그 정하여 놓은 것. 2. 내용이나 성격, 의미 따위를 밝혀 정함. 또는 그 정하여 놓은 것. 예 맞춤법 규정.
규칙(規則) 여러 사람이 다 같이 지키기로 작정한 법칙. 또는 제정된 질서.

극기, 극복	'이기다', '능하다' 극(克)

극기(克己) 자기의 감정이나 욕심, 충동 따위를 이성적 의지로 눌러 이김. 예 극기 훈련.
극복(克服) 1. 악조건이나 고생 따위를 이겨 냄. 2. 적을 이기어 굴복시킴. 예 위기극복.

극단, 극언, 극치, 극한	'다하다', '떨어지다' 극(極)

극단(極端) 1. 맨 끝. 2. 길이나 일의 진행이 끝까지 미쳐 더 나아갈 데가 없는 지경. 3. 중용을 잃고 한쪽으로 크게 치우침. 예 사태가 극단으로 치닫다.
극언(極言) 1. 극단적으로 말함. 또는 그런 말. 2. 있는 힘을 다해서 간하여 말함. 또는 그런 말. 예 극언을 퍼붓다.
극치(極致) 도달할 수 있는 최고의 정취나 경지. 예 아름다움의 극치.
극한(極限) 궁극의 한계. 사물이 진행하여 도달할 수 있는 최후의 단계나 지점을 이른다. 예 극한 대립.

16 | 근, 금

근검, 근로, 근면	'부지런하다' 근(勤)

근검(勤儉) 부지런하고 검소함. 예 근검 절약.
근로(勤勞) 부지런히 일함. 예 근로 시간.
근면(勤勉) 부지런히 일하며 힘씀. 예 근면과 협동.

근교, 근년, 근황	'가깝다', '닮다' 근(近)

근교(近郊) 도시의 가까운 변두리에 있는 마을이나 들. 예 대도시 근교의 인구가 점점 증가하다.
근년(近年) 요 몇 해 사이. 예 근년에 보기 드문 가뭄.
근황(近況) 요즈음의 상황. 예 근황을 묻다.

근거, 근본	'뿌리' 근(根)

근거(根據) 1. 근본이 되는 거점. 2. 어떤 일이나 의논, 의견에 그 근본이 됨. 또는 그런 까닭. 예 판단의 근거.
근본(根本) 1. 사물의 본질이나 본바탕. 2. 자라 온 환경이나 혈통. 예 근본 원칙.

금기, 금단, 금지	'금하다', '꺼리다' 금(禁)

금기(禁忌) 마음에 꺼려서 하지 않거나 피함. 예 금기 사항.
금단(禁斷) 1. 어떤 행위를 못하도록 금함. 2. 어떤 구역에 드나들지 못하도록 막음. 예 금단의 지역.
금지(禁止) 법이나 규칙이나 명령 따위로 어떤 행위를 하지 못하도록 함.

17 | 기

기반, 기본, 기준, 기초	‘터’, ‘기초’ 기(基)

기반(基盤) 기초가 되는 바탕. 또는 사물의 토대. 예 기반을 닦다.
기본(基本) 사물이나 현상, 이론, 시설 따위의 기초와 근본. 예 기본을 익히다.
기준(基準) 기본이 되는 표준. 예 심사 기준.
기초(基礎) 1. 사물이나 일 따위의 기본이 되는 토대. 2. 건물, 다리 따위와 같은 구조물의 무게를 받치기 위하여 만든 밑받침. 예 기초가 튼튼하다.

기력, 기상, 기후	‘기운’, ‘공기’ 기(氣)

기력(氣力) 사람의 몸으로 활동할 수 있는 정신과 육체의 힘. 예 기력을 잃다.
기상(氣像) 사람이 타고난 기개나 마음씨. 또는 그것이 겉으로 드러난 모양. 예 진취적인 기상.
기후(氣候) 기온, 비, 눈, 바람 따위의 대기(大氣) 상태. 예 서늘한 기후.

기록, 기억, 기호	‘기록하다’, ‘적다’ 기(記)

기록(記錄) 1. 주로 후일에 남길 목적으로 어떤 사실을 적음. 또는 그런 글. 2. 운동 경기 따위에서 세운 성적이나 결과를 수치로 나타냄. 예 기록을 남기다.
기억(記憶) 이전의 인상이나 경험을 의식 속에 간직하거나 도로 생각해 냄.
기호(記號) 어떠한 뜻을 나타내기 위하여 쓰이는 부호, 문자, 표지 따위를 통틀어 이르는 말.

18 | 나, 낙, 남

나열, 나침반	‘그물질하다’, ‘늘어서다’ 나(羅)

나열(羅列) 1. 죽 벌여 놓음. 또는 죽 벌여 있음. 2. 나란히 줄을 지음.
나침반(羅針盤) 항공, 항해 따위에 쓰는 지리적인 방향 지시 계기.

낙담, 낙도, 낙후	‘떨어지다’, ‘흩어지다’ 낙(落)

낙담(落膽) 너무 놀라 간이 떨어지는 듯하다는 뜻으로, 바라던 일이 뜻대로 되지 않아 마음이 몹시 상함. 예 성적이 떨어져서 낙담하다.
낙도(落島) 육지에서 멀리 떨어진 외딴섬. 예 낙도의 초등학교와 자매결연을 맺다.
낙후(落後) 기술이나 문화, 생활 따위의 수준이 일정한 기준에 미치지 못하고 뒤떨어짐. 예 공업의 낙후.

낙관, 낙승, 낙천	‘즐기다’ 낙(樂)

낙관(樂觀) 1. 인생이나 사물을 밝고 희망적인 것으로 봄. 2. 앞으로의 일 따위가 잘되어 갈 것으로 여김.
낙승(樂勝) 힘들이지 아니하고 쉽게 이김. 예 우리 편의 낙승으로 끝나다.
낙천(樂天) 세상과 인생을 즐겁고 좋은 것으로 여김.

남용, 남획	‘퍼지다’, ‘넘치다’ 남(濫)

남용(濫用) 1. 일정한 기준이나 한도를 넘어서 함부로 씀. 2. 권리나 권한 따위를 본래의 목적이나 범위를 벗어나 함부로 행사함. 예 약물 남용.
남획(濫獲) 짐승이나 물고기 따위를 마구 잡음. 예 물고기를 남획하다.

19 | 내, 냉

내국인, 내란, 내륙, 내면, 내실, 내조	'안', '들다' 내(內)

내국인(內國人) 자기 나라 사람을 다른 나라 사람에 상대하여 이르는 말.
내란(內亂) 나라 안에서 정권을 차지할 목적으로 벌어지는 큰 싸움.
내륙(內陸) 바다에서 멀리 떨어져 있는 육지. 예 내륙 지방.
내면(內面) 밖으로 드러나지 아니하는 사람의 속마음. 사람의 정신적 · 심리적 측면을 이른다. 예 인간의 내면.
내실(內實) 1. 내부의 실제 사정. 2. 내적인 가치나 충실성. 예 내실을 다지다.
내조(內助) 아내가 남편을 도움. 예 아내의 내조를 받다.

내력, 내빈, 내세	'오다', '장래' 내(來)

내력(來歷) 1. 지금까지 지내온 경로나 경력. 2. 일정한 과정을 거치면서 이루어진 까닭.
내빈(來賓) 모임에 공식적으로 초대를 받고 온 사람. 예 내빈 소개.
내세(來世) 죽은 뒤에 다시 태어나 산다는 미래의 세상. 예 내세에서는 행복하게 살기를 바라다.

냉각, 냉대, 냉소, 냉전	'차다', '식히다' 냉(冷)

냉각(冷却) 1. 식어서 차게 됨. 또는 식혀서 차게 함. 2. 애정, 정열, 흥분 따위의 기분이 가라앉음. 또는 가라앉힘. 예 남북한 사이에 냉각 기류가 흐르다.
냉대(冷待) 푸대접. 예 손님을 냉대하다.
냉소(冷笑) 쌀쌀한 태도로 비웃음. 또는 그런 웃음. 예 입가에 냉소가 흐르다.
냉전(冷戰) 1. 직접적으로 무력을 사용하지 않고, 경제 · 외교 · 정보 따위를 수단으로 하는 국제적 대립. 2. 두 대상의 대립이나 갈등 구조를 비유해서 이르는 말. 예 냉전 상태.

20 | 노

노고, 노사, 노심초사, 노역

‘일하다’, ‘노력하다’, ‘힘쓰다’ 노(勞)

노고(勞苦) 힘들여 수고하고 애씀. 예 노고에 감사드리다.
노사(勞使) 노동자와 사용자를 아울러 이르는 말. 예 노사 대립.
노심초사(勞心焦思) 몹시 마음을 쓰며 애를 태움. 예 거짓말이 탄로 날까 봐 노심초사하다.
노역(勞役) 몹시 괴롭고 힘들게 일함. 또는 그런 노동. 예 노역에 시달리다.

노면, 노변, 노선, 노자

‘길’, ‘거쳐 가는 길’ 노(路)

노면(路面) 길바닥. 예 노면이 미끄럽다.
노변(路邊) 길가. 예 노변에 코스모스가 피었다.
노선(路線) 1. 자동차 선로, 철도 선로 따위와 같이 일정한 두 지점을 정기적으로 오가는 교통선. 2. 개인이나 조직 따위가 일정한 목표를 실현하기 위하여 지향하여 나가는 견해의 방향이나 행동 방침.
노자(路資) 먼 길을 떠나 오가는 데 드는 비용. 참고 **노잣돈** 먼 길을 오가는 데 드는 돈.

노골적, 노숙, 노천, 노출

‘드러나다’ 노(露)

노골적(露骨的) 숨김없이 모두를 있는 그대로 드러내는. 또는 그런 것. 예 상대방에게 속마음을 노골적으로 드러내다.
노숙(露宿) 한뎃잠. 예 겨울철의 노숙으로 그의 몸은 꽁꽁 얼었다.
노천(露天) 한데. 예 그들은 노천에 얼기설기 짐들을 풀었다.
노출(露出) 겉으로 드러나거나 드러냄.

21 | 녹, 논, 농

녹음, 녹취, 녹화	'기록하다', '베끼다' 녹(錄)

녹음(錄音) 테이프나 판 또는 영화 필름 따위에 소리를 기록함. 또는 그렇게 기록한 소리.
녹취(錄取) 방송 따위의 내용을 녹음함. 또는 녹음한 것을 글로 옮겨 기록함. 예 회의 내용을 녹취하다.
녹화(錄畫) 사물의 모습이나 움직임 따위를 나중에 다시 볼 수 있도록 텔레비전 카메라나 비디오카메라 또는 비디오 기기를 통하여 필름, 테이프 따위에 담아 둠.

논객, 논리, 논박, 논술	'말하다', '진술하다', '사리를 밝히다' 논(論)

논객(論客) 옳고 그름을 잘 논하는 사람. 또는 그런 일을 좋아하는 사람. 예 논객들이 모여 시국을 논하다.
논리(論理) 1. 말이나 글에서 사고나 추리 따위를 이치에 맞게 이끌어 가는 과정이나 원리. 2. 사물 속에 있는 이치. 또는 사물끼리의 법칙적인 연관.
논박(論駁) 어떤 주장이나 의견에 대하여 그 잘못된 점을 조리 있게 공격하여 말함. 예 지식인의 허무주의를 논박하다.
논술(論述) 어떤 것에 관하여 의견을 논리적으로 서술함. 또는 그런 서술.

농도, 농축, 농후	'짙다', '이슬이 많다' 농(濃)

농도(濃度) 1. 용액 따위의 진함과 묽음의 정도. 2. 어떤 성질이나 성분이 깃들어 있는 정도. 3. 빛깔이나 명암 따위의 짙음과 옅음의 정도. 예 농도가 짙다.
농축(濃縮) 액체를 진하게 또는 바짝 졸임. 예 여러 약제를 농축하다.
농후(濃厚) 1. 맛, 빛깔, 성분 따위가 매우 짙음. 2. 어떤 경향이나 기색 따위가 뚜렷함. 예 향토색이 농후하다.

22 | 다, 단

다발, 다복, 다사다난, 다산, 다정다감	'많다', '넓다' 다(多)

다발(多發) 많이 발생함. 예 사고 다발 지역.
다복(多福) 복이 많음. 또는 많은 복. 예 다복한 가정에서 자라다.
다사다난(多事多難) 여러 가지 일도 많고 어려움이나 탈도 많음. 예 다사다난했던 한 해를 마감하다.
다산(多産) 1. 아이 또는 새끼를 많이 낳음. 2. 물품을 많이 생산함.
다정다감(多情多感) 정이 많고 감정이 풍부함. 예 다정다감한 성격.

다과, 다반사, 다탁	'차' 다(茶)

다과(茶菓) 차와 과실을 아울러 이르는 말. 예 다과를 내오다.
다반사(茶飯事) 차를 마시고 밥을 먹는 일이라는 뜻으로, 보통 있는 예사로운 일을 이르는 말. 예 늦은 귀가가 다반사였다.
다탁(茶卓) 차를 마실 때 사용하는 탁자. 예 다탁을 사이에 두고 마주 앉다.

단견, 단명, 단문, 단발, 단장, 단점	'짧다', '숨이 가쁘다', '적다' 단(短)

단견(短見) 1. 짧은 생각이나 의견. 2. 자기의 생각이나 의견을 겸손하게 이르는 말. 예 아녀자의 단견.
단명(短命) 목숨이 짧음. 예 단명으로 끝난 천재의 삶.
단문(短文) 1. 짧은 글. 2. 글을 아는 것이 넉넉하지 못함. 예 이런 단문도 제대로 번역하지 못한단 말이야?
단발(短髮) 짧은 머리털. 반대말 장발(長髮).
단장(短杖) 짧은 지팡이. 예 단장을 짚은 노인.
단점(短點) 잘못되고 모자라는 점. 반대말 장점(長點).

단교, 단면, 단상, 단식, 단절, 단죄

'끊다', '쪼개다', '가르다' 단(斷)

단교(斷交) 1. 교제를 끊음. 2. 나라와 나라 사이의 외교 관계를 끊음. 예 두 나라는 서로 단교를 선언했다.

단면(斷面) 1. 물체의 잘라 낸 면. 2. 사물이나 사건의 여러 현상 가운데 한 부분적인 측면. 예 이 소설은 인생의 단면을 잘 그려냈다.

단상(斷想) 생각나는 대로의 단편적인 생각. 예 단상들을 모아 책으로 내다.

단식(斷食) 일정 기간 동안 의식적으로 음식을 먹지 아니함.

단절(斷絶) 1. 유대나 연관 관계를 끊음. 2. 흐름이 연속되지 아니함.

단죄(斷罪) 1. 죄를 처단함. 2. 죄로 단정함. 예 흉악범을 단죄하다.

단서, 단아, 단정

'바르다', '곧다', '옳다' 단(端)

단서(端緖) 1. 어떤 문제를 해결하는 방향으로 이끌어 가는 일의 첫 부분. 2. 어떤 일의 시초. 예 단서가 될 만한 물건.

단아(端雅) 단정하고 아담함. 예 그녀는 단아한 용모가 매력이다.

단정(端正) 옷차림새나 몸가짐 따위가 얌전하고 바름. 예 단정한 복장.

단결, 단속, 단체

'둥글다', '모이다', '덩어리' 단(團)

단결(團結) 많은 사람이 마음과 힘을 한데 뭉침. 비슷한말 단합(團合).

단속(團束) 1. 주의를 기울여 다잡거나 보살핌. 2. 규칙이나 법령, 명령 따위를 지키도록 통제함.

단체(團體) 1. 같은 목적을 달성하기 위하여 모인 사람들의 일정한 조직체. 2. 여러 사람이 모여서 이루어진 집단.

23 | 달, 담

달관, 달변, 달인, 달필	‘통달하다’, ‘다다르다’ 달(達)

달관(達觀) 1. 사소한 사물이나 일에 얽매이지 않고 세속을 벗어난 활달한 식견이나 인생관에 이름. 또는 그 식견이나 인생관. 2. 사물에 통달한 식견이나 관찰. 예 달관의 경지에 이르다.

달변(達辯) 능숙하여 막힘이 없는 말. 반대말 눌변(訥辯).

달인(達人) 1. 학문이나 기예에 통달하여 남달리 뛰어난 역량을 가진 사람. 2. 널리 사물의 이치에 통달한 사람.

달필(達筆) 1. 능숙하게 잘 쓰는 글씨. 또는 그런 글씨를 쓰는 사람. 2. 장래에 귀하게 될 기상이 있는 글씨. 예 그 사람은 달필이다.

담소, 담판, 담합, 담화	‘말씀’, ‘말하다’ 담(談)

담소(談笑) 웃고 즐기면서 이야기함. 또는 그런 이야기. 예 즐겁게 담소를 나누다.

담판(談判) 서로 맞선 관계에 있는 쌍방이 의논하여 옳고 그름을 판단함. 예 빨리 담판을 짓도록 하자.

담합(談合) 1. 서로 의논하여 합의함. 2. 〈법률〉 경쟁 입찰을 할 때에 입찰 참가자가 서로 의논하여 미리 입찰 가격이나 낙찰자 따위를 정하는 일. 예 그 가게는 이웃 가게와 담합하여 물건값을 대폭 인상했다.

담화(談話) 1. 서로 이야기를 주고받음. 2. 한 단체나 공적인 자리에 있는 사람이 어떤 문제에 대한 견해나 태도를 밝히는 말. 예 대통령이 담화를 발표하다.

담백, 담수	‘묽다’, ‘싱겁다’ 담(淡)

담백(淡白) 1. 욕심이 없고 마음이 깨끗함. 2. 아무 맛이 없이 싱거움. 3. 음식이 느끼하지 않고 산뜻함. 4. 빛깔이 진하지 않고 산뜻함.

담수(淡水) 민물. 예 이 섬은 담수가 부족해 벼농사를 지을 수 없다.

24 | 답, 당

## 답례, 답방, 답사	'대답하다', '맞다', '맞추다' 답(答)

답례(答禮) 말, 동작, 물건 따위로 남에게서 받은 예(禮)를 도로 갚음. 또는 그 예. 예 이것은 답례로 드리는 선물입니다.

답방(答訪) 다른 사람의 방문에 대한 답례로 방문함. 또는 그런 방문. 예 대통령은 미국 대통령의 이번 방한에 곧 답방할 계획이다.

답사(答辭) 1. 회답을 함. 또는 그런 말. 2. 식장에서 환영사나 환송사 따위에 답함. 또는 그런 말. 예 졸업생 대표의 답사.

## 답보, 답사, 답습	'밟다', '디디다' 답(踏)

답보(踏步) 제자리걸음. 예 답보 상태에 놓이다.

답사(踏査) 현장에 가서 직접 보고 조사함. 예 고적 답사.

답습(踏襲) 예로부터 해 오던 방식이나 수법을 좇아 그대로 행함. 예 전통의 계승과 답습을 혼동해서는 안 된다.

## 당대, 당락, 당선, 당위성, 당직, 당첨	'당하다', '대하다', '맡다' 당(當)

당대(當代) 1. 일이 있는 바로 그 시대. 2. 지금 이 시대. 3. 사람의 한평생. 예 최치원은 신라 당대 최고의 문장가였다.

당락(當落) 당선과 낙선을 아울러 이르는 말. 예 당락을 두고 희비가 엇갈리다.

당선(當選) 1. 선거에서 뽑힘. 2. 심사나 선발에서 뽑힘. 반대말 낙선(落選).

당위성(當爲性) 마땅히 그렇게 하거나 되어야 할 성질. 예 전쟁을 꼭 해야 할 당위성이 있는가?

당직(當直) 근무하는 곳에서 숙직이나 일직 따위의 당번이 됨. 또는 그런 차례가 된 사람. 예 오늘은 당직이라 일찍 들어갈 수 없다.

당첨(當籤) 추첨에서 뽑힘.

25 | 대

대가, 대륙, 대미, 대세, 대의	‘크다’, ‘넓다’, ‘두루’ 대(大)

대가(大家) 1. 전문 분야에서 뛰어나 권위를 인정받는 사람. 2. 대대로 부귀를 누리며 번창하는 집안. 예 서예의 대가로 이름을 날리다.

대륙(大陸) 넓은 면적을 가지고 해양의 영향이 내륙부에까지 직접적으로 미치지 않는 육지. 예 중국은 대륙 국가이다.

대미(大尾) 어떤 일의 맨 마지막. 예 축제의 대미를 장식하다.

대세(大勢) 1. 일이 진행되어 가는 결정적인 형세. 2. 병이 위급한 상태. 3. 큰 권세. 예 대세는 유리하게 바뀌다.

대의(大義) 사람으로서 마땅히 지키고 행하여야 할 큰 도리. 예 그는 대의를 위해 목숨을 바쳤다.

대담, 대면, 대인, 대조	‘대답하다’, ‘대하다’, ‘짝’ 대(對)

대담(對談) 마주 대하고 말함. 또는 그런 말. 예 대담을 나누다.

대면(對面) 서로 얼굴을 마주 보고 대함. 예 뜻밖의 대면에 할 말을 잃다.

대인(對人) 다른 사람을 상대함. 예 대인 관계가 원만하다.

대조(對照) 1. 둘 이상인 대상의 내용을 맞대어 같고 다름을 검토함. 2. 서로 달라서 대비가 됨. 예 까만 얼굴과 흰 이가 선명한 대조를 보인다.

대기, 대령, 대망, 대우	‘기다리다’, ‘갖추다’, ‘대비하다’ 대(待)

대기(待期) 때나 기회가 생기기를 기다림.

대령(待令) 윗사람의 지시나 명령을 기다림. 또는 그렇게 함. 예 가마를 대령하다.

대망(待望) 기다리고 바람. 예 대망의 새해가 밝아 오다.

대우(待遇) 1. 어떤 사회적 관계나 태도로 대하는 일. 2. 직장에서의 지위나 급료 따위의 근로 조건. 3. 예의를 갖추어 대하는 일.

26 | 도

도구, 도덕, 도로, 도리, 도술, 도통	'길', '이치', '근원' 도(道)

도구(道具) 1. 일을 할 때 쓰는 연장을 통틀어 이르는 말. 2. 어떤 목적을 이루기 위한 수단이나 방법.
도덕(道德) 사회의 구성원들이 양심, 사회적 여론, 관습 따위에 비추어 스스로 마땅히 지켜야 할 행동 준칙이나 규범의 총체.
도로(道路) 사람, 차 따위가 잘 다닐 수 있도록 만들어 놓은 비교적 넓은 길.
도리(道理) 1. 사람이 어떤 입장에서 마땅히 행하여야 할 바른 길. 2. 어떤 일을 해 나갈 방도(方道). 예 도리에 어긋나는 행동을 해서는 안 된다.
도술(道術) 도를 닦아 여러 가지 조화를 부리는 요술이나 술법.
도통(道通) 사물의 이치를 깨달아 통함. 예 도통이라도 한 것 같은 모습.

도량, 도수, 도외시	'법도', '제도' 도(度)

도량(度量) 1. 사물을 너그럽게 용납하여 처리할 수 있는 넓은 마음과 깊은 생각. 2. 재거나 되거나 하여 사물의 양을 헤아림. 3. 길이를 재는 자와 양을 재는 되. 4. 길이와 부피. 예 도량이 넓다.
도수(度數) 1. 거듭하는 횟수. 2. 각도, 온도, 광도 따위의 크기를 나타내는 수. 3. 일정한 정도나 한도. 예 이 안경은 도수가 높다.
도외시(度外視) 상관하지 아니하거나 무시함. 예 현실을 도외시하다.

도달, 도래, 도처	'이르다', '빈틈없이 찬찬하다' 도(到)

도달(到達) 목적한 곳이나 수준에 다다름.
도래(到來) 어떤 시기나 기회가 닥쳐옴. 예 새 시대의 도래.
도처(到處) 이르는 곳. 예 도처에 위험이 도사리고 있다.

도로, 도보, 도제

'무리', '동아리', '걷다' 도(徒)

도로(徒勞) 헛되이 수고함. 예 그 동안의 노력이 도로에 그치다.
도보(徒步) 탈것을 타지 않고 걸어감.
도제(徒弟) 1. 제자(弟子) 2. 직업에 필요한 지식, 기능을 배우기 위하여 스승의 밑에서 일하는 직공. 예 도제 교육을 받다.

도래, 도미, 도하

'건너다', '지나가다' 도(渡)

도래(渡來) 1. 물을 건너옴. 2. 외부에서 전해져 들어옴. 예 철새들의 도래.
도미(渡美) 미국으로 건너감.
도하(渡河) 강이나 내를 건넘. 예 1개 사단이 북한강을 도하하다.

도산, 도착, 도치

'넘어지다', '죽다', '거꾸로' 도(倒)

도산(倒産) 재산을 모두 잃고 망함. 예 도산의 위기에 처하다.
도착(倒錯) 1. 뒤바뀌어 거꾸로 됨. 2. 본능이나 감정 또는 덕성의 이상(異常)으로 사회나 도덕에 어그러진 행동을 나타냄. 예 감정 도착 상태에 빠지다.
도치(倒置) 차례나 위치 따위를 서로 뒤바꿈. 예 주어와 서술어의 도치.

도입, 도출, 도화선

'이끌다', '통하게 하다' 도(導)

도입(導入) 기술, 방법, 물자 따위를 끌어 들임. 예 새로운 기술의 도입.
도출(導出) 판단이나 결론 따위를 이끌어 냄. 예 국민적 합의의 도출.
도화선(導火線) 1. 폭약이 터지도록 불을 붙이는 심지. 2. 사건이 일어나게 된 원인.

27 | 독

독단, 독보적, 독선, 독식, 독주, 독창성, 독학	'홀로', '홀몸' 독(獨)

독단(獨斷) 남과 상의하지도 않고 혼자서 판단하거나 결정함. 예 독단으로 일을 처리하다.
독보적(獨步的) 남이 감히 따를 수 없을 정도로 뛰어난. 또는 그런 것. 예 독보적 존재.
독선(獨善) 자기 혼자만이 옳다고 믿고 행동하는 일. 예 독선이 심하다.
독식(獨食) 1. 혼자서 먹음. 2. 성과나 이익 따위를 혼자서 다 차지함을 비유해서 이르는 말. 예 금메달을 독식하다.
독주(獨奏) 한 사람이 악기를 연주하는 것. 예 가야금 독주.
독창성(獨創性) 독창적인 성향이나 성질. 예 독창성을 발휘하다.
독학(獨學) 스승이 없이, 또는 학교에 다니지 아니하고 혼자서 공부함.

독경, 독법, 독파, 독해	'읽다' 독(讀)

독경(讀經) 불경을 소리 내어 읽거나 욈. 예 절에서 독경 소리가 들리다.
독법(讀法) 글이나 책을 읽는 방법. 예 독법을 익히다.
독파(讀破) 많은 분량의 책이나 글을 처음부터 끝까지 다 읽음. 예 동양의 고전을 한달에 독파하다.
독해(讀解) 글을 읽어서 뜻을 이해함. 예 독해 위주의 문제.

독기, 독배, 독소, 독주	'독', '해독', '해악' 독(毒)

독기(毒氣) 1. 독의 기운. 2. 사납고 모진 기운이나 기색. 예 독기를 품다.
독배(毒杯) 독약이나 독주(毒酒)가 든 그릇.
독소(毒素) 1. 해로운 요소. 2. 생물에서 생기는 강한 독성의 물질. 예 독소를 제거하다.
독주(毒酒) 1. 매우 독한 술. 2. 독약을 탄 술.

28 | 동

동란, 동력, 동정, 동태

'움직이다', '살다' 동(動)

동란(動亂) 폭동, 반란, 전쟁 따위가 일어나 사회가 질서를 잃고 소란해지는 일. 예 동란으로 부모와 헤어지다.

동력(動力) 1. 전기 또는 자연에 있는 에너지를 쓰기 위하여 기계적인 에너지로 바꾼 것. 2. 어떤 일을 발전시키고 밀고 나가는 힘.

동정(動靜) 1. 물질의 운동과 정지. 2. 사람이 일상적으로 하는 일체의 행위. 3. 일이나 현상이 벌어지고 있는 낌새. 예 동정을 살피다.

동태(動態) 움직이거나 변하는 모습. 예 적의 동태를 파악하다.

동기, 동반, 동조

'한가지', '서로 같게 하다' 동(同)

동기(同氣) 형제와 자매, 남매를 통틀어 이르는 말. 예 동기끼리 사이좋게 지내다.

동반(同伴) 1. 일을 하거나 길을 가는 따위의 행동을 할 때 함께 짝을 함. 또는 그 짝. 2. 어떤 사물이나 현상이 함께 생김. 예 부부 동반 모임에 참석하다.

동조(同調) 1. 같은 가락. 2. 남의 주장에 자기의 의견을 일치시키거나 보조를 맞춤. 예 마을 사람들은 이장의 의견에 동조를 했다.

동심, 동안, 동자, 동화

'아이', '어리석다' 동(童)

동심(童心) 어린아이의 마음.

동안(童顔) 1. 어린아이의 얼굴. 2. 나이 든 사람이 지니고 있는 어린아이 같은 얼굴.

동자(童子) 1. 남자아이. 2. 〈불교〉 승려가 되려고 절에서 공부하면서 아직 출가하지 아니한 사내아이.

동화(童話) 어린이를 위하여 동심(童心)을 바탕으로 지은 이야기. 또는 그런 문예 작품.

29 | 두, 둔, 득

두뇌, 두목, 두서, 두통	'머리', '머리털', '꼭대기', '맨 앞' 두(頭)

두뇌(頭腦) 1. 뇌(腦). 2. 사물을 판단하는 슬기. 3. 지식 수준이 높은 사람을 비유해서 이르는 말.
두목(頭目) 패거리의 우두머리. 비슷한말 두령(頭領).
두서(頭緖) 일의 차례나 갈피. 예 일에 두서가 없다.
두통(頭痛) 머리가 아픈 증세.

둔감, 둔기, 둔재, 둔화	'무디다', '둔하다', '어리석다' 둔(鈍)

둔감(鈍感) 무딘 감정이나 감각. 예 유행에 둔감하다.
둔기(鈍器) 1. 무딘 연모나 병기. 2. 날이 없는 도구. 사람을 상해하기 위하여 사용하는 몽둥이나 벽돌 따위를 이르는 말이다. 예 둔기를 휘두르다.
둔재(鈍才) 둔한 재주. 또는 재주가 둔한 사람. 예 둔재들만 모아서 가르치다.
둔화(鈍化) 느리고 무디어짐. 예 수출의 둔화로 경제가 악화되다.

득남, 득도, 득세, 득실, 득의, 득표	'얻다', '이익', '이득' 득(得)

득남(得男) 아들을 낳음. 반대말 득녀(得女).
득도(得道) 오묘한 이치나 도를 깨달음. 예 득도의 길을 걷는 구도자.
득세(得勢) 1. 세력을 얻음. 2. 형세가 좋게 됨. 또는 유리해진 형세. 예 친일파의 득세.
득실(得失) 1. 얻음과 잃음. 2. 이익과 손해를 아울러 이르는 말. 3. 성공과 실패를 아울러 이르는 말. 4. 장점과 단점을 아울러 이르는 말.
득의(得意) 일이 뜻대로 이루어져 만족해하거나 뽐냄. 예 득의에 찬 미소를 짓다.
득표(得票) 투표에서 찬성표를 얻음. 또는 그 얻은 표.

30 | 마, 막

마력, 마방, 마부, 마패	'말' 마(馬)

마력(馬力) 동력이나 단위 시간당 일의 양을 나타내는 실용 단위. 말 한 마리의 힘에 해당하는 일의 양이다.
마방(馬房) 1. 마구간을 갖춘 주막집. 2. 절 안에서, 손님의 말을 매어 두는 곳. 예 마방에서 하룻밤을 쉬어 가다.
마부(馬夫) 말을 부려 마차나 수레를 모는 사람.
마패(馬牌) 벼슬아치가 공무로 지방에 나갈 때 역마를 징발하는 증표로 쓰던 둥근 구리패.

마귀, 마력, 마법, 마수	'마귀', '악귀', '마술' 마(魔)

마귀(魔鬼) 요사스럽고 못된 잡귀를 통틀어 이르는 말.
마력(魔力) 사람을 현혹하는, 원인을 알 수 없는 이상한 힘. 예 그 여자에게는 사람을 사로잡는 마력이 있다.
마법(魔法) 마력(魔力)으로 불가사의한 일을 행하는 술법.
마수(魔手) 음험하고 흉악한 손길. 예 마약의 마수에서 벗어나다.

막강, 막상막하, 막심, 막역, 막중	'없다', '저물다', '고요하다' 막(莫)

막강(莫强) 더할 수 없이 셈. 예 그는 막강한 권력을 가지고 있다.
막상막하(莫上莫下) 더 낫고 더 못함의 차이가 거의 없음.
막심(莫甚) 더할 나위 없이 심함. 예 고생이 막심하다.
막역(莫逆) 허물이 없이 아주 친함. 예 이 친구와 나는 아주 막역한 사이이다.
막중(莫重) 더할 수 없이 중대함. 예 책임이 막중하다.

31 | 만

만감, 만국, 만능, 만물, 만반, 만수무강	'일만', '수가 많다' 만(萬)

만감(萬感) 솟아오르는 온갖 느낌. 예 만감이 교차하다.
만국(萬國) 세계의 모든 나라. 비슷한말 만방(萬邦).
만능(萬能) 모든 일에 다 능통하거나 모든 일을 다 할 수 있음. 또는 그런 것.
만물(萬物) 세상에 있는 모든 것.
만반(萬般) 마련할 수 있는 모든 것. 예 만반의 준비를 갖추다.
만수무강(萬壽無疆) 아무런 탈 없이 아주 오래 삶.

만개, 만끽, 만료, 만삭, 만선, 만원, 만월	'차다', '가득하다', '넉넉하다' 만(滿)

만개(滿開) 1. 꽃이 활짝 다 핌. 2. 활짝 열어 놓음. 예 꽃이 만개하다.
만끽(滿喫) 1. 마음껏 먹고 마심. 2. 욕망을 마음껏 충족함. 예 자유를 만끽하다.
만료(滿了) 기한이 다 차서 끝남. 예 도서 대출 기간이 만료되다.
만삭(滿朔) 아이 낳을 달이 다 참. 또는 달이 차서 배가 몹시 부름. 예 만삭의 아내.
만선(滿船) 1. 사람이나 짐 따위를 가득히 실음. 또는 그런 배. 2. 물고기 따위를 많이 잡아 가득히 실음. 또는 그런 배. 예 어부들이 만선하여 고향으로 돌아오다.
만원(滿員) 정한 인원이 다 참. 예 만원 버스로 출퇴근하다.
만월(滿月) 보름달. 예 하늘에 만월에 가까운 둥근 달이 떠올랐다.

만년, 만찬, 만학	'저물다', '해질 무렵' 만(晩)

만년(晩年) 나이가 들어 늙어 가는 시기. 예 만년은 그나마 행복하였다.
만찬(晩餐) 1. 저녁 식사로 먹기 위하여 차린 음식. 2. 손님을 초대하여 함께 먹는 저녁 식사. 예 만찬을 즐기다.
만학(晩學) 나이가 들어 뒤늦게 공부함. 또는 그 공부. 예 만학의 어려움.

32 | 망

망루, 망부석, 망향

'바라다', '기대하다', '원하다' 망(望)

망루(望樓) 적이나 주위의 동정을 살피기 위하여 높이 지은 다락집. 예 망루에 오르다.
망부석(望夫石) 정조를 굳게 지키던 아내가 멀리 떠난 남편을 기다리다 그대로 죽어 화석이 되었다는 전설적인 돌. 또는 아내가 그 위에 서서 남편을 기다렸다는 돌.
망향(望鄕) 고향을 그리워하며 생각함. 예 망향의 노래를 부르다.

망국, 망명, 망자, 망조

'망하다', '달아나다', '죽다' 망(亡)

망국(亡國) 1. 이미 망하여 없어진 나라. 2. 나라를 망침.
망명(亡命) 1. 혁명 또는 그 밖의 정치적인 이유로 자기 나라에서 박해를 받고 있거나 박해를 받을 위험이 있는 사람이 이를 피하기 위하여 외국으로 몸을 옮김.
망자(亡者) 생명이 끊어진 사람. 비슷한말 망인(亡人).
망조(亡兆) 망하거나 패할 징조. 예 집안에 망조가 들다.

망령, 망발, 망상, 망언

'허망하다', '거짓', '망령되다' 망(妄)

망령(妄靈) 늙거나 정신이 흐려서 말이나 행동이 정상을 벗어남. 또는 그런 상태. 예 제국주의의 망령에 사로잡히다.
망발(妄發) 1. 망령이나 실수로 그릇된 말이나 행동을 함. 또는 그 말이나 행동. 2. 말이나 행동을 잘못하여 자신이나 조상을 욕되게 함. 또는 그런 언행.
망상(妄想) 1. 이치에 맞지 아니한 망령된 생각을 함. 또는 그 생각. 2. 근거가 없는 주관적인 신념. 예 망상에 빠지다.
망언(妄言) 이치나 사리에 맞지 아니하고 망령되게 말함. 또는 그 말. 예 망언을 일삼다.

33 | 매, 맹

매각, 매국노, 매상, 매진, 매출	'팔다', '속이다', '배신하다' 매(賣)

매각(賣却) 물건을 팔아 버림. 예 물품을 경쟁사에 매각하다.
매국노(賣國奴) 사사로운 이익을 위하여 나라의 주권이나 이권을 남의 나라에 팔아먹는 행위를 하는 사람.
매상(賣上) 1. 상품을 파는 일. 2. 판매액. 예 매상을 올리다.
매진(賣盡) 하나도 남지 아니하고 모두 다 팔려 동이 남.
매출(賣出) 물건을 내다 파는 일.

매수, 매식, 매입	'사다' 매(買)

매수(買收) 1. 물건을 사들임. 2. 금품이나 그 밖의 수단으로 남의 마음을 사서 자기편으로 만드는 일. 예 돈으로 경쟁자를 매수하다.
매식(買食) 음식을 사서 먹음. 또는 사서 먹는 음식. 예 아무려면 매식이 집에서 해 주는 음식만큼 입에 맞을까?
매입(買入) 물품 따위를 사들임.

매립, 매몰, 매설, 매장	'묻다', '메우다' 매(埋)

매립(埋立) 우묵한 땅이나 하천, 바다 등을 돌이나 흙 따위로 채움. 예 쓰레기를 매립하다.
매몰(埋沒) 보이지 아니하게 파묻히거나 파묻음. 예 탄광에서 매몰 사고가 나다.
매설(埋設) 지뢰, 수도관 따위를 땅속에 파묻어 설치함. 예 지뢰 매설 작업.
매장(埋葬) 1. 시체나 유골 따위를 땅속에 묻음. 2. 어떤 사람을 사회적으로 활동하지 못하게 하거나 용납하지 못하게 함을 비유해서 이르는 말.

매개, 매체, 매파

'중매하다', '매개하다' 매(媒)

매개(媒介) 둘 사이에서 양편의 관계를 맺어 줌. 예 말라리아는 모기를 매개로 하여 전염된다.

매체(媒體) 1. 어떤 작용을 한쪽에서 다른 쪽으로 전달하는 물체. 또는 그런 수단. 2. 〈물리〉 물질과 물질 사이에서 매질이 되는 물체. 예 방송 매체. 신문 매체.

매파(媒婆) 혼인을 중매하는 할멈. 예 매파를 통해 혼담을 건네다.

매력, 매료, 매혹

'도깨비', '홀리다' 매(魅)

매력(魅力) 사람의 마음을 사로잡아 끄는 힘.

매료(魅了) 사람의 마음을 완전히 사로잡아 홀리게 함. 예 독자들은 작가의 유려한 문체에 매료되고 말았다.

매혹(魅惑) 남의 마음을 사로잡아 호림.

맹세, 맹주

'맹세하다', '약속' 맹(盟)

맹세(盟誓) 일정한 약속이나 목표를 꼭 실천하겠다고 다짐함.

맹주(盟主) 동맹을 맺은 개인이나 단체의 우두머리. 예 맹주를 뽑다.

맹목적, 맹인

'소경', '눈이 멀다' 맹(盲)

맹목적(盲目的) 주관이나 원칙이 없이 덮어놓고 행동하는. 또는 그런 것. 예 맹목적인 사랑에 빠지다.

맹인(盲人) '시각 장애인'을 달리 이르는 말.

34 | 면, 멸

면모, 면목, 면박, 면접, 면회	'낯', '얼굴', '겉' 면(面)

면모(面貌) 1. 얼굴의 모양. 2. 사람이나 사물의 겉모습. 또는 그 됨됨이. 예 그는 귀공자다운 면모를 풍기는 사람이었다.

면목(面目) 1. 얼굴의 생김새. 2. 사람이나 사물의 겉모습. 예 면목이 없다.

면박(面駁) 면전에서 꾸짖거나 나무람. 예 면박을 당하다.

면접(面接) 서로 대면하여 만나 봄.

면회(面會) 일반인의 출입이 제한되는 어떤 기관이나 집단생활을 하는 곳에 찾아가서 사람을 만나 봄.

면세, 면역, 면책, 면허	'면하다', '벗다' 면(免)

면세(免稅) 세금을 면제함. 예 면세 물품.

면역(免疫) 반복되는 자극 따위에 반응하지 않고 무감각해지는 상태. 예 면역 기능을 강화하다.

면책(免責) 책임이나 책망을 면함. 예 국회의원들에게는 면책 특권이 있다.

면허(免許) 1. 일반인에게는 허가되지 않는 특수한 행위를 특정한 사람에게만 허가하는 행정 처분. 2. 특정한 일을 할 수 있는 공식적인 자격을 행정 기관이 허가함. 또는 그런 일.

멸균, 멸망, 멸족, 멸종	'멸망하다', '제거하다' 멸(滅)

멸균(滅菌) 세균 따위의 미생물을 죽임. 비슷한말 살균(殺菌).

멸망(滅亡) 망하여 없어짐.

멸족(滅族) 한 가족이나 종족을 멸하여 없앰. 또는 한 가족이나 종족이 망하여 없어짐.

멸종(滅種) 생물의 한 종류가 아주 없어짐. 또는 생물의 한 종류를 아주 없애 버림.

35 | 명

명기, 명멸, 명문화, 명암 — '밝다', '밝히다' 명(明)

명기(明記) 분명히 밝히어 적음. 예 체납자 이름은 장부에 명기되어 있다.
명멸(明滅) 1. 불이 켜졌다 꺼졌다 함. 2. 먼 곳에 있는 것이 보였다 안 보였다 함. 3. 나타났다 사라졌다 함. 예 명멸하는 불빛을 바라보다.
명문화(明文化) 1. 문서로써 명백히 함. 2. 법률의 조문에 명시함. 예 현행 헌법은 국민의 알 권리를 명문화하고 있다.
명암(明暗) 1. 밝음과 어두움을 통틀어 이르는 말. 2. 기쁜 일과 슬픈 일 또는 행복과 불행을 통틀어 이르는 말. 3. 회화에서, 색의 농담이나 밝기의 정도를 이르는 말.

명령, 명맥, 명명, 명제 — '목숨', '운수', '명하다' 명(命)

명령(命令) 윗사람이나 상위 조직이 아랫사람이나 하위 조직에 무엇을 하게 함. 또는 그런 내용.
명맥(命脈) 1. 맥(脈)이나 목숨이 유지되는 근본. 2. 어떤 일의 지속에 필요한 최소한의 중요한 부분. 예 명맥을 이어 가다.
명명(命名) 사람, 사물, 사건 등의 대상에 이름을 지어 붙임. 예 해군은 이번에 새로 만든 배의 이름을 '이순신'이라고 명명하였다.
명제(命題) 1. 시문 따위의 글에 제목을 정함. 또는 그 제목. 2. 어떤 문제에 대한 하나의 논리적 판단 내용과 주장을 언어 또는 기호로 표시한 것.

명궁, 명망, 명사, 명예 — '이름' 명(名)

명궁(名弓) 1. 이름난 활. 또는 좋은 활. 2. 활을 잘 쏘기로 이름난 사람.
명망(名望) 명성(名聲)과 인망(人望)을 아울러 이르는 말. 예 명망이 높다.
명사(名士) 1. 세상에 널리 알려진 사람. 2. 이름난 선비.
명예(名譽) 세상에서 훌륭하다고 인정되는 이름이나 자랑. 또는 그런 존엄이나 품위.

36 | 모, 몰, 몽

모략, 모면, 모반, 모의, 모함	'꾀하다', '헤아리다' 모(謀)

모략(謀略) 1. 계책이나 책략. 2. 사실을 왜곡하거나 속임수를 써 남을 해롭게 함. 또는 그런 일.
모면(謀免) 어떤 일이나 책임을 꾀를 써서 벗어남.
모반(謀反) 1. 배반을 꾀함. 2. 국가나 군주의 전복을 꾀함. 예 모반을 꾀하다.
모의(謀議) 어떤 일을 꾀하고 의논함. 예 친구와 모의에 가담하다.
모함(謀陷) 나쁜 꾀로 남을 어려운 처지에 빠지게 함.

몰두, 몰락, 몰살, 몰상식, 몰지각	'가라앉다', '잠기다', '숨다' 몰(沒)

몰두(沒頭) 어떤 일에 온 정신을 다 기울여 열중함. 예 연구에 몰두하다.
몰락(沒落) 1. 재물이나 세력 따위가 쇠하여 보잘것없이 됨. 2. 멸망하여 모조리 없어짐.
몰살(沒殺) 모조리 다 죽거나 죽임. 또는 그런 죽음.
몰상식(沒常識) 상식이 전혀 없음.
몰지각(沒知覺) 지각이 전혀 없음. 예 휴지를 함부로 버리는 건 몰지각한 행위다.

몽상, 몽유병, 몽환적	'꿈', '꿈꾸다' 몽(夢)

몽상(夢想) 1. 꿈속의 생각. 2. 실현성이 없는 헛된 생각을 함. 또는 그 생각.
몽유병(夢遊病) 잠을 자다가 무엇에 이끌린 듯 일어나 멀쩡하게 행동을 하며 돌아다니기도 하다가 다시 잠이 든 뒤, 다음 날 아침 깨어나서는 그런 일을 전혀 기억하지 못하는 정신병. 예 몽유병에 걸리다.
몽환적(夢幻的) 현실이 아닌 꿈이나 환상과 같은. 또는 그런 것. 예 몽환적인 분위기에 빠지다.

37 | 묵, 문

묵계, 묵념, 묵상, 묵인 | '묵묵하다', '고요하다' 묵(默)

묵계(默契) 말 없는 가운데 뜻이 서로 맞음. 또는 그렇게 하여 성립된 약속. 예 우리가 나눈 이야기는 서로 발설하지 않는다는 묵계가 이미 성립되어 있었다.

묵념(默念) 1. 묵묵히 생각에 잠김. 2. 말없이 마음속으로 빎. 주로, 죽은 이가 평안히 잠들기를 기원하는 뜻으로 한다.

묵상(默想) 눈을 감고 말없이 마음속으로 생각함. 예 묵상에 잠기다.

묵인(默認) 모르는 체하고 하려는 대로 내버려 둠으로써 슬며시 인정함. 예 상급자의 묵인 아래 부정을 저지르다.

문맥, 문맹, 문무, 문어, 문호 | '글월', '무늬' 문(文)

문맥(文脈) 글월에 표현된 의미의 앞뒤 연결. 예 문맥이 맞지 않는다.

문맹(文盲) 배우지 못하여 글을 읽거나 쓸 줄을 모름. 또는 그런 사람. 예 문맹 퇴치 운동.

문무(文武) 문관과 무관을 아울러 이르는 말. 예 문무를 겸비하다.

문어(文語) 일상적인 대화에서 쓰는 말이 아닌, 문장에서만 쓰는 말. 반대말 구어(口語).

문호(文豪) 뛰어난 문학 작품을 많이 써서 널리 알려진 사람. 예 톨스토이는 세계적인 문호이다.

문병, 문상, 문책 | '묻다', '질문' 문(問)

문병(問病) 앓는 사람을 찾아가 위로함.

문상(問喪) 남의 죽음에 대하여 슬퍼하는 뜻을 드러내어 상주(喪主)를 위문함. 또는 그 위문. 비슷한말 조문(弔問).

문책(問責) 잘못을 캐묻고 꾸짖음. 예 상사에게 문책을 당하다.

38 | 미, 민

미관, 미담, 미사여구, 미풍양속	'아름답다', '좋다' 미(美)

미관(美觀) 아름답고 훌륭한 풍경. 예 무분별한 간판이 도시의 미관을 해치다.

미담(美談) 사람을 감동시킬 만큼 아름다운 내용을 가진 이야기. 예 감동적인 미담이 입에서 입으로 퍼져 나갔다.

미사여구(美辭麗句) 아름다운 말로 듣기 좋게 꾸민 글귀. 예 미사여구를 늘어놓다.

미풍양속(美風良俗) 아름답고 좋은 풍속이나 기풍. 예 미풍양속이 사라지다.

미량, 미력, 미생물, 미온적	'작다', '자질구레하다' 미(微)

미량(微量) 아주 적은 분량. 예 청산가리는 미량의 섭취로도 치명적일 수 있다.

미력(微力) '적은 힘' 또는 '힘이 적다'는 뜻으로, 남을 위하여 애쓴 자신의 힘을 겸손하게 이르는 말. 예 미력이나마 내가 도움을 줄 수 있어서 또한 기쁘다.

미생물(微生物) 눈으로는 볼 수 없는 아주 작은 생물. 보통 세균, 효모, 원생동물 따위를 이르는데, 바이러스를 포함하는 경우도 있다.

미온적(微溫的) 태도가 미적지근한. 또는 그런 것. 예 미온적 반응을 보이다.

민가, 민간, 민담, 민란, 민생, 민의	'백성' 민(民)

민가(民家) 일반 백성들이 사는 집.

민간(民間) 1. 일반 백성들 사이. 2. 관청이나 정부 기관에 속하지 않음. 예 민간에 전승되는 이야기.

민담(民譚) 예로부터 민간에 전하여 내려오는 이야기.

민란(民亂) 포악한 정치 따위에 반대하여 백성들이 일으킨 폭동이나 소요.

민생(民生) 1. 일반 국민의 생활 및 생계. 2. 생명을 가진 백성. 예 나라의 지도자는 민생을 걱정해야 한다.

민의(民意) 국민의 뜻. 예 민의를 왜곡하다.

39 | 박

박람회, 박물관, 박사, 박학다식	'넓다', '평평함' 박(博)

박람회(博覽會) 생산물의 개량 · 발전 및 산업의 진흥을 꾀하기 위하여 농업, 상업, 공업 따위에 관한 온갖 물품을 모아 벌여 놓고 판매, 선전, 우열 심사를 하는 전람회.
박물관(博物館) 고고학적 자료, 역사적 유물, 예술품, 그 밖의 학술 자료를 수집 · 보존 · 진열하고 일반에게 전시하여 학술 연구와 사회 교육에 기여할 목적으로 만든 시설.
박사(博士) 대학원의 박사 과정을 마치고 규정된 절차를 밟은 사람에게 수여하는 학위. 또는 그 학위를 딴 사람. 2. 어떤 일에 정통하거나 숙달된 사람을 비유해서 이르는 말.
박학다식(博學多識) 학식이 넓고 아는 것이 많음.

박리, 박명, 박봉, 박색, 박약	'엷다', '적다', '가볍다' 박(薄)

박리(薄利) 적은 이익. 예 박리로 판매하다.
박명(薄命) 1. 복이 없고 팔자가 사나움. 2. 수명이 짧음. 예 미인은 박명한다는 말이 있다.
박봉(薄俸) 적은 봉급. 예 박봉에 시달리다.
박색(薄色) 아주 못생긴 얼굴. 또는 그런 사람. 흔히 여자에게 많이 쓴다. 예 얼굴은 박색이지만 마음씨는 비단결처럼 곱다.
박약(薄弱) 1. 의지나 체력 따위가 굳세지 못하고 여림. 2. 불충분하거나 모자란 데가 있음. 3. 지능 따위가 정상적이지 못한 상태임. 4. 얇고도 약함.

박두, 박력, 박해	'닥치다', '다그치다' 박(迫)

박두(迫頭) 기일이나 시기가 가까이 닥쳐옴. 예 개봉 박두.
박력(迫力) 힘 있게 밀고 나가는 힘. 예 그 남자는 박력이 있다.
박해(迫害) 못살게 굴어서 해롭게 함. 예 박해를 당하다.

40 | 반, 발, 방

반감, 반론, 반목, 반전

'되돌리다', '뒤집다' 반(反)

반감(反感) 반대하거나 반항하는 감정. 예 상대를 너무 비방하면 반감을 산다.
반론(反論) 남의 논설이나 비난, 논평 따위에 대하여 반박함. 또는 그런 논설. 예 반론을 제기하다.
반목(反目) 서로서로 시기하고 미워함. 예 반목을 해소하다.
반전(反轉) 1. 반대 방향으로 구르거나 돎. 2. 위치, 방향, 순서 따위가 반대로 됨. 3. 일의 형세가 뒤바뀜. 예 사태의 반전을 꾀하다.

발간, 발단, 발로, 발상

'쏘다', '가다', '보내다' 발(發)

발간(發刊) 책, 신문, 잡지 따위를 만들어 냄. 예 시집을 발간하다.
발단(發端) 1. 어떤 일이 처음으로 벌어짐. 또는 그 일이 처음으로 시작됨. 2. 어떤 일의 계기가 됨. 또는 그 계기가 되는 일.
발로(發露) 숨은 것이 겉으로 드러나거나 숨은 것을 겉으로 드러냄. 또는 그런 것. 예 이런 투정은 내 이기심의 발로일 뿐이었다.
발상(發想) 어떤 생각을 해냄. 또는 그 생각. 예 발상이 참신하다.

방면, 방법, 방언, 방위

'모', '각', '방위' 방(方)

방면(方面) 1. 어떤 장소나 지역이 있는 방향. 또는 그 일대. 2. 어떤 분야.
방법(方法) 어떤 일을 해 나가거나 목적을 이루기 위하여 취하는 수단이나 방식.
방언(方言) 한 언어에서, 사용 지역 또는 사회 계층에 따라 분화된 말의 체계. 2. 사투리. 예 방언을 조사하다.
방위(方位) 공간의 어떤 점이나 방향이 한 기준의 방향에 대하여 나타내는 어떠한 쪽의 위치. 예 방위를 측정하다.

방부제, 방수, 방역, 방음	'둑', '막다', '대비하다' 방(防)

방부제(防腐劑) 미생물의 활동을 막아 물건이 썩지 않게 하는 약.

방수(防水) 스며들거나 새거나 넘쳐흐르는 물을 막음. 예 방수 처리를 하다.

방역(防役) 전염병이 발생하거나 유행하는 것을 미리 막는 일. 예 전염병의 발생으로 방역 조치가 취해졌다.

방음(防音) 안의 소리가 밖으로 새어 나가거나 밖의 소리가 안으로 들어오지 못하도록 막음. 예 방음 시설을 갖추다.

방과, 방류, 방목, 방생, 방임, 방종	'놓다', '내치다' 방(放)

방과(放課) 그날 하루에 하도록 정해진 학과(學科)가 끝남. 또는 학과를 끝냄. 예 방과 시간에 맞추어 아이를 데리러 학교 앞으로 갔다.

방류(放流) 1. 모아서 가두어 둔 물을 흘려 보냄. 예 폐수를 하천에 방류하다.

방목(放牧) 가축을 놓아기르는 일. 예 만주 벌판에선 돼지들을 방목한다.

방생(放生) 사람에게 잡힌 생물을 놓아주는 일. 예 물고기를 방생하다.

방임(放任) 돌보거나 간섭하지 않고 제멋대로 내버려 둠. 예 폭력에 대한 무관심과 방임은 하루속히 고쳐야 한다.

방종(放縱) 제멋대로 행동하여 거리낌이 없음. 예 방종에 빠지다.

방관, 방점, 방청	'곁' 방(傍)

방관(傍觀) 어떤 일에 직접 나서서 관여하지 않고 곁에서 보기만 함. 예 남의 집 불구경하듯 팔짱 끼고 방관만 할 셈이냐?

방점(傍點) 글 가운데에서 보는 사람의 주의를 끌기 위하여 글자 옆이나 위에 찍는 점. 예 중요한 대목에 방점을 찍다.

방청(傍聽) 정식 성원이 아니거나 직접적인 관계가 없는 사람이 회의, 토론, 연설, 공판(公判), 공개 방송 따위에 참석하여 들음. 예 방청석, 방청객.

41 | 배

배달, 배당, 배분, 배식, 배우자, 배필	'아내', '짝지어 주다' 배(配)

배달(配達) 물건을 가져다가 몫몫으로 나누어 돌림.
배당(配當) 일정한 기준에 따라 나누어 줌.
배분(配分) 몫몫이 별러 나눔. 예 이익을 배분하다.
배식(配食) 군대나 단체 같은 데서 식사를 나누어 줌.
배우자(配偶者) 부부의 한쪽에서 본 다른 쪽. 남편 쪽에서는 아내를, 아내 쪽에서는 남편을 이르는 말이다. 예 배우자를 맞이하다.
배필(配匹) 부부로서의 짝. 예 배필을 구하다.

배경, 배반, 배신, 배후	'등', '뒤' 배(背)

배경(背景) 1. 뒤쪽의 경치. 2. 사건이나 환경, 인물 따위를 둘러싼 주위의 정경. 3. 앞에 드러나지 아니한 채 뒤에서 돌보아 주는 힘
배반(背反) 믿음과 의리를 저버리고 돌아섬.
배신(背信) 믿음이나 의리를 저버림.
배후(背後) 1. 등의 뒤. 2. 어떤 대상이나 대오의 뒤쪽. 3. 어떤 일의 드러나지 않은 이면. 예 배후 세력을 밝히다.

배격, 배기, 배설, 배제, 배척, 배타적	'밀치다', '물리치다' 배(排)

배격(排擊) 어떤 사상, 의견, 물건 따위를 물리침. 예 외세를 배격하다.
배기(排氣) 1. 속에 든 공기, 가스, 증기 따위를 밖으로 뽑아 버림. 예 실내 배기 장치.
배설(排泄) 1. 안에서 밖으로 새어 나가게 함. 예 배설 욕구를 참다.
배제(排除) 받아들이지 아니하고 물리쳐 제외함.
배척(排斥) 따돌리거나 거부하여 밀어 내침. 예 반대파에게 배척을 당하다.
배타적(排他的) 남을 배척하는. 또는 그런 것. 예 그의 태도는 너무 배타적이다.

42 | 번, 벌

번식, 반영, 번창	'많다', '성하다' 번(繁)

번식(繁殖) 붇고 늘어서 많이 퍼짐. 예 세균 번식을 막다.
번영(繁榮) 번성하고 영화롭게 됨. 예 민족의 번영을 기원하다.
번창(繁昌) 번화하게 창성함. 예 가게가 날로 번창하다.

번복, 번안, 번역	'뒤치다', '엎어지다' 번(飜)

번복(飜覆) 1. 이리저리 뒤집힘. 2. 이리저리 뒤쳐 고침. 예 심판이 판정을 번복하다.
번안(飜案) 원작의 내용이나 줄거리는 그대로 두고 풍속, 인명, 지명 따위를 시대나 풍토에 맞게 바꾸어 고침. 예 번안 소설.
번역(飜譯) 어떤 언어로 된 글을 다른 언어의 글로 옮김.

벌점, 벌주, 벌칙	'죄', '형벌' 벌(罰)

벌점(罰點) 1. 잘못한 것에 대하여 벌로 따지는 점수. 2. 얻은 점수의 총점에서 벌로 빼는 점수.
벌주(罰酒) 벌로 먹이는 술. 예 벌주를 받다.
벌칙(罰則) 법규를 어긴 행위에 대한 처벌을 정하여 놓은 규칙. 예 벌칙을 정하다.

벌목, 벌채, 벌초	'치다', '베다' 벌(伐)

벌목(伐木) 멧갓이나 숲의 나무를 벰. 예 무분별한 벌목으로 산림이 파괴되다.
벌채(伐採) 나무를 베어 내거나 섶을 깎아 냄. 예 무분별한 벌채.
벌초(伐草) 무덤의 풀을 베어서 깨끗이 함. 예 산소에 벌초를 하러 가다.

43 | 범, 법

범법, 범인, 범접	'범하다', '해치다' 범(犯)

범법(犯法) 법을 어김. 예 범법 행위를 하다.
범인(犯人) 범죄를 저지른 사람.
범접(犯接) 함부로 가까이 범하여 접촉함. 예 사람들은 함부로 그에게 범접하지 못하였다.

범위, 범주	'법', '틀' 범(範)

범위(範圍) 1. 테두리가 정하여진 구역. 2. 어떤 것이 미치는 한계.
범주(範疇) 동일한 성질을 가진 부류나 범위. 예 같은 범주에 속하다.

법도, 법률, 법조계, 법치, 법칙	'법', '예의', '도리' 법(法)

법도(法度) 1. 생활상의 예법과 제도(制度)를 아울러 이르는 말. 2. 법률과 제도를 아울러 이르는 말. 예 집안의 법도를 따르다.
법률(法律) 1. 법. 2. 〈법률〉 국회의 의결을 거쳐 대통령이 서명하고 공포함으로써 성립하는 국법(國法).
법조계(法曹界) 법률에 관한 실무에 종사하는 사람들의 활동 분야. 예 법조계에서 명성이 자자하다.
법치(法治) 법률에 의하여 나라를 다스림. 또는 그런 정치. 예 법치 국가.
법칙(法則) 1. 반드시 지켜야만 하는 규범. 2. 모든 사물과 현상의 원인과 결과 사이에 내재하는 보편적·필연적인 불변의 관계.

44 | 변

변고, 변모, 변심, 변절

'변하다', '달라지다' 변(變)

변고(變故) 갑작스러운 재앙이나 사고. 예 집안에 변고가 생기다.
변모(變貌) 모양이나 모습이 달라지거나 바뀜. 또는 그 모양이나 모습. 예 시골 마을이 중소 도시로 변모했다.
변심(變心) 마음이 변함. 예 친구의 갑작스러운 변심이 놀랍다.
변절(變節) 절개나 지조를 지키지 않고 바꿈. 예 충신으로 알려진 그의 변절은 뜻밖이었다.

변론, 변사, 변호

'말 잘하다', '다스리다' 변(辯)

변론(辯論) 1. 사리를 밝혀 옳고 그름을 따짐. 2. 소송 당사자나 변호인이 법정에서 주장하거나 진술함. 또는 그런 주장이나 진술. 예 변호사가 피고인의 무죄를 변론하다.
변사(辯士) 1. 말솜씨가 아주 능란한 사람. 2. 무성 영화를 상영할 때 영화에 맞추어 그 내용을 설명하던 사람. 예 영화가 시작되자 변사의 목소리가 흘러나왔다.
변호(辯護) 1. 남의 이익을 위하여 변명하고 감싸서 도와줌. 2. 법정에서, 검사의 공격으로부터 피고인의 이익을 옹호하는 일.

변명, 변별, 변상

'분별하다', '분명히 하다' 변(辨)

변명(辨明) 1. 어떤 잘못이나 실수에 대하여 구실을 대며 그 까닭을 말함. 2. 옳고 그름을 가려 사리를 밝힘.
변별(辨別) 1. 사물의 옳고 그름이나 좋고 나쁨을 가림. 2. 세상에 대한 경험이나 식견에서 나오는 생각이나 판단. 예 진짜는 가짜와 반드시 변별되기 마련이다.
변상(辨償) 1. 남에게 진 빚을 갚음. 2. 남에게 끼친 손해를 물어 줌. 3. 재물을 내어 지은 죄과를 갚음.

45 | 보

보건, 보균, 보안, 보온	'지키다', '편안하게 하다' 보(保)

보건(保健) 건강을 온전하게 잘 지킴. 병의 예방, 치료 따위로 사람의 건강과 생명을 보호하고 증진하는 일을 이른다.
보균(保菌) 몸 안에 병균을 지님. 예 그 병의 보균 실태를 조사하다.
보안(保安) 1. 안전을 유지함. 2. 사회의 안녕과 질서를 유지함.
보온(保溫) 주위의 온도에 관계없이 일정한 온도를 유지함. 예 보온 도시락.

보고, 보도, 보은	'갚다', '알리다' 보(報)

보고(報告) 일에 관한 내용이나 결과를 말이나 글로 알림.
보도(報道) 대중 전달 매체를 통하여 일반 사람들에게 새로운 소식을 알림. 또는 그 소식.
보은(報恩) 은혜를 갚음. 예 스승의 은혜에 보은하기 위해 열심히 공부했다.

보강, 보상, 보완, 보좌, 보충	'깁다', '고이다', '더하다' 보(補)

보강(補强) 보태거나 채워서 본디보다 더 튼튼하게 함.
보상(補償) 남에게 진 빚 또는 받은 물건을 갚음.
보완(補完) 모자라거나 부족한 것을 보충하여 완전하게 함.
보좌(補佐) 상관을 도와 일을 처리함. 예 사장을 보좌하다.
보충(補充) 부족한 것을 보태어 채움.

46 | 복

복고, 복귀, 복습, 복원

'돌아오다', '뒤집다' 복(復)

복고(復古) 과거의 모양, 정치, 사상, 제도, 풍습 따위로 돌아감. 예 왕정 복고.
복귀(復歸) 본디의 자리나 상태로 되돌아감. 예 제자리로 복귀하다.
복습(復習) 배운 것을 다시 익혀 공부함.
복원(復元, 復原) 원래대로 회복함. 예 훼손된 문화재의 복원.

복식, 복용, 복장

'옷', '입다' 복(服)

복식(服飾) 1. 옷의 꾸밈새. 2. 옷과 장신구를 아울러 이르는 말.
복용(服用) 약을 먹음. 예 이 약은 복용이 간편하다.
복장(服裝) 옷차림.

복부, 복안

'배', '창자', '마음' 복(腹)

복부(腹部) 배의 부분. 갈비뼈의 가장자리와 볼기뼈 사이를 이른다. 예 복부 비만.
복안(腹案) 겉으로 드러내지 아니하고 마음속으로만 생각함. 또는 그런 생각. 예 당신은 무슨 복안이라도 있습니까?

복사, 복수, 복제

'겹옷', '겹치다' 복(複)

복사(複寫) 1. 원본을 베낌. 2. 종이를 포개고 그 사이사이에 복사지를 받쳐 한 번에 여러 장을 씀. 3. 문서나 그림, 사진 따위를 복사기를 이용하여 같은 크기로, 또는 확대 · 축소하여 복제함.
복수(複數) 둘 이상의 수. 반대말 단수(單數).
복제(複製) 본디의 것과 똑같은 것을 만듦. 또는 그렇게 만든 것. 예 복제 인간.

47 | 본, 봉

본국, 본론, 본말, 본문, 본심, 본질	'밑', '뿌리', '기초' 본(本)

본국(本國) 1. 자기의 국적이 있는 나라. 2. 지배국이나 보호국을 식민지나 피보호국에 상대하여 이르는 말. 3. 말하는 이가 공식적인 자리에서 자기 나라를 이르는 말. ㉠ 본국으로 돌아가다.

본론(本論) 말이나 글에서 주장이 있는 부분. ㉠ 본론으로 들어가다.

본말(本末) 1. 사물이나 일의 처음과 끝. 2. 사물이나 일의 중요한 부분과 중요하지 않은 부분. ㉠ 사건의 본말을 차근하게 이야기해 보아라.

본문(本文) 문서에서 주가 되는 글.

본심(本心) 1. 본디부터 변함없이 그대로 가지고 있는 마음. 2. 꾸밈이나 거짓이 없는 참마음.

본질(本質) 1. 본디부터 가지고 있는 사물 자체의 성질이나 모습. 2. 사물이나 현상을 성립시키는 근본적인 성질.

봉사, 봉양	'받들다', '기르다', '돕다' 봉(奉)

봉사(奉仕) 국가나 사회 또는 남을 위하여 자신을 돌보지 아니하고 힘을 바쳐 애씀. ㉠ 봉사 정신. 봉사 활동.

봉양(奉養) 부모나 조부모와 같은 웃어른을 받들어 모심. ㉠ 부모님을 봉양하다.

봉분, 봉쇄, 봉인, 봉함	'봉하다' 봉(封)

봉분(封墳) 흙을 둥글게 쌓아 올려서 무덤을 만듦. 또는 그 무덤. ㉠ 봉분에 떼를 입히다.

봉쇄(封鎖) 굳게 막아 버리거나 잠금.

봉인(封印) 밀봉(密封)한 자리에 도장을 찍음. 또는 그렇게 찍힌 도장. ㉠ 우체국에서는 우편물에 봉인을 하고 발송한다.

봉함(封緘) 편지를 봉투에 넣고 봉함. 또는 그 편지. ㉠ 편지를 봉함하다.

48 | 부

부류, 부서, 부족	'거느리다', '나누다' 부(部)

부류(部類) 동일한 범주에 속하는 대상들을 일정한 기준에 따라 나누어 놓은 갈래. 예 닭과 오리는 같은 부류에 속한다.
부서(部署) 기관, 기업, 조직 따위에서 일이나 사업의 체계에 따라 나뉘어 있는, 사무의 각 부문.
부족(部族) 같은 조상 · 언어 · 종교 등을 가진, 원시 사회나 미개 사회의 구성 단위가 되는 지역적 생활 공동체.

부당, 부덕, 부도덕, 부재	'아니다' 부(不)

부당(不當) 이치에 맞지 아니함. 예 부당 요금. 부당 해고.
부덕(不德) 덕이 없거나 부족함. 예 일이 이렇게 된 것은 제 부덕의 소치입니다.
부도덕(不道德) 도덕에 어긋남. 예 부도덕한 행위.
부재(不在) 그곳에 있지 아니함. 예 치안 부재. 지도력 부재.

부교재, 부산물, 부상, 부제	'버금', '다음' 부(副)

부교재(副敎材) 교과서 내용을 보완하여 보조적으로 쓰는 교재.
부산물(副産物) 1. 주산물의 생산 과정에서 더불어 생기는 물건. 2. 어떤 일을 할 때에 부수적으로 생기는 일이나 현상. 예 환경 오염은 공업화의 부산물이다.
부상(副賞) 본상(本賞)에 딸린 상금이나 상품. 예 부상으로 금반지를 받다.
부제(副題) 서적, 논문, 문예 작품 따위의 제목에 덧붙어 그것을 보충하는 제목.

부결, 부인, 부정	'아니다', '부정하다' 부(否)

부결(否決) 의논한 안건을 받아들이지 아니하기로 결정함. 또는 그런 결정. 예 회사에서 제시한 임금안의 부결로 총파업이 결정되었다.
부인(否認) 어떤 내용이나 사실을 옳거나 그러하다고 인정하지 아니함.
부정(否定) 그렇지 아니하다고 단정하거나 옳지 아니하다고 반대함. 반대말 긍정(肯定).

부담, 부상, 부채	'지다', '등에 짐을 지다' 부(負)

부담(負擔) 어떠한 의무나 책임을 짐. 예 정신적인 부담이 크다.
부상(負傷) 몸에 상처를 입음. 예 부상을 당하다.
부채(負債) 남에게 빚을 짐. 또는 그 빚. 예 사업의 실패로 부채를 지다.

부식, 부패	'썩다', '썩히다' 부(腐)

부식(腐蝕) 썩어서 문드러짐. 예 기계가 오래되어 부식이 일어나다.
부패(腐敗) 1. 정치, 사상, 의식 따위가 타락함. 2. 단백질이나 지방 따위의 유기물이 미생물의 작용에 의하여 분해되는 과정. 또는 그런 현상.

부랑, 부상, 부침	'뜨다' 부(浮)

부랑(浮浪) 일정하게 사는 곳과 하는 일 없이 이리저리 떠돌아다님. 예 부랑 생활을 하다.
부상(浮上) 1. 물 위로 떠오름. 2. 어떤 현상이 관심의 대상이 되거나 어떤 사람이 훨씬 좋은 위치로 올라섬. 예 그가 차기 회장감으로 부상하고 있다.
부침(浮沈) 1. 물 위에 떠올랐다 물속에 잠겼다 함. 2. 세력 따위가 성하고 쇠함을 비유적으로 이르는 말. 예 당쟁으로 인한 세력의 부침이 심하다.

49 | 분, 불

분가, 분계선, 분교, 분기점, 분류, 분신	'나누다', '구별하다' 분(分)

분가(分家) 가족의 한 구성원이 주로 결혼 따위로 살림을 차려 따로 나감.
분계선(分界線) 서로 나누어진 두 지역의 경계가 되는 선. 예 군사 분계선.
분교(分校) 본교와 떨어진 다른 지역에 따로 세운 학교.
분기점(分岐點) 1. 길 따위가 여러 갈래로 갈라지기 시작하는 곳. 2. 사물의 속성 따위가 바뀌어 갈라지는 지점이나 시기. 예 새로운 역사의 분기점에 서다.
분류(分類) 종류에 따라서 가름. 예 분류 기준. 분류 방법.
분신(分身) 하나의 주체에서 갈라져 나온 것. 예 작품은 작가의 분신이나 다름없다.

분규, 분란, 분쟁	'어지러워지다', '섞이다' 분(紛)

분규(紛糾) 이해나 주장이 뒤얽혀서 말썽이 많고 시끄러움. 예 노사 분규.
분란(紛亂) 어수선하고 소란스러움. 예 분란을 일으키다.
분쟁(紛爭) 말썽을 일으키어 시끄럽고 복잡하게 다툼. 예 분쟁의 당사자가 되다.

분말, 분쇄, 분진	'가루', '단장하다' 분(粉)

분말(粉末) 가루. 예 알약을 빻아 분말로 만들다.
분쇄(粉碎) 1. 단단한 물체를 가루처럼 잘게 부스러뜨림. 2. 여지없이 쳐부숨. 예 적의 음모를 분쇄하다.
분진(粉塵) 1. 티끌. 2. 아주 작은 것을 비유적으로 이르는 말. 예 시멘트 공장에서 발생하는 분진으로 공장 지대의 대기 오염이 심각하다.

분개, 분루, 분패	'결내다', '성을 내다' 분(憤)

분개(憤慨) 몹시 분하게 여김. 예 부당한 대우에 대해 분개하다.
분루(憤淚) 분하여 흘리는 눈물. 예 시합에 진 뒤 분루를 삼키다.
분패(憤敗) 경기나 싸움 따위에서 이길 수 있었던 것을 분하게 짐. 예 1점 차로 분패하다.

분수, 분출, 분화구	'뿜다', '뿜어내다' 분(噴)

분수(噴水) 압력으로 좁은 구멍을 통하여 물을 위로 세차게 내뿜거나 뿌리도록 만든 설비. 또는 그 물.
분출(噴出) 1. 액체나 기체 상태의 물질이 솟구쳐서 뿜어 나옴. 또는 그렇게 되게 함. 2. 요구나 욕구 따위가 한꺼번에 터져 나옴. 또는 그렇게 되게 함. 예 요구 사항이 분출하다.
분화구(噴火口) 화산체(火山體)의 일부에 열려 있는 용암과 화산 가스 따위의 분출구.

불가결, 불굴, 불멸, 불세출, 불온, 불후	'아니다', '말라' 불(不)

불가결(不可缺) 없어서는 아니 되고 반드시 필요함. 또는 그런 것. 예 그 조건은 필수 불가결이다.
불굴(不屈) 온갖 어려움에도 굽히지 아니함. 예 불굴의 정신.
불멸(不滅) 없어지거나 사라지지 아니함. 예 영혼의 불멸을 믿다.
불세출(不世出) 좀처럼 세상에 나타나지 아니할 만큼 뛰어남. 예 불세출의 영웅.
불온(不穩) 1. 온당하지 않음. 2. (일부 명사 앞에 쓰여) 사상이나 태도 따위가 통치 권력이나 체제에 순응하지 않고 맞시는 성질이 있음. 예 불온 단체. 불온사상.
불후(不朽) 썩지 아니함이라는 뜻으로, 영원토록 변하거나 없어지지 아니함을 비유해서 이르는 말. 예 불후의 명곡.

50 | 비

비견, 비례, 비유, 비율

'견주다', '본뜨다' 비(比)

비견(比肩) 앞서거나 뒤서지 않고 어깨를 나란히 한다는 뜻으로, 낫고 못할 것이 없이 정도가 서로 비슷하게 함을 이르는 말. 예 그는 톨스토이에 비견할 만한 소설가이다.

비례(比例) 한쪽의 양이나 수가 증가하는 만큼 그와 관련 있는 다른 쪽의 양이나 수도 증가함. 예 인구에 비례해서 선거구를 개편하다.

비유(比喩) 어떤 현상이나 사물을 직접 설명하지 아니하고 다른 비슷한 현상이나 사물에 빗대어서 설명하는 일.

비율(比率) 다른 수나 양에 대한 어떤 수나 양의 비(比). 예 남녀 비율을 맞추다.

비망록, 비축, 비품

'갖추다' 비(備)

비망록(備忘錄) 잊지 않으려고 중요한 골자를 적어 둔 것. 또는 그런 책자. 예 공직에서 물러난 뒤 비망록을 작성하다.

비축(備蓄) 만약의 경우를 대비하여 미리 갖추어 모아 두거나 저축함. 예 군사 작전에서는 군량미의 비축이 중요하다.

비품(備品) 늘 일정하게 갖추어 두고 쓰는 물품. 예 비품을 구입하다.

비대, 비료, 비만

'살찌다', '거름' 비(肥)

비대(肥大) 1. 몸에 살이 쪄서 크고 뚱뚱함. 2. 권력이나 권한, 조직 따위가 일정한 범위를 넘어서 강대함.

비료(肥料) 경작지에 뿌리는 영양 물질. 예 유기물 비료와 화학 비료.

비만(肥滿) 살이 쪄서 몸이 뚱뚱함.

비난, 비리, 비위, 비행 | '아니다' 비(非)

비난(非難) 남의 잘못이나 결점을 책잡아서 나쁘게 말함.
비리(非理) 올바른 이치나 도리에서 어그러짐. 예 비리를 저지르다.
비위(非違) 법에 어긋남. 또는 그런 일. 예 비위 사실을 적발하다.
비행(非行) 도덕에 어긋나는 너절하고 더러운 행위. 예 비행 청소년.

비상, 비약, 비행, 비호 | '날다', '떨어지다' 비(飛)

비상(飛翔) 공중을 낢. 예 갈매기가 하늘로 비상하다.
비약(飛躍) 1. 나는 듯이 높이 뛰어오름. 2. 지위나 수준이 갑자기 빠른 속도로 높아지거나 향상됨. 3. 논리나 사고방식 따위가 그 차례나 단계를 따르지 아니하고 뛰어넘음. 예 논리의 비약이 심하다.
비행(飛行) 공중으로 날아가거나 날아다님. 예 야간 비행. 저공 비행.
비호(飛虎) 나는 듯이 빠르게 달리는 범. 예 동작이 비호처럼 날쌔다.

비관, 비극, 비련, 비애, 비운 | '슬프다' 비(悲)

비관(悲觀) 1. 인생을 어둡게만 보아 슬퍼하거나 절망스럽게 여김. 2. 앞으로의 일이 잘 안 될 것이라고 봄. 예 인생을 비관하다.
비극(悲劇) 1. 인생의 슬프고 애달픈 일을 당하여 불행한 경우를 이르는 말. 2. 인생의 슬픔과 비참함을 제재로 하고 주인공의 파멸, 패배, 죽음 따위의 불행한 결말을 갖는 극의 형식.
비련(悲戀) 1. 슬프게 끝나는 사랑. 2. 애절한 그리움. 예 비련의 주인공.
비애(悲哀) 슬퍼하고 서러워함. 또는 그런 것. 예 인생의 비애를 느끼다.
비운(悲運) 순조롭지 못하거나 슬픈 운수나 운명. 예 비운에 처하다.

51 | 사

사교, 사설, 사회	'모이다', '토지신' 사(社)

사교(社交) 여러 사람이 모여 서로 사귐. 예 사교 범위가 넓다.
사설(社說) 신문이나 잡지에서, 글쓴이의 주장이나 의견을 써내는 논설.
사회(社會) 1. 같은 무리끼리 모여 이루는 집단. 2. 학생이나 군인, 죄수들이 자기가 속한 영역 이외의 영역을 이르는 말.

사건, 사대주의, 사리, 사유	'일', '일삼다' 사(事)

사건(事件) 사회적으로 문제를 일으키거나 주목을 받을 만한 뜻밖의 일.
사대주의(事大主義) 주체성이 없이 세력이 강한 나라나 사람을 받들어 섬기는 태도. 예 사대주의에 빠지다.
사리(事理) 일의 이치. 예 사리에 어긋나다.
사유(事由) 일의 까닭. 예 사유를 밝히다.

사고, 사모, 사상, 사유, 사춘기	'생각하다' 사(思)

사고(思考) 1. 생각하고 궁리함. 2. 심상이나 지식을 사용하는 마음의 작용.
사모(思慕) 1. 애틋하게 생각하고 그리워함. 2. 우러러 받들고 마음속 깊이 따름. 예 그에 대한 사모의 마음이 간절하다.
사상(思想) 1. 어떠한 사물에 대하여 가지고 있는 구체적인 사고나 생각. 2. 판단, 추리를 거쳐서 생긴 의식 내용. 3. 논리적 정합성을 가진 통일된 판단 체계.
사유(思惟) 1. 대상을 두루 생각하는 일. 2. 개념, 구성, 판단, 추리 따위를 행하는 인간의 이성 작용. 예 홀로 사유에 잠기다.
사춘기(思春期) 육체적 · 정신적으로 성인이 되는 시기.

사명, 사신, 사절, 사주

'하여금', '시키다' 사(使)

사명(使命) 맡겨진 임무. 예 맡은 바 사명을 다하다.
사신(使臣) 임금이나 국가의 명령을 받고 외국에 사절로 가는 신하.
사절(使節) 나라를 대표하여 일정한 사명을 띠고 외국에 파견되는 사람. 예 외국에 친선 사절을 보내다.
사주(使嗾) 남을 부추겨 좋지 않은 일을 시킴. 예 뒤에서 사주한 사람이 누구냐?

사복, 사설, 사심, 사욕, 사익

'자기', '개인' 사(私)

사복(私服) 관복이나 제복이 아닌 사사로이 입는 옷.
사설(私設) 어떤 시설을 개인이 사사로이 설립함. 또는 그 시설. 예 사설 강습소.
사심(私心) 사사로운 마음. 또는 자기 욕심을 채우려는 마음. 예 사심을 버리다.
사욕(私慾) 자기 한 개인의 이익만을 꾀하는 욕심. 예 사욕을 버리다.
사익(私益) 개인의 이익. 반대말 공익(公益).

사기, 사칭

'속이다', '거짓말하다' 사(詐)

사기(詐欺) 나쁜 꾀로 남을 속임.
사칭(詐稱) 이름, 직업, 나이, 주소 따위를 거짓으로 속여 이름. 예 기자를 사칭하다.

사원, 사찰

'절' 사(寺)

사원(寺院) 종교의 교당을 통틀어 이르는 말. 예 사원에 들러 기도하다.
사찰(寺刹) 절. 예 휴가 때 전국의 유명 사찰들을 돌 계획이다.

52 | 삭, 산

삭감, 삭발, 삭제	‘깎다’, ‘범하다’, ‘해치다’ 삭(削)

삭감(削減) 깎아서 줄임. 예 예산을 삭감하다.
삭발(削髮) 머리털을 깎음. 또는 그 머리. 예 머리를 삭발하다.
삭제(削除) 깎아 없애거나 지워 버림.

산란, 산모, 산업, 산유국	‘낳다’, ‘태어나다’, ‘만들어내다’ 산(産)

산란(産卵) 알을 낳음. 예 그 양어장은 산란에 좋은 조건을 갖추었다.
산모(産母) 아기를 갓 낳은 여자. 예 아이도 산모도 건강하다.
산업(産業) 인간의 생활을 경제적으로 풍요롭게 하기 위하여 재화나 서비스를 창출하는 생산적 기업이나 조직.
산유국(産油國) 자국의 영토 및 영해에서 원유를 생산하는 나라. 예 산유국으로부터 석유를 수입하다.

산수, 산정	‘세다’, ‘수’ 산(算)

산수(算數) 수의 성질, 셈의 기초, 초보적인 기하 따위를 가르치는 학과목.
산정(算定) 셈하여 정함. 예 임금으로 산정된 액수.

산만, 산문, 산화	‘흩다’, ‘흩뜨리다’ 산(散)

산만(散漫) 어수선하여 질서나 통일성이 없음. 예 주의가 산만하다.
산문(散文) 율격과 같은 외형적 규범에 얽매이지 않고 자유로운 문장으로 쓴 글. 소설, 수필 따위이다.
산화(散華) 어떤 대상이나 목적을 위하여 목숨을 바침. 예 조국을 위해 장렬히 산화하다.

53 | 상

상극, 상담, 상부상조, 상쇄, 상호	'서로', '보다' 상(相)

상극(相剋) 1. 둘 사이에 마음이 서로 맞지 아니하여 항상 충돌함. 2. 두 사물이 서로 맞서거나 해를 끼쳐 어울리지 아니함. 또는 그런 사물. ⓔ 개와 원숭이는 상극이다.
상담(相談) 문제를 해결하거나 궁금증을 풀기 위하여 서로 의논함.
상부상조(相扶相助) 서로서로 도움. ⓔ 상부상조의 전통을 지키다.
상쇄(相殺) 상반되는 것이 서로 영향을 주어 효과가 없어지는 일. ⓔ 이익과 손실을 상쇄하고 나니 남는 게 없다.
상호(相互) 상대가 되는 이쪽과 저쪽 모두. ⓔ 상호 신뢰를 유지하다.

상기, 상념, 상상	'생각하다', '모양' 상(想)

상기(想起) 지난 일을 돌이켜 생각하여 냄. ⓔ 간밤에 일어난 일을 상기하다.
상념(想念) 마음속에 품고 있는 여러 가지 생각. ⓔ 상념에 젖다.
상상(想像) 실제로 경험하지 않은 현상이나 사물에 대하여 마음속으로 그려 봄.

상록수, 상비약, 상설, 상식, 상투적	'항상', '법' 상(常)

상록수(常綠樹) 사철 내내 잎이 푸른 나무를 통틀어 이르는 말.
상비약(常備藥) 병원이나 가정에 늘 준비해 두는 약품. ⓔ 소화제나 해열제 따위는 가정에 상비약으로 준비해 두는 것이 좋다.
상설(常設) 언제든지 이용할 수 있도록 설비와 시설을 갖추어 둠. ⓔ 상설 전시관.
상식(常識) 사람들이 보통 알고 있거나 알아야 하는 지식.
상투적(常套的) 늘 써서 버릇이 되다시피 한. 또는 그런 것. ⓔ 상투적인 표현.

54 | 생, 서

생가, 생계, 생기, 생동감, 생산, 생업	'태어나다', '살다' 생(生)

생가(生家) 어떤 사람이 태어난 집. 예 생가를 보존하다.
생계(生計) 살림을 살아 나갈 방도. 또는 현재 살림을 살아가고 있는 형편. 예 생계를 유지하다.
생기(生氣) 싱싱하고 힘찬 기운. 예 생기가 넘치다.
생동감(生動感) 생기 있게 살아 움직이는 듯한 느낌. 예 생동감 넘치는 모습.
생산(生産) 1. 인간이 생활하는 데 필요한 각종 물건을 만들어 냄. 2. 아이나 새끼를 낳는 일을 예스럽게 이르는 말. 예 생산 활동. 생산 실적.
생업(生業) 살아가기 위하여 하는 일. 예 생업에 종사하다.

서간, 서예, 서재	'쓰다', '글자' 서(書)

서간(書簡) 편지. 비슷한말 서신(書信). 서찰(書札)
서예(書藝) 글씨를 붓으로 쓰는 예술.
서재(書齋) 서적을 갖추어 두고 책을 읽거나 글을 쓰는 방. 예 서재에서 책을 읽다.

서두, 서론, 서막, 서열	'차례', '차례를 매기다' 서(序)

서두(序頭) 1. 일이나 말의 첫머리. 2. 어떤 차례나 순서의 맨 앞. 예 서두가 너무 길다.
서론(序論) 말이나 글 따위에서 본격적인 논의를 하기 위한 실마리가 되는 부분. 예 지금까지 내가 한 얘기는 아직 서론에 불과하다.
서막(序幕) 1. 연극 따위에서, 처음 여는 막. 인물과 사건 따위를 예비적으로 보여 준다. 2. 일의 시작이나 발단. 예 통일의 서막을 열다.
서열(序列) 일정한 기준에 따라 순서대로 늘어섬. 또는 그 순서. 예 서열을 따지다.

55 | 선

선남선녀, 선전, 선정, 선처	'착하다' 선(善)

선남선녀(善男善女) 1. 성품이 착한 남자와 여자란 뜻으로, 착하고 어진 사람들을 이르는 말. 2. 곱게 단장을 한 남자와 여자를 이르는 말.
선전(善戰) 있는 힘을 다하여 잘 싸움. 예 선수들에게 선전을 당부하다.
선정(善政) 백성을 바르고 어질게 잘 다스리는 정치. 예 선정을 펼치다.
선처(善處) 형편에 따라 잘 처리함. 예 선처를 부탁하다.

선각자, 선견지명, 선구자, 선두, 선열	'먼저', '나아가다', '옛날' 선(先)

선각자(先覺者) 남보다 먼저 사물이나 세상일을 깨달은 사람. 예 서양 문물을 받아들인 선각자.
선견지명(先見之明) 어떤 일이 일어나기 전에 미리 앞을 내다보고 아는 지혜. 예 장래를 내다보는 선견지명이 있다.
선구자(先驅者) 1. 말을 탄 행렬에서 맨 앞에 선 사람. 2. 어떤 일이나 사상에서 다른 사람보다 앞선 사람. 예 여성 교육의 선구자.
선두(先頭) 대열이나 행렬, 활동 따위에서 맨 앞. 예 선두를 지키다.
선열(先烈) 나라를 위하여 싸우다가 죽은 열사(烈士). 예 순국 선열들을 추모하다.

선거, 선곡, 선발, 선출	'가리다', '가려 뽑다' 선(選)

선거(選擧) 일정한 조직이나 집단이 대표자나 임원을 뽑는 일.
선곡(選曲) 많은 곡 가운데 곡조나 노래를 고름. 예 빠른 노래를 선곡하다.
선발(選拔) 많은 가운데서 골라 뽑음. 예 대표 선수를 선발하다.
선출(選出) 여럿 가운데서 골라냄. 예 국민의 대표를 선출하다.

선고, 선교, 선서, 선언, 선전	'베풀다', '생각을 말하다' 선(宣)

선고(宣告) 1. 선언하여 널리 알림. 2. 공판정에서 재판장이 판결을 알리는 일. 예 퇴장 선고. 무죄 선고.
선교(宣敎) 종교를 선전하여 널리 폄. 예 아프리카에서 선교 활동을 하다.
선서(宣誓) 여럿 앞에서 성실할 것을 맹세함. 예 대표 선수가 선서를 하다.
선언(宣言) 1. 널리 펴서 말함. 또는 그런 내용. 2. 국가나 집단이 자기의 방침, 의견, 주장 따위를 외부에 정식으로 표명함. 3. 어떤 회의의 진행에 한계를 두기 위하여 말함. 또는 그런 말.
선전(宣傳) 주의나 주장, 사물의 존재, 효능 따위를 많은 사람이 알고 이해하도록 잘 설명하여 널리 알리는 일.

선명, 선혈	'곱다', '뚜렷하다' 선(鮮)

선명(鮮明) 산뜻하고 뚜렷하여 다른 것과 혼동되지 않음. 예 색깔이 선명하다.
선혈(鮮血) 생생한 피. 예 선혈이 낭자하다.

선율, 선풍, 선회	'돌다', '돌리다' 선(旋)

선율(旋律) 가락. 예 피아노의 선율이 감미롭다.
선풍(旋風) 1. 회오리바람. 2. 돌발적으로 일어나 세상을 뒤흔드는 사건을 비유해서 이르는 말. 예 그의 대하소설이 일대 선풍을 일으켰다.
선회(旋回) 1. 둘레를 빙글빙글 돎. 2. 항공기가 곡선을 그리듯 진로를 바꿈. 예 헬기가 공중을 선회하다.

56 | 설

설계, 설립, 설문, 설정

'베풀다', '진열하다', '세우다' 설(設)

설계(設計) 1. 계획을 세움. 또는 그 계획. 2. 건축 · 토목 · 기계 제작 따위에서, 그 목적에 따라 실제적인 계획을 세워 도면 따위로 명시하는 일.
설립(設立) 기관이나 조직체 따위를 만들어 일으킴. 예 회사를 설립하다.
설문(設問) 조사를 하거나 통계 자료 따위를 얻기 위하여 어떤 주제에 대하여 문제를 내어 물음. 또는 그 문제. 예 설문 조사.
설정(設定) 새로 만들어 정해 둠. 예 상황 설정.

설교, 설득, 설명, 설화

'말씀', '말하다' 설(說)

설교(說敎) 1. 종교의 교리를 설명함. 또는 그런 설명. 2. 어떤 일의 견해나 관점을 다른 사람이 수긍하도록 단단히 타일러서 가르침. 또는 그런 가르침. 예 설교를 듣다.
설득(說得) 상대편이 이쪽 편의 이야기를 따르도록 여러 가지로 깨우쳐 말함.
설명(說明) 어떤 일이나 대상의 내용을 상대편이 잘 알 수 있도록 밝히어 말함. 또는 그러한 말.
설화(說話) 1. 있지 아니한 일에 대하여 사실처럼 재미있게 말함. 또는 그런 이야기. 2. 각 민족 사이에 전승되어 오는 신화, 전설, 민담 따위를 통틀어 이르는 말.

설전, 설화

'혀' 설(舌)

설전(舌戰) 말다툼. 예 친구와 설전을 벌이다.
설화(舌禍) 1. 연설이나 강연 따위의 내용이 법률에 저촉되거나 타인을 노하게 하여 받는 재난. 2. 타인에 대한 중상이나 비방 따위로 받는 재난. 예 설화를 당하다.

57 | 성

성공, 성과, 성년, 성숙	'이루다' 성(成)

성공(成功) 목적하는 바를 이룸.
성과(成果) 이루어 낸 결실. 예 성과를 얻다.
성년(成年) 법적인 권리를 행사할 수 있는 나이. 만 20세 이상이다.
성숙(成熟) 1. 생물의 발육이 완전히 이루어짐. 2. 몸과 마음이 자라서 어른스럽게 됨. 3. 경험이나 습관을 쌓아 익숙해짐. 4. 어떤 사회 현상이 새로운 발전 단계로 들어설 수 있도록 조건이나 상태가 충분히 마련됨.

성격, 성별, 성품	'성품', '성질' 성(性)

성격(性格) 1. 개인이 가지고 있는 고유의 성질이나 품성. 2. 어떤 사물이나 현상의 본질이나 본성.
성별(性別) 남녀나 암수의 구별. 예 성별을 구분하다.
성품(性品) 사람의 성질이나 됨됨이. 예 성품이 온화하다.

성군, 성역, 성인, 성지	'성스럽다', '성인' 성(聖)

성군(聖君) 어질고 덕이 뛰어난 임금. 예 세종대왕은 성군이셨다.
성역(聖域) 1. 신성한 지역. 2. 함부로 침범할 수 없는 나름대로의 구역이나 문제 삼지 아니하기로 되어 있는 사항 · 인물 · 단체를 비유해서 이르는 말. 예 성역을 침범하다.
성인(聖人) 지혜와 덕이 매우 뛰어나 길이 우러러 본받을 만한 사람. 비슷한말 성자(聖者).
성지(聖地) 1. 특정 종교에서 신성시하는 장소. 2. 종교적인 유적이 있는 곳. 예 성지 순례를 떠나다.

58 | 세

세계, 세기, 세대, 세속, 세습

'대(代)', '세상' 세(世)

세계(世界) 1. 지구 상의 모든 나라. 또는 인류 사회 전체. 2. 집단적 범위를 지닌 특정 사회나 영역. 3. 대상이나 현상의 모든 범위.

세기(世紀) 1. 백 년을 단위로 하는 기간. 2. 백 년 동안을 세는 단위. 예 21세기의 국가적 과업을 이루다.

세대(世代) 1. 어린아이가 성장하여 부모 일을 계승할 때까지의 약 30년 정도 되는 기간. 2. 같은 시대에 살면서 공통의 의식을 가지는 비슷한 연령층의 사람 전체. 예 세대 갈등. 세대 차이.

세속(世俗) 1. 세상. 2. 세상의 일반적인 풍속. 예 세속을 떠나 살다.

세습(世襲) 한 집안의 재산이나 신분, 직업 따위를 대대로 물려주고 물려받음. 예 세습 왕조. 권력의 세습.

세도, 세력

'기세', '무리' 세(勢)

세도(勢道) 정치상의 권세. 또는 그 권세를 마구 휘두르는 일. 예 세도를 부리다.

세력(勢力) 1. 권력이나 기세의 힘. 2. 어떤 속성이나 힘을 가진 집단. 예 세력 다툼을 크게 벌이다.

세공, 세부, 세포

'가늘다', '작다' 세(細)

세공(細工) 잔손을 많이 들여 정밀하게 만듦. 또는 그런 수공(手工). 예 귀금속 세공을 전문으로 한다.

세부(細部) 자세한 부분. 예 세부 사항.

세포(細胞) 생물체를 이루는 기본 단위. 예 현미경으로 세포를 관찰하다.

59 | 소

소감, 소견, 소문, 소장	'바', '일정한 곳이나 지역' 소(所)

소감(所感) 마음에 느낀 바. 예 당선 소감을 말하다.
소견(所見) 어떤 일이나 사물을 살펴보고 가지게 되는 생각이나 의견. 예 각자 소견을 밝히다.
소문(所聞) 사람들 입에 오르내려 전하여 들리는 말.
소장(所藏) 자기의 것으로 지니어 간직함. 또는 그 물건. 예 박물관 소장 문화재.

소등, 소멸, 소모, 소비	'사라지다', '빠지다' 소(消)

소등(消燈) 등불을 끔. 예 빨리 소등하고 취침해라.
소멸(消滅) 사라져 없어짐. 예 전통 놀이가 소멸 상태에 이르다.
소모(消耗) 써서 없앰. 예 전력 소모가 심하다.
소비(消費) 돈이나 물자, 시간, 노력 따위를 들이거나 써서 없앰. 예 물자의 소비가 크게 늘어나다.

소박, 소복, 소양, 소재	'희다', '흰 빛' 소(素)

소박(素朴) 꾸밈이나 거짓이 없고 수수함. 예 소박한 옷차림.
소복(素服) 하얗게 차려입은 옷. 흔히 상복으로 입는다. 예 소복 차림을 한 여인.
소양(素養) 평소 닦아 놓은 학문이나 지식. 예 학문에 대한 소양이 풍부하다.
소재(素材) 1. 어떤 것을 만드는 데 바탕이 되는 재료. 2. 예술 작품에서 지은이가 말하고자 하는 바를 나타내기 위해 선택하는 재료.

60 | 속, 손, 송

속담, 속물, 속설, 속세	'풍속', '바라다' 속(俗)

속담(俗談) 예로부터 민간에 전하여 오는 쉬운 격언이나 잠언.
속물(俗物) 1. 속된 물건. 2. 교양이 없거나 식견이 좁고 세속적인 일에만 신경을 쓰는 사람을 속되게 이르는 말. 예 그런 행동은 속물들이나 하는 짓이야.
속설(俗說) 세간에 전하여 내려오는 설이나 견해. 예 속설에 현혹되지 마라.
속세(俗世) 불가에서 일반 사회를 이르는 말. 예 속세를 떠나다.

손상, 손실, 손익, 손해	'덜다', '줄이다' 손(損)

손상(損傷) 1. 물체가 깨지거나 상함. 2. 병이 들거나 다침. 3. 품질이 변하여 나빠짐. 4. 명예나 체면, 가치 따위가 떨어짐.
손실(損失) 잃어버리거나 축가서 손해를 봄. 또는 그 손해. 예 경제적 손실.
손익(損益) 손해와 이익을 아울러 이르는 말. 예 손익을 따지다.
손해(損害) 1. 물질적으로나 정신적으로 밑짐. 2. 해를 입음.

송금, 송년, 송별, 송환	'보내다' 송(送)

송금(送金) 돈을 부쳐 보냄. 또는 그 돈. 예 생활비를 송금하다.
송년(送年) 묵은 한 해를 보냄. 예 송년의 밤.
송별(送別) 떠나는 사람을 이별하여 보냄. 예 전학 가는 친구를 송별하다.
송환(送還) 포로나 불법으로 입국한 사람 등을 본국으로 도로 돌려보냄. 예 몇몇 포로들은 자국으로의 송환을 거부했다.

61 | 수

수로, 수준, 수평	'물' 수(水)

수로(水路) 1. 물길 2. 선박이 다닐 수 있는 수면 상의 일정한 길. 예 저수지로 향하는 수로를 내다.

수준(水準) 1. 사물의 가치나 질 따위의 기준이 되는 일정한 표준이나 정도. 2. 수면(水面)의 위치. 주로 육지의 높이를 재는 기준이 된다.

수평(水平) 1. 기울지 않고 평평한 상태. 2. 지구 중력의 방향과 직각을 이루는 방향. 예 수평을 맞추다.

수량, 수치, 수효	'세다', '계산하다' 수(數)

수량(數量) 수효와 분량을 아울러 이르는 말. 예 물품의 내용과 수량을 점검하다.

수치(數値) 계산하여 얻은 값. 예 위의 표에 제시된 수치가 정확하다.

수효(數爻) 낱낱의 수. 예 가축의 수효를 세다.

수감, 수렴, 수탈, 수확	'거두다' 수(收)

수감(收監) 사람을 구치소나 교도소에 가두어 넣음. 예 수감 생활을 하다.

수렴(收斂) 1. 돈이나 물건 따위를 거두어들임. 2. 의견이나 사상 따위가 여럿으로 나뉘어 있는 것을 하나로 모아 정리함. 예 의견 수렴 절차를 밟다.

수탈(收奪) 강제로 빼앗음. 예 경제적 수탈. 식민지 수탈 정책.

수확(收穫) 1. 익은 농작물을 거두어들임. 또는 거두어들인 농작물. 2. 어떤 일을 하여 얻은 성과를 비유해서 이르는 말.

수기, 수단, 수배, 수완	'손' 수(手)

수기(手記) 1. 자기의 생활이나 체험을 직접 쓴 기록. 예 체험 수기를 쓰다. 2. 글이나 글씨를 자기 손으로 직접 씀. 예 수기로 작성하다.
수단(手段) 1. 어떤 목적을 이루기 위한 방법. 또는 그 도구. 2. 일을 처리하여 나가는 솜씨와 꾀.
수배(手配) 1. 어떤 일을 갈라 맡아서 하게 함. 2. 범인을 잡으려고 수사망을 폄. 예 용의자의 수배 전단이 곳곳에 뿌려졌다.
수완(手腕) 일을 꾸미거나 치러 나가는 재간. 예 그는 수완이 좋은 사람이다.

수강, 수난, 수동적, 수신	'받다', '얻다' 수(受)

수강(受講) 강의나 강습을 받음. 예 물리학을 수강하다.
수난(受難) 견디기 힘든 어려운 일을 당함. 예 수난의 역사를 기억하다.
수동적(受動的) 스스로 움직이지 않고 다른 것의 작용을 받아 움직이는. 또는 그런 것. 예 수동적인 태도를 극복해야 한다.
수신(受信) 1. 우편이나 전보 따위의 통신을 받음. 또는 그런 일. 2. 전신이나 전화, 라디오, 텔레비전 방송 따위의 신호를 받음. 또는 그런 일. 반대말 발신(發信).

수교, 수도, 수련, 수정	'닦다', '다스리다', '고치다' 수(修)

수교(修交) 나라와 나라 사이에 교제를 맺음. 예 두 나라가 수교를 맺다.
수도(修道) 도를 닦음. 예 산에 들어가 수도 생활을 하다.
수련(修練) 인격, 기술, 학문 따위를 닦아서 단련함. 예 정신 수련을 하다.
수정(修正) 바로잡아 고침. 예 목표의 수정이 불가피하다.

62 | 숙, 순

숙명, 숙박, 숙식	'묵다', '머무르다' 숙(宿)

숙명(宿命) 날 때부터 타고난 정해진 운명. 또는 피할 수 없는 운명. 예 숙명의 대결.
숙박(宿泊) 여관이나 호텔 따위에서 잠을 자고 머무름.
숙식(宿食) 자고 먹음. 예 숙식을 제공하다.

숙달, 숙련, 숙면	'익다', '이루다' 숙(熟)

숙달(熟達) 익숙하게 통달함. 예 숙달된 조교가 시범을 보였다.
숙련(熟練) 연습을 많이 하여 능숙하게 익힘. 예 숙련을 요하는 작업.
숙면(熟眠) 잠이 깊이 듦. 또는 그 잠. 예 모처럼 숙면을 취하다.

순리, 순번, 순서, 순응	'순하다', '좇다' 순(順)

순리(順理) 순한 이치나 도리. 또는 도리나 이치에 순종함. 예 순리를 따르다.
순번(順番) 1. 차례대로 돌아가는 번. 또는 그런 순서. 2. 순서대로 매겨지는 번호. 예 순번을 정하다.
순서(順序) 1. 정하여진 기준에서 말하는 전후, 좌우, 상하 따위의 차례 관계. 2. 무슨 일을 행하거나 무슨 일이 이루어지는 차례.
순응(順應) 환경이나 변화에 적응하여 익숙하여지거나 체계, 명령 따위에 적응하여 따름. 예 자연에 순응하다.

순결, 순도, 순수, 순정

'실', '순수하다' 순(純)

순결(純潔) 1. 잡된 것이 섞이지 아니하고 깨끗함. 2. 마음에 사욕(私慾), 사념(邪念) 따위와 같은 더러움이 없이 깨끗함. 3. 이성과의 육체관계가 아직 없음. 또는 그런 상태.

순도(純度) 어떤 물질 가운데에서 주성분인 순물질이 차지하는 비율. 예 순도 99.9%의 금.

순수(純粹) 1. 전혀 다른 것의 섞임이 없음. 2. 사사로운 욕심이나 못된 생각이 없음. 예 그는 어린아이와 같은 순수함을 지녔다.

순정(純情) 순수한 감정이나 애정. 예 순정을 바쳐 사랑하다.

순례, 순시, 순찰

'돌다', '어루만지다' 순(巡)

순례(巡禮) 1. 종교의 발생지, 본산(本山)의 소재지, 성인의 무덤이나 거주지와 같이 종교적인 의미가 있는 곳을 찾아다니며 방문하여 참배함. 2. 여러 곳을 찾아다니며 방문함을 비유해서 이르는 말. 예 순례 여행.

순시(巡視) 돌아다니며 사정을 보살핌. 또는 그런 사람. 예 야간 순시.

순찰(巡察) 여러 곳을 돌아다니며 사정을 살핌. 예 순찰을 돌다.

순교, 순국, 순직

'따라 죽다', '목숨을 바치다' 순(殉)

순교(殉敎) 모든 압박과 박해를 물리치고 자기가 믿는 신앙을 지키기 위하여 목숨을 바치는 일. 예 단압에 굴하지 않고 순교의 길을 가다.

순국(殉國) 나라를 위하여 목숨을 바침. 예 장렬히 순국한 애국지사.

순직(殉職) 직무를 다하다가 목숨을 잃음. 예 순직 경찰관.

63 | 승

승계, 승낙, 승인	'받들다', '계승하다' 승(承)

승계(承繼) 선임자의 뒤를 이어받음. 예 왕위를 승계하다.
승낙(承諾) 청하는 바를 들어줌. 예 승낙을 받다.
승인(承認) 어떤 사실을 마땅하다고 받아들임. 예 부모님의 승인을 받다.

승진, 승화	'오르다' 승(昇)

승진(昇進) 직위의 등급이나 계급이 오름. 예 승진의 기회를 놓치다.
승화(昇華) 어떤 현상이 더 높은 상태로 발전하는 일. 예 미움이 용서와 화해의 감정으로 승화되다.

승률, 승리, 승소, 승전	'이기다', '뛰어나다' 승(勝)

승률(勝率) 경기 따위에서 이긴 비율. 예 승률이 높다.
승리(勝利) 겨루어서 이김.
승소(勝訴) 소송에서 이기는 일. 예 재판에서의 승소로 명예를 회복했다.
승전(勝戰) 싸움에서 이김. 예 고국에 승전 소식을 전하다.

승객, 승선, 승차	'타다', '오르다' 승(乘)

승객(乘客) 차, 배, 비행기 따위의 탈것을 타는 손님.
승선(乘船) 배를 탐. 예 유람선에 승선하다.
승차(乘車) 차를 탐. 예 승차 시간을 놓치다.

64 | 시

시국, 시대, 시사, 시효

'때', '때를 맞추다' 시(時)

시국(時局) 현재 당면한 국내 및 국제 정세나 대세. 예 비상 시국.
시대(時代) 1. 역사적으로 어떤 표준에 의하여 구분한 일정한 기간. 2. 지금 있는 그 시기. 또는 문제가 되고 있는 그 시기.
시사(時事) 그 당시에 일어난 여러 가지 사회적 사건. 예 시사 문제.
시효(時效) 어떤 사실 상태가 일정한 기간 동안 계속되는 일. 예 시효가 끝나다.

시설, 시주, 시행

'베풀다', '퍼지다' 시(施)

시설(施設) 도구, 기계, 장치 따위를 베풀어 설비함. 또는 그런 설비.
시주(施主) 자비심으로 조건 없이 절이나 승려에게 물건을 베풀어 주는 일. 또는 그런 일을 하는 사람. 예 절에 가서 시주를 하다.
시행(施行) 실지로 행함. 예 시행을 보류하다.

시말서, 시조, 시초

'처음', '비롯하다' 시(始)

시말서(始末書) 잘못을 저지른 사람이 사건의 경위를 자세히 적은 문서. 예 시말서를 작성하다.
시조(始祖) 1. 한 겨레나 가계의 맨 처음이 되는 조상. 2. 어떤 학문이나 기술 따위를 처음으로 연 사람. 3. 나중 것의 바탕이 된 맨 처음의 것. 예 신라의 시조 박혁거세.
시초(始初) 맨 처음. 예 비극의 시초.

시비, 시정

'옳다', '바르다' 시(是)

시비(是非) 1. 옳음과 그름. 2. 옳고 그름을 따지는 말다툼. 예 시비를 가리다.
시정(是正) 잘못된 것을 바로잡음. 예 시정을 요구하다.

시력, 시선, 시야, 시청

'보다', '자세히 살피다' 시(視)

시력(視力) 물체의 존재나 형상을 인식하는 눈의 능력. 예 시력이 좋다.
시선(視線) 1. 눈이 가는 길. 또는 눈의 방향. 2. 주의 또는 관심을 비유해서 이르는 말. 예 시선을 돌리다.
시야(視野) 1. 시력이 미치는 범위. 2. 현미경, 망원경, 사진기 따위의 렌즈로 볼 수 있는 범위. 3. 사물에 대한 식견이나 사려가 미치는 범위. 예 시야를 가리다.
시청(視聽) 눈으로 보고 귀로 들음. 예 텔레비전 시청 시간을 줄이다.

시금석, 시식, 시험

'시험하다', '맛보다' 시(試)

시금석(試金石) 가치, 능력, 역량 따위를 알아볼 수 있는 기준이 되는 기회나 사물을 비유해서 이르는 말. 예 개성공단은 남북 경제 공동체의 시금석이다.
시식(試食) 음식의 맛이나 요리 솜씨를 보려고 시험 삼아 먹어 봄. 예 주인이 먼저 시식을 하다.
시험(試驗) 1. 재능이나 실력 따위를 일정한 절차에 따라 검사하고 평가하는 일. 2. 사물의 성질이나 기능을 실지로 증험(證驗)하여 보는 일. 3. 사람의 됨됨이를 알기 위하여 떠보는 일. 또는 그런 상황.

65 | 신, 실

신념, 신앙, 신용, 신임	'믿다', '진실' 신(信)

신념(信念) 굳게 믿는 마음. 예 신념이 강하다.
신앙(信仰) 1. 믿고 받드는 일. 2. 초자연적인 절대자, 창조자 및 종교 대상에 대한 신자 자신의 태도로서, 두려워하고 경건히 여기며, 자비 · 사랑 · 의뢰심을 갖는 일.
신용(信用) 사람이나 사물이 틀림없다고 믿어 의심하지 아니함. 또는 그런 믿음성의 정도. 예 신용을 회복하다.
신임(信任) 믿고 일을 맡김. 또는 그 믿음. 예 신임이 두텁다.

신경, 신비, 신선, 신전	'귀신', '정신' 신(神)

신경(神經) 1. 신경 세포의 돌기가 모여 결합 조직으로 된 막에 싸여 끈처럼 된 구조. 2. 어떤 일에 대한 느낌이나 생각.
신비(神祕) 일이나 현상 따위가 사람의 힘이나 지혜 또는 보통의 이론이나 상식으로는 도저히 이해할 수 없을 만큼 신기하고 묘함. 또는 그런 일이나 비밀. 예 우주의 신비.
신선(神仙) 도(道)를 닦아서 현실의 인간 세계를 떠나 자연과 벗하며 산다는 상상의 사람.
신전(神殿) 신령을 모신 전각(殿閣). 예 성스러운 신전.

실감, 실리, 실물, 실세, 실용, 실태	'열매', '가득 차다' 실(實)

실감(實感) 실제로 체험하는 느낌. 예 실감이 나다.
실리(實利) 실제로 얻는 이익. 예 명분 대신 실리를 얻다.
실물(實物) 실제로 있는 물건이나 사람. 예 사진보다 실물이 낫다.
실세(實勢) 실제의 세력이나 기운. 또는 그것을 지닌 사람. 예 실세를 등에 업다.
실용(實用) 실제로 씀. 또는 실질적인 쓸모. 예 실용을 목적으로 하다.
실태(實態) 있는 그대로의 상태. 또는 실제의 모양. 예 실태를 파악하다.

66 | 심

심금, 심리, 심복, 심성	'마음', '심장' 심(心)

심금(心琴) 외부의 자극에 따라 미묘하게 움직이는 마음을 비유해서 이르는 말. 예 심금을 울리는 노래.
심리(心理) 마음의 작용과 의식의 상태. 예 사람의 심리란 참 묘하다.
심복(心腹) 마음 놓고 부리거나 일을 맡길 수 있는 사람. 예 심복을 만들다.
심성(心性) 타고난 마음씨. 예 심성이 참 곱다.

심연, 심해, 심화	'깊다', '매우' 심(深)

심연(深淵) 1. 깊은 못. 2. 좀처럼 빠져나오기 힘든 구렁을 비유해서 이르는 말. 3. 뛰어넘을 수 없는 깊은 간격을 비유해서 이르는 말. 예 절망의 심연에 빠지다.
심해(深海) 깊은 바다. 예 심해에 사는 물고기.
심화(深化) 정도나 경지가 점점 깊어짐. 또는 깊어지게 함. 예 심화 학습.

심사, 심의, 심판	'살피다', '자세하다' 심(審)

심사(審査) 자세하게 조사하여 등급이나 당락 따위를 결정함. 예 논문 심사.
심의(審議) 심사하고 토의함. 예 사전 심의를 거치다.
심판(審判) 1. 문제가 되는 안건을 심의하여 판결을 내리는 일. 2. 운동 경기에서, 규칙의 적부 여부나 승부를 판정함. 또는 그런 일이나 사람.

67 | 안

안락, 안도, 안부, 안식, 안일, 안주	'편안하다', '즐기다' 안(安)

안락(安樂) 몸과 마음이 편안하고 즐거움. 예 안락한 생활을 하다.

안도(安堵) 1. 사는 곳에서 평안히 지냄. 또는 그런 곳. 2. 어떤 일이 잘 진행되어 마음을 놓음. 예 안도의 숨을 내쉬다.

안부(安否) 어떤 사람이 편안하게 잘 지내고 있는지 그렇지 아니한지에 대한 소식. 또는 인사로 그것을 전하거나 묻는 일. 예 부모님의 안부를 묻다.

안식(安息) 편히 쉼. 예 안식을 취하다.

안일(安逸) 편안하고 한가로움. 또는 편안함만을 누리려는 태도. 예 안일과 나태에 젖은 생활.

안주(安住) 1. 한곳에 자리를 잡고 편안히 삶. 2. 현재의 상황이나 처지에 만족함. 예 시골에 안주하다.

안건, 안내	'책상' 안(案)

안건(案件) 토의하거나 조사하여야 할 사실. 예 안건을 제출하다.

안내(案內) 1. 어떤 내용을 소개하여 알려 줌. 또는 그런 일. 2. 사정을 잘 모르는 어떤 사람을 가고자 하는 곳까지 데려다 주거나 그에게 여러 가지 사정을 알려 줌.

안마, 안무, 안배	'누르다', '어루만지다' 안(按)

안마(按摩) 손으로 몸을 두드리거나 주물러서 피의 순환을 도와주는 일.

안무(按舞) 음악에 맞는 춤을 만드는 일. 또는 그것을 가르치는 일. 예 뮤지컬의 안무를 담당하다.

안배(按配) 알맞게 잘 배치하거나 처리함. 예 역할을 안배하다.

68 | 암, 압

암기, 암산, 암시, 암암리, 암초, 암흑	'어둡다', '밤' 암(暗)

암기(暗記) 외워 잊지 아니함. 예 암기 능력이 뛰어나다.
암산(暗算) 필기도구, 계산기, 수판 따위를 이용하지 아니하고 머릿속으로 계산함. 예 암산으로 문제를 풀다.
암시(暗示) 넌지시 알림. 또는 그 내용. 예 사건 발생을 암시하다.
암암리(暗暗裡) 남이 모르는 사이. 예 암암리에 음모를 꾸미다.
암초(暗礁) 1. 물속에 잠겨 보이지 아니하는 바위나 산호. 2. 어떤 일을 하는 데 보이지 아니하는 장애를 비유해서 이르는 말. 예 암초에 걸리다.
암흑(暗黑) 1. 어둡고 캄캄함. 2. 암담하고 비참한 상태를 비유해서 이르는 말.

압도, 압력, 압박	'누르다', '억압하다' 압(壓)

압도(壓倒) 1. 눌러서 넘어뜨림. 2. 보다 뛰어난 힘이나 재주로 남을 눌러 꼼짝 못하게 함. 예 분위기에 압도되다.
압력(壓力) 권력이나 세력에 의하여 타인을 자기 의지에 따르게 하는 힘. 예 압력을 받다.
압박(壓迫) 1. 강한 힘으로 내리누름. 2. 기운을 못 펴게 세력으로 내리누름. 예 압박에 굴복하다.

압수, 압송	'누르다' 압(押)

압수(押收) 1. 물건의 점유를 취득하는 강제 처분. 2. 물건 따위를 강제로 빼앗음. 예 밀수품을 압수하다.
압송(押送) 1. 피고인 또는 죄인을 어느 한 곳에서 다른 곳으로 호송하는 일. 예 피의자를 경찰서로 압송하다.

69 | 야, 약

야만, 야망, 야사, 야생	‘들판’, ‘촌스럽다’, ‘거칠다’ 야(野)

야만(野蠻) 1. 미개하여 문화 수준이 낮은 상태. 또는 그런 종족. 2. 교양이 없고 무례함. 또는 그런 사람. 예 숙녀를 때리는 건 야만 행위이다.
야망(野望) 크게 무엇을 이루어 보겠다는 희망. 예 헛된 야망을 품다.
야사(野史) 민간(民間)에서 사사로이 기록한 역사. 예 민간에 전하는 야사.
야생(野生) 산이나 들에서 저절로 나서 자람. 또는 그런 생물. 예 야생 동물.

야간, 야음, 야행성	‘밤’ 야(夜)

야간(夜間) 해가 진 뒤부터 먼동이 트기 전까지의 동안.
야음(夜陰) 밤의 어둠. 또는 그때. 예 야음을 틈타 침입하다.
야행성(夜行性) 낮에는 쉬고 밤에 활동하는 동물의 습성. 반대말 주행성(晝行性).

약골, 약세, 약자, 약점	‘약하다’ 약(弱)

약골(弱骨) 몸이 약한 사람. 예 그는 겉보기보다 약골이다.
약세(弱勢) 약한 세력이나 기세. 예 증권 시세가 약세를 보인다.
약자(弱者) 힘이나 세력이 약한 사람이나 생물. 또는 그런 집단.
약점(弱點) 모자라서 남에게 뒤떨어지거나 떳떳하지 못한 점.

약물, 약수	‘약’, ‘고치다’ 약(藥)

약물(藥物) 약의 재료가 되는 물질. 예 약물 중독.
약수(藥水) 먹거나 몸을 담그거나 하면 약효가 있는 샘물. 예 약수를 뜨러 가다.

70 | 양

양병, 양성, 양육	'기르다', '성장을 시키다' 양(養)

양병(養兵) 군사를 양성함. 예 이이는 10만 군사를 양병해야 한다고 했다.
양성(養成) 1. 가르쳐서 유능한 사람을 길러 냄. 2. 실력이나 역량 따위를 길러서 발전시킴.
양육(養育) 아이를 보살펴서 자라게 함. 예 자녀를 양육하다.

양도, 양보	'사양하다', '양보하다' 양(讓)

양도(讓渡) 재산이나 물건을 남에게 넘겨줌. 또는 그런 일. 예 권리를 양도하다.
양보(讓步) 1. 길이나 자리, 물건 따위를 사양하여 남에게 미루어 줌. 2. 자기의 주장을 굽혀 남의 의견을 좇음. 3. 남을 위하여 자신의 이익을 희생함. 예 양보의 미덕.

양식, 양심, 양호	'좋다', '어질다' 양(良)

양식(良識) 뛰어난 식견이나 건전한 판단. 예 양식 있는 행동.
양심(良心) 사물의 가치를 변별하고 자기의 행위에 대하여 옳고 그름과 선과 악의 판단을 내리는 도덕적 의식.
양호(良好) 대단히 괜찮음. 예 성적이 양호하다.

양극, 양립, 양면	'둘', '짝' 양(兩)

양극(兩極) 서로 매우 심하게 거리가 있거나 상반되는 것. 예 광복 후 양극으로 치달은 민족의 이념 분열.
양립(兩立) 1. 두 가지가 동시에 따로 성립함. 2. 둘이 서로 굽힘 없이 맞섬. 예 결혼한 여성에게 가정과 직장의 양립은 무척 힘든 일이다.
양면(兩面) 1. 사물의 두 면. 또는 겉과 안. 2. 표면으로 드러난 점과 드러나지 아니한 점. 3. 두 가지 방면.

71 | 억, 언, 엄

억압, 억양, 억제

'누르다', '굽히다' 억(抑)

억압(抑壓) 자기의 뜻대로 자유로이 행동하지 못하도록 억지로 억누름. 예 제국주의의 억압과 수탈.

억양(抑揚) 음(音)의 상대적인 높이를 변하게 함. 또는 그런 변화. 예 사무적인 억양으로 말하다.

억제(抑制) 1. 감정이나 욕망, 충동적 행동 따위를 내리눌러서 그치게 함. 2. 정도나 한도를 넘어서 나아가려는 것을 억눌러 그치게 함.

언론, 언변, 언중, 언행

'말씀', '언어' 언(言)

언론(言論) 1. 개인이 말이나 글로 자기의 생각을 발표하는 일. 또는 그 말이나 글. 2. 매체를 통하여 어떤 사실을 밝혀 알리거나 어떤 문제에 대하여 여론을 형성하는 활동. 예 언론 보도. 언론 활동.

언변(言辯) 말을 잘하는 재주나 솜씨. 예 언변이 뛰어나다.

언중(言衆) 같은 언어를 사용하면서 공동생활을 하는 언어 사회 안의 대중(大衆). 예 사투리는 같은 언중에게 친근감을 준다.

언행(言行) 말과 행동을 아울러 이르는 말. 예 언행이 일치하다.

엄금, 엄명, 엄벌, 엄수

'엄하다', '급하다' 엄(嚴)

엄금(嚴禁) 엄하게 금지함. 예 출입 엄금.

엄명(嚴命) 엄하게 명령함. 또는 그런 명령. 예 엄명을 내리다.

엄벌(嚴罰) 엄하게 벌을 줌. 또는 그 벌. 예 엄벌을 내리다.

엄수(嚴守) 명령이나 약속 따위를 어김없이 지킴. 예 시간을 엄수하다.

72 | 여

여가, 여담, 여백, 여운	'남다', '넉넉하다' 여(餘)

여가(餘暇) 일이 없어 남는 시간. 예 여가를 활용하다.
여담(餘談) 이야기하는 과정에서 본 줄거리와 관계없이 흥미로 하는 딴 이야기. 예 여담을 늘어놓다.
여백(餘白) 종이 따위에, 글씨를 쓰거나 그림을 그리고 남은 빈 자리. 예 여백에 낙서를 하고 놀다.
여운(餘韻) 1. 아직 가시지 않고 남아 있는 운치. 2. 떠난 사람이 남겨 놓은 좋은 영향. 예 감동의 여운을 남기다.

여객, 여독, 여정, 여행	'나그네' 여(旅)

여객(旅客) 기차, 비행기, 배 따위로 여행하는 사람. 예 여객들로 붐비다.
여독(旅毒) 여행으로 말미암아 생긴 피로나 병. 예 여독이 쌓이다.
여정(旅程) 여행의 과정이나 일정. 예 1박 2일의 짧은 여정을 마치다.
여행(旅行) 일이나 유람을 목적으로 다른 고장이나 외국에 가는 일.

여론, 여망	'수레' 여(輿)

여론(輿論) 사회 대중의 공통된 의견. 예 여론을 수렴하다.
여망(輿望) 어떤 개인이나 사회에 대한 많은 사람의 기대를 받음. 또는 그 기대. 예 국민의 여망에 부응하다.

73 | 역

역량, 역부족, 역작, 역점	'힘', '힘쓰다' 역(力)

역량(力量) 어떤 일을 해낼 수 있는 힘. 예 역량을 발휘하다.
역부족(力不足) 힘이나 기량 따위가 모자람. 예 적군을 그들의 힘으로 막는 것은 역부족이었다.
역작(力作) 온 힘을 기울여 작품을 만듦. 또는 그 작품. 예 금세기 최고의 역작.
역점(力點) 심혈을 기울이거나 쏟는 점. 예 역점 사업. 역점을 기울이다.

역대, 역사	'지내다', '겪다' 역(歷)

역대(歷代) 대대로 이어 내려온 여러 대. 또는 그동안. 예 역대 최강의 팀.
역사(歷史) 1. 인류 사회의 변천과 흥망의 과정. 또는 그 기록. 2. 어떠한 사물이나 사실이 존재해 온 연혁. 3. 자연 현상이 변하여 온 자취.

역경, 역류, 역모, 역풍	'거스르다', '배반하다' 역(逆)

역경(逆境) 일이 순조롭지 않아 매우 어렵게 된 처지나 환경. 예 역경을 극복하다.
역류(逆流) 1. 물이 거슬러 흐름. 또는 그렇게 흐르는 물. 2. 흐름을 거슬러 올라감. 예 역류 현상이 발생하다.
역모(逆謀) 반역을 꾀함. 또는 그런 일. 예 역모에 가담하다.
역풍(逆風) 1. 배가 가는 반대쪽으로 부는 바람. 2. 바람이 부는 쪽을 향하여 바람을 안고 감. 3. 일이 뜻한 바대로 순조롭게 진행되지 못하고 어려움을 겪는 것을 비유해서 이르는 말. 예 역풍을 만나다.

74 | 연

연구, 연마, 연수	'갈다', '문지르다' 연(硏)

연구(硏究) 어떤 일이나 사물에 대하여 깊이 있게 조사하고 생각하여 진리를 따져 보는 일.
연마(硏磨) 1. 주로 돌이나 쇠붙이, 보석, 유리 따위의 고체를 갈고 닦아서 표면을 반질반질하게 함. 2. 학문이나 기술 따위를 힘써 배우고 닦음. ⓔ 기술을 연마하다.
연수(硏修) 학문 따위를 연구하고 닦음. ⓔ 운전 연수. 교사 연수.

연대, 연속, 연쇄	'잇닿다', '이어지다' 연(連)

연대(連帶) 1. 여럿이 함께 무슨 일을 하거나 함께 책임을 짐. 2. 한 덩어리로 서로 연결되어 있음. ⓔ 관련 업체와 연대를 하다.
연속(連續) 끊이지 아니하고 죽 이어지거나 지속함. ⓔ 연속 동작.
연쇄(連鎖) 1. 연결된 사슬. 2. 사물이나 현상이 사슬처럼 서로 이어져 통일체를 이룸. ⓔ 연쇄 충돌.

연극, 연사, 연설, 연주	'멀리 흐르다', '통하다' 연(演)

연극(演劇) 1. 배우가 각본에 따라 어떤 사건이나 인물을 말과 동작으로 관객에게 보여 주는 무대 예술. 2. 남을 속이기 위하여 꾸며 낸 말이나 행동.
연사(演士) 연설하는 사람. ⓔ 연사가 연단에 오르다.
연설(演說) 여러 사람 앞에서 자기의 주의나 주장 또는 의견을 진술함.
연주(演奏) 악기를 다루어 곡을 표현하거나 들려주는 일. ⓔ 피아노 연주.

75 | 열, 염

열광, 열변, 열애, 열정	'덥다', '따듯하다' 열(熱)

열광(熱狂) 너무 기쁘거나 흥분하여 미친 듯이 날뜀. 또는 그런 상태.
열변(熱辯) 열렬하게 사리를 밝혀 옳고 그름을 따지는 말. 예 열변을 토하다.
열애(熱愛) 열렬히 사랑함. 또는 그런 사랑. 예 오랜 열애 끝에 결혼하다.
열정(熱情) 어떤 일에 열렬한 애정을 가지고 열중하는 마음. 예 학문에 열정을 쏟다.

열강, 열거, 열외	'벌이다', '늘어놓다' 열(列)

열강(列强) 여러 강한 나라. 예 우리는 한때 열강의 침략을 받았다.
열거(列擧) 여러 가지 예나 사실을 낱낱이 죽 늘어놓음. 예 사례를 열거하다.
열외(列外) 1. 죽 늘어선 줄의 바깥. 2. 어떤 몫이나 축에 들지 못함. 예 또래집단에서 열외로 취급받다.

열등, 열세, 열악	'못하다', '적다' 열(劣)

열등(劣等) 보통의 수준이나 등급보다 낮음. 또는 그런 등급. 예 성적이 열등하다.
열세(劣勢) 상대편보다 힘이나 세력이 약함. 또는 그 힘이나 세력. 예 열세에 몰리다.
열악(劣惡) 품질이나 능력, 시설 따위가 매우 떨어지고 나쁨. 예 열악한 환경.

염료, 염색	'물들이다', '염색하다' 염(染)

염료(染料) 옷감 따위에 빛깔을 들이는 물질. 예 천연 염료.
염색(染色) 염료를 사용하여 천 따위에 물을 들임. 또는 그런 일. 예 머리를 염색하다.

76 | 영

영령, 영웅	'꽃부리' 영(英)

영령(英靈) 죽은 사람의 영혼을 높여 이르는 말. 예 호국 영령.
영웅(英雄) 지혜와 재능이 뛰어나고 용맹하여 보통 사람이 하기 어려운 일을 해내는 사람.

영농, 영리, 영업	'경영하다', '짓다', '만들다' 영(營)

영농(營農) 농업을 경영함. 예 영농 기술. 영농 인구.
영리(營利) 재산상의 이익을 꾀함. 또는 그 이익. 예 영리를 추구하다.
영업(營業) 영리를 목적으로 하는 사업. 또는 그런 행위.

영광, 영예	'꽃', '꽃이 피다' 영(榮)

영광(榮光) 빛나고 아름다운 영예.
영예(榮譽) 영광스러운 명예. 예 우승의 영예를 누리다.

영감, 영장, 영혼	'신령', '영혼' 영(靈)

영감(靈感) 1. 신령스러운 예감이나 느낌. 2. 창조적인 일의 계기가 되는 기발한 착상이나 자극. 예 영감을 얻다.
영장(靈長) 영묘한 힘을 가진 우두머리라는 뜻으로, '사람'을 이르는 말. 예 만물의 영장.
영혼(靈魂) 1. 죽은 사람의 넋. 2. 육체에 깃들어 마음의 작용을 맡고 생명을 부여한다고 여겨지는 비물질적 실체.

77 | 옥

옥석, 옥쇄	'옥', '옥같이 아끼다' 옥(玉)

옥석(玉石) 옥과 돌이라는 뜻으로, 좋은 것과 나쁜 것을 구분함을 이르는 말. 예 옥석을 가리다.

옥쇄(玉碎) 부서져 옥이 된다는 뜻으로, 명예나 충절을 위하여 깨끗이 죽음을 이르는 말. 예 옥쇄의 각오로 일전을 불사하겠다.

옥사, 옥중	'감옥', '소송' 옥(獄)

옥사(獄死) 감옥살이를 하다가 감옥에서 죽음. 예 그는 무기수로 복역하던 중 옥사했다.

옥중(獄中) 감옥의 안. 예 옥중에서 보낸 편지.

옥내, 옥상	'집', '지붕' 옥(屋)

옥내(屋內) 집 또는 건물의 안. 반대말 옥외(屋外).

옥상(屋上) 지붕의 위. 특히 현대식 양옥 건물에서 마당처럼 편평하게 만든 지붕 위를 이른다.

옥답, 옥토	'물 대다', '기름지다' 옥(沃)

옥답(沃畓) 기름진 논. 예 황무지를 옥답으로 개간했다.

옥토(沃土) 농작물이 잘 자랄 수 있는 영양분이 풍부한 좋은 땅. 예 오곡이 무르익는 옥토.

78 | 완, 왕

완결, 완벽, 완치, 완쾌	'완전하다', '끝내다' 완(完)

완결(完決) 완전하게 끝을 맺음. 예 작품을 완결 짓다.
완벽(完璧) 흠이 없는 구슬이라는 뜻으로, 결함이 없이 완전함을 이르는 말.
완치(完治) 병을 완전히 낫게 함. 예 그 병은 완치가 가능하다.
완쾌(完快) 병이 완전히 나음. 예 완쾌를 빌다.

완만, 완충, 완행	'느리다', '느슨하다' 완(緩)

완만(緩晩) 일 따위의 되어 가는 속도가 늦음. 예 공사가 완만하게 진행되다.
완충(緩衝) 대립하는 것 사이에서 불화나 충돌을 누그러지게 함. 예 완충 지대.
완행(緩行) 1. 느리게 감. 2. 도중에 다른 곳에 머무르거나 들러 먼 쪽으로 둘러 감. 반대말 급행(急行).

왕년, 왕래, 왕복	'가다', '이따금' 왕(往)

왕년(往年) (주로 '왕년에', '왕년의' 꼴로 쓰여) 지나간 해. 예 왕년의 스타.
왕래(往來) 1. 가고 오고 함. 2. 서로 교제하여 사귐. 예 왕래가 잦다.
왕복(往復) 갔다가 돌아옴. 예 왕복 차표.

왕권, 왕좌	'임금', '제후' 왕(王)

왕권(王權) 임금이 지닌 권력이나 권리. 예 왕권을 강화하다.
왕좌(王座) 1. 임금이 앉는 자리. 또는 임금의 지위. 2. 으뜸가는 자리를 비유해서 이르는 말. 예 왕좌에 오르다.

79 | 요, 욕

요령, 요망, 요소, 요주의, 요지	'구하다', '요구하다' 요(要)

요령(要領) 1. 가장 긴요하고 으뜸이 되는 골자나 줄거리. 2. 일을 하는 데 꼭 필요한 묘한 이치. 3. 적당히 해 넘기는 잔꾀. 예 요령을 부리다.
요망(要望) 어떤 희망이나 기대가 꼭 이루어지기를 간절히 바람. 예 연락 요망.
요소(要素) 1. 사물의 성립이나 효력 발생 따위에 꼭 필요한 성분. 또는 근본 조건. 2. 그 이상 더 간단하게 나눌 수 없는 성분. 예 여러 가지 요소로 구성되다.
요주의(要注意) 각별한 주의가 필요함. 예 요주의 인물.
요지(要旨) 말이나 글 따위에서 핵심이 되는 중요한 내용. 예 이야기의 요지.

요괴, 요물, 요염	'아리땁다', '괴이하다' 요(妖)

요괴(妖怪) 1. 요사스러운 귀신. 2. 요사스럽고 괴이함. 예 요괴를 물리치다.
요물(妖物) 1. 요망스러운 것. 2. 간사하고 간악한 사람. 예 저 사람은 음흉한 생각을 품고 있는 요물 덩어리야.
요염(妖艶) 사람을 호릴 만큼 매우 아리따움. 예 요염한 눈길을 보내다.

요절	'어리다', '젊다' 요(夭)

요절(夭折) 젊은 나이에 죽음. 예 천재의 요절이 믿어지지 않는다.

욕구, 욕망	'바라다', '욕심' 욕(慾)

욕구(慾心) 무엇을 얻거나 무슨 일을 하고자 바라는 일. 예 욕구를 느끼다.
욕망(慾望) 부족을 느껴 무엇을 가지거나 누리고자 탐함. 또는 그런 마음.

80 | 용

용례, 용무, 용법	'쓰다', '베풀다' 용(用)

용례(用例) 쓰고 있는 예. 또는 용법의 보기. 예 용례를 들어 설명하다.
용무(用務) 볼일. 예 여기에 온 용무가 무엇이냐?
용법(用法) 사용하는 방법. 예 설명서에 용법이 적혀 있다.

용납, 용량, 용모	'얼굴', '모양' 용(容)

용납(容納) 1. 너그러운 마음으로 남의 말이나 행동을 받아들임. 2. 어떤 물건이나 상황을 받아들임. 예 용납할 수 없는 행동.
용량(容量) 가구나 그릇 같은 데 들어갈 수 있는 분량. 예 용량을 초과하다.
용모(容貌) 사람의 얼굴 모양. 예 용모가 단정하다.

용단, 용맹	'날쌔다', '과감하다' 용(勇)

용단(勇斷) 용기 있게 결단을 내림. 또는 그 결단. 예 용단을 내리다.
용맹(勇猛) 용감하고 사나움. 예 용맹을 떨치다.

81 | 우

우대, 우등, 우량, 우열	'넉넉하다', '도탑다' 우(優)

우대(優待) 특별히 잘 대우함. 또는 그런 대우. 예 단골손님을 우대하다.
우등(優等) 1. 우수한 등급. 2. 성적 따위가 우수한 것. 또는 그런 성적.
우량(優良) 물건의 품질이나 상태가 좋음. 예 우량 품종.
우열(優劣) 나음과 못함. 예 우열을 가리다.

우국, 우려, 우수	'근심', '근심하다' 우(憂)

우국(憂國) 나랏일을 근심하고 염려함. 예 우국의 열정.
우려(憂慮) 근심하거나 걱정함. 또는 그 근심과 걱정. 예 우려를 낳다.
우수(憂愁) 근심과 걱정을 아울러 이르는 말. 예 우수를 띤 표정.

우매, 우문, 우민	'어리석다' 우(愚)

우매(愚昧) 어리석고 사리에 어두움. 예 우매한 사람.
우문(愚問) 어리석은 질문. 예 그런 우문에는 대답할 가치를 못 느낀다.
우민(愚民) 1. 어리석은 백성. 2. 백성이 통치자에게 자신을 낮추어 이르는 말.

우발, 우상, 우연	'짝', '뜻하지 아니하게' 우(偶)

우발(偶發) 1. 우연히 일어남. 또는 그런 일. 예 우발 범죄. 우발 행위.
우상(偶像) 1. 나무, 돌, 쇠붙이, 흙 따위로 만든 신불(神佛)이나 사람의 형상. 2. 신처럼 숭배의 대상이 되는 물건이나 사람. 예 우상을 섬기지 마라.
우연(偶然) 아무런 인과 관계가 없이 뜻하지 아니하게 일어난 일. 반대말 필연(必然).

82 | 운

운동, 운명, 운송	'돌다', '돌리다' 운(運)

운동(運動) 1. 사람이 몸을 단련하거나 건강을 위하여 몸을 움직이는 일. 2. 어떤 목적을 이루려고 힘쓰는 일. 또는 그런 활동. 3. 일정한 규칙과 방법에 따라 신체의 기량이나 기술을 겨루는 일. 또는 그런 활동.

운명(運命) 1. 인간을 포함한 모든 것을 지배하는 초인간적인 힘. 또는 그것에 의하여 이미 정하여져 있는 목숨이나 처지. 2. 앞으로의 생사나 존망에 관한 처지.

운송(運送) 사람을 태워 보내거나 물건 따위를 실어 보냄. 예 운송 수단.

운무, 운집	'구름', '습기' 운(雲)

운무(雲霧) 구름과 안개를 아울러 이르는 말. 예 운무가 자욱하다.

운집(雲集) 구름처럼 모인다는 뜻으로, 많은 사람이 모여듦을 이르는 말. 예 광장에 운집한 군중.

운문, 운치	'음운', '울림' 운(韻)

운문(韻文) 1. 시의 형식으로 지은 글. 2. 언어의 배열에 일정한 규율 또는 운율이 있는 글. 예 운문 작품.

운치(韻致) 고상하고 우아한 멋. 예 운치가 있는 풍경.

83 | 원

원가, 원료, 원리, 원시, 원칙	'근원', '벌판' 원(原)

원가(原價) 상품의 제조, 판매, 배급 따위에 든 재화와 용역을 단위에 따라 계산한 가격. 예 원가가 비싸다.
원료(原料) 어떤 물건을 만드는 데 들어가는 재료. 예 공업 원료. 화장품 원료.
원리(原理) 1. 사물의 근본이 되는 이치. 2. 행위의 규범. 예 냉장고의 원리.
원시(原始) 1. 시작하는 처음. 2. 처음 시작된 그대로 있어 발달하지 아니한 상태. 예 원시 신앙.
원칙(原則) 어떤 행동이나 이론 따위에서 일관되게 지켜야 하는 기본적인 규칙이나 법칙. 예 원칙을 지키다.

원금, 원년, 원조	'으뜸', '근본' 원(元)

원금(元金) '본전'을 전문적으로 이르는 말. 예 원금에 따른 이자.
원년(元年) 1. 임금이 즉위한 해. 2. 나라를 세운 해. 3. 연호(年號)를 정한 첫해. 4. 어떤 일이 처음 시작되는 해. 예 대한민국 원년.
원조(元祖) 1. 첫 대의 조상. 2. 어떤 일을 처음으로 시작한 사람. 3. 어떤 사물이나 물건의 최초 시작으로 인정되는 사물이나 물건. 비슷한말 시조(始祖).

원격, 원근, 원심력, 원정	'멀다', '아득하다' 원(遠)

원격(遠隔) 멀리 떨어져 있음. 예 원격으로 조종하다.
원근(遠近) 1. 멀고 가까움. 2. 먼 곳과 가까운 곳. 또는 그곳의 사람. 예 원근의 구도.
원심력(遠心力) 원운동을 하는 물체나 입자에 작용하는, 원의 바깥으로 나아가려는 힘. 반대말 구심력(求心力).
원정(遠征) 1. 먼 곳으로 싸우러 나감. 2. 먼 곳으로 운동 경기 따위를 하러 감. 3. 연구, 탐험, 조사 따위를 위하여 먼 곳으로 떠남. 예 원정 경기.

84 | 위

위계, 위상, 위치	'자리', '자리하다' 위(位)

위계(位階) 1. 벼슬의 품계. 2. 지위나 계층 따위의 등급. 예 위계 질서.
위상(位相) 어떤 사물이 다른 사물과의 관계 속에서 가지는 위치나 상태. 예 국가의 위상을 높이다.
위치(位置) 1. 일정한 곳에 자리를 차지함. 또는 그 자리. 2. 사회적으로 담당하고 있는 지위나 역할.

위반, 위법, 위화감	'어기다', '위반하다' 위(違)

위반(違反) 법률, 명령, 약속 따위를 지키지 않고 어김. 비슷한말 위배(違背).
위법(違法) 법률이나 명령 따위를 어김. 예 위법 행위.
위화감(違和感) 조화되지 아니하는 어설픈 느낌. 예 위화감을 조성하다.

위임, 위촉, 위탁	'맡기다', '버리다' 위(委)

위임(委任) 어떤 일을 책임 지워 맡김. 또는 그 책임. 예 위임을 받다.
위촉(委囑) 어떤 일을 남에게 부탁하여 맡게 함. 예 위촉을 받다.
위탁(委託) 남에게 사물이나 사람의 책임을 맡김. 예 위탁 교육.

위선, 위장, 위조	'거짓', '속이다' 위(僞)

위선(僞善) 겉으로만 착한 체함. 또는 그런 짓이나 일. 예 양반들의 위선을 폭로하다.
위장(僞裝) 1. 본래의 정체나 모습이 드러나지 않도록 거짓으로 꾸밈. 또는 그런 수단이나 방법. 2. 적의 눈에 뜨이지 않게 병력, 장비, 시설 따위를 꾸미는 일.
위조(僞造) 어떤 물건을 속일 목적으로 꾸며 진짜처럼 만듦. 예 위조 지폐.

85 | 유

유동, 유배, 유입, 유통	'흐르다' 유(流)

유동(流動) 1. 액체 상태의 물질이나 전류 따위가 흘러 움직임. 2. 이리저리 자주 옮겨 다님. 예 유동 인구가 많다.
유배(流配) 오형(五刑) 가운데 죄인을 귀양 보내던 일. 예 유배를 보내다.
유입(流入) 1. 액체나 기체, 열 따위가 어떤 곳으로 흘러듦. 2. 돈, 물품 따위의 재화가 들어옴. 3. 문화, 지식, 사상 따위가 들어옴. 4. 사람이 어떤 곳으로 모여듦. 반대말 유출(流出).
유통(流通) 1. 공기 따위가 막힘이 없이 흘러 통함. 2. 화폐나 물품 따위가 세상에서 널리 쓰임. 예 유통 기한.

유물, 유복자, 유산	'끼치다', '후세에 전하다' 유(遺)

유물(遺物) 1. 선대의 인류가 후대에 남긴 물건. 2. 예전에 통용되던 제도나 이념 따위가 이미 그 효력을 잃어 쓸모가 없어졌음을 비유해서 이르는 말. 예 선사 시대의 유물을 발굴하다.
유복자(遺腹子) 태어나기 전에 아버지를 여읜 자식. 예 유복자로 태어나다.
유산(遺産) 1. 죽은 사람이 남겨 놓은 재산. 2. 앞 세대가 물려준 사물 또는 문화.

유도, 유발, 유혹	'꾀다', '유혹하다' 유(誘)

유도(誘導) 사람이나 물건을 목적한 장소나 방향으로 이끎. 예 시선을 유도하다.
유발(誘發) 어떤 것이 다른 일을 일어나게 함. 예 동기유발.
유혹(誘惑) 1. 꾀어서 정신을 혼미하게 하거나 좋지 아니한 길로 이끎. 2. 성적인 목적을 갖고 이성(異性)을 꾐.

유람, 유목민, 유희

'놀다', '여행하다' 유(遊)

유람(遊覽) 돌아다니며 구경함. 예 유람을 떠나다.
유목민(遊牧民) 목축을 업으로 삼아 물과 풀을 따라 옮겨 다니며 사는 민족. 예 유목민을 조상으로 두다.
유희(遊戲) 즐겁게 놀며 장난함. 또는 그런 행위. 예 유희를 즐기다.

유례, 유사, 유형

'무리', '떼' 유(類)

유례(類例) (주로 없거나 적다는 뜻의 서술어와 함께 쓰여) 같거나 비슷한 예. 예 유례가 없는 일이 발생했다.
유사(類似) 서로 비슷함. 예 유사한 행위.
유형(類型) 성질이나 특징 따위가 공통적인 것끼리 묶은 하나의 틀. 또는 그 틀에 속하는 것. 예 사람을 세 가지 유형으로 나누다.

유권자, 유망, 유명, 유해

'있다', '존재하다' 유(有)

유권자(有權者) 1. 선거인. 2. 권리나 권력을 가진 사람. 예 유권자 수를 파악하다.
유망(有望) 앞으로 잘될 듯한 희망이나 전망이 있음. 예 유망 사업.
유명(有名) 이름이 널리 알려져 있음.
유해(有害) 해로움이 있음. 예 유해 식품.

유급, 유보

'머무르다', '기다리다' 유(留)

유급(留級) 학교나 직장에서 상위 학년이나 직책으로 진급하지 못하고 그대로 남음.
유보(留保) 어떤 일을 당장 처리하지 아니하고 나중으로 미루어 둠. 비슷한말 보류(保留).

86 | 융, 응

융통성, 융합, 융화

'화하다', '화합하다', '녹다' 융(融)

융통성(融通性) 1. 금전, 물품 따위를 돌려쓸 수 있는 성질. 2. 그때그때의 사정과 형편을 보아 일을 처리하는 재주. 또는 일의 형편에 따라 적절하게 처리하는 재주. 예 융통성을 발휘하다.

융합(融合) 다른 종류의 것이 녹아서 서로 구별이 없게 하나로 합하여지거나 그렇게 만듦. 또는 그런 일. 예 융합 작용.

융화(融和) 서로 어울려 갈등이 없이 화목하게 됨. 예 세대 간의 융화.

응급, 응답, 응용, 응원

'응하다', '받다' 응(應)

응급(應急) 급한 대로 우선 처리함. 또는 급한 정황에 대처함. 예 응급 수술.

응답(應答) 부름이나 물음에 응하여 답함.

응용(應用) 어떤 이론이나 이미 얻은 지식을 구체적인 개개의 사례나 다른 분야의 일에 적용하여 이용함. 예 응용 능력이 뛰어나다.

응원(應援) 1. 운동 경기 따위에서, 선수들이 힘을 낼 수 있도록 도와주는 일. 2. 곁에서 성원함. 또는 호응하여 도와줌.

응결, 응고, 응축

'엉기다', '춥다' 응(凝)

응결(凝結) 한데 엉기어 뭉침. 예 피가 응결되다.

응고(凝固) 액체 따위가 엉겨서 뭉쳐 딱딱하게 굳어짐. 예 응고 상태.

응축(凝縮) 1. 한데 엉겨 굳어서 줄어듦. 2. 내용의 핵심이 어느 한곳에 집중되어 쌓여 있음. 예 내용을 응축하다.

87 | 의

의거, 의리	'옳다', '바르다' 의(義)

의거(義擧) 정의를 위하여 개인이나 집단이 의로운 일을 도모함. 예 윤봉길 의사의 의거.
의리(義理) 1. 사람으로서 마땅히 지켜야 할 도리. 2. 사람과의 관계에 있어서 지켜야 할 바른 도리.

의견, 의미, 의사	'뜻', '생각하다' 의(意)

의견(意見) 어떤 대상에 대하여 가지는 생각. 예 의견을 발표하다.
의미(意味) 1. 말이나 글의 뜻. 2. 행위나 현상이 지닌 뜻. 3. 사물이나 현상의 가치. 예 의미를 전달하다.
의사(意思) 무엇을 하고자 하는 생각. 예 참여 의사를 밝히다.

의결, 의논, 의장	'의논하다', '꾀하다' 의(議)

의결(議決) 의논하여 결정함. 또는 그런 결정. 예 안건을 의결하다.
의논(議論) 어떤 일에 대하여 서로 의견을 주고받음.
의장(議長) 회의를 주재하고 그 회의의 집행부를 대표하는 사람. 예 의장을 선출하다.

의거, 의뢰, 의존	'의지하다', '돕다' 의(依)

의거(依據) 1. 어떤 사실이나 원리 따위에 근거함. 2. 어떤 힘을 빌려 의지함. 예 관습에 의거하다.
의뢰(依賴) 남에게 부탁함. 예 의뢰를 받다.
의존(依存) 다른 것에 의지하여 존재함. 예 부모에 의존하다.

88 | 이

이론, 이상향, 이성, 이해	'다스리다', '통하다' 이(理)

이론(理論) 사물의 이치나 지식 따위를 해명하기 위하여 논리적으로 정연하게 일반화한 명제의 체계. 예 경제 이론.
이상향(理想鄕) 인간이 생각할 수 있는 최선의 상태를 갖춘 완전한 사회. 예 이상향을 꿈꾸었다.
이성(理性) 개념적으로 사유하는 능력을 감각적 능력에 상대하여 이르는 말. 예 인간은 동물과 달리 이성을 갖추고 있다.
이해(理解) 1. 사리를 분별하여 해석함. 2. 깨달아 앎. 또는 잘 알아서 받아들임.

이기, 이득, 이윤	'날카롭다' 이(利)

이기(利器) 1. 썩 잘 드는 연모. 또는 아주 날카로운 병기. 2. 실용에 편리한 기계나 기구. 3. 쓸모 있는 재능. 또는 그런 재능을 가진 사람. 예 문명의 이기.
이득(利得) 이익을 얻음. 또는 그 이익. 예 엄청난 이득을 보다.
이윤(利潤) 장사 따위를 하여 남은 돈. 예 이윤을 취하다.

이견, 이국, 이론, 이변, 이의	'다르다', '기이하다' 이(異)

이견(異見) 어떠한 의견에 대한 다른 의견. 또는 서로 다른 의견. 예 이견 대립.
이국(異國) 인정, 풍속 따위가 전혀 다른 남의 나라. 예 이국의 정취를 느끼다.
이론(異論) 달리 논함. 또는 다른 이론(理論)이나 의견. 예 이론의 여지가 없다.
이변(異變) 예상하지 못한 사태나 괴이한 변고. 예 이변이 일어나다.
이의(異議) 다른 의견이나 논의. 예 이의를 제기하다.

89 | 인

인가, 인걸, 인공, 인맥	'사람', '백성' 인(人)

인가(人家) 사람이 사는 집. 예 인가가 드물다.
인걸(人傑) 특히 뛰어난 인재(人材). 예 당대의 인걸.
인공(人工) 1. 사람이 하는 일. 2. 사람의 힘으로 자연에 대하여 가공하거나 작용을 하는 일. 예 인공 호수.
인맥(人脈) 정계, 재계, 학계 따위에서 형성된 사람들의 유대 관계. 예 인맥이 넓다.

인고, 인내	'참다' 인(忍)

인고(忍苦) 괴로움을 참음. 예 인고의 세월.
인내(忍耐) 괴로움이나 어려움을 참고 견딤. 예 인내로 역경을 극복하다.

인과, 인습, 인연	'인하다', '연유', '유래' 인(因)

인과(因果) 원인과 결과를 아울러 이르는 말. 예 인과를 명확히 하다.
인습(因習) 이전부터 전하여 내려오는 습관. 예 인습의 굴레를 벗다.
인연(因緣) 1. 사람들 사이에 맺어지는 관계. 2. 어떤 사물과 관계되는 연줄. 3. 일의 내력 또는 이유.

인계, 인도, 인솔	'끌다', '물러나다' 인(引)

인계(引繼) 하던 일이나 물품을 넘겨주거나 넘겨받음. 예 업무 인계.
인도(引導) 사물이나 권리 따위를 넘겨줌. 예 포로를 제삼국에 인도하다.
인솔(引率) 여러 사람을 이끌고 감. 예 인솔 교사.

90 | 일

일과, 일상, 일출

'해', '태양' 일(日)

일과(日課) 1. 날마다 규칙적으로 하는 일정한 일. 2. 하루 동안에 배워야 하는 학과 과정. 예 일과를 마치다.
일상(日常) 날마다 반복되는 생활. 예 일상 생활.
일출(日出) 해가 뜸. 예 일출이 시작되다.

일가, 일가견, 일념, 일주

'하나', '한 번' 일(一)

일가(一家) 1. 한집안. 2. 성(姓)과 본이 같은 겨레붙이. 3. 학문, 기술, 예술 등의 분야에서 독자적인 경지나 체계를 이룬 상태. 예 일가를 이루다.
일가견(一家見) 어떤 문제에 대하여 독자적인 경지나 체계를 이룬 견해. 예 그는 요리에 대해 일가견이 있다.
일념(一念) 한결같은 마음. 또는 오직 한 가지 생각. 예 이제까지 복수하고자 하는 일념으로 살아왔다.
일주(一周) 일정한 경로를 한 바퀴 돎. 예 세계 일주.

일탈, 일화

'달아나다', '없어지다' 일(逸)

일탈(逸脫) 1. 정하여진 영역 또는 본디의 목적이나 길, 사상, 규범, 조직 따위로부터 빠져 벗어남. 2. 사회적인 규범으로부터 벗어나는 일. 예 일탈 행위.
일화(逸話) 세상에 널리 알려지지 아니한 흥미 있는 이야기. 예 숨은 일화를 공개하다.

91 | 임

임기, 임명, 임무	‘맡기다’, ‘맡은 일’ 임(任)

임기(任期) 임무를 맡아보는 일정한 기간. 예 임기를 마치다.
임명(任命) 일정한 지위나 임무를 남에게 맡김. 예 임명을 받다.
임무(任務) 맡은 일. 또는 맡겨진 일. 예 임무를 완수하다.

임산물, 임야	‘수풀’, ‘숲’ 임(林)

임산물(林産物) 산림에서 나는 물품. 예 임산물을 생산하다.
임야(林野) 숲과 들을 아울러 이르는 말. 예 10만 평의 임야.

임금, 임대	‘품팔이’, ‘더부살이’ 임(賃)

임금(賃金) 근로자가 노동의 대가로 사용자에게 받는 보수. 예 임금 인상.
임대(賃貸) 돈을 받고 자기의 물건을 남에게 빌려 줌. 예 임대 가격이 싸다.

임시, 임전, 임종	‘임하다’, ‘내려다보다’ 임(臨)

임시(臨時) 1. 미리 정하지 아니하고 그때그때 필요에 따라 정한 것. 2. 미리 얼마 동안으로 정하지 아니한 잠시 동안. 예 임시 반장.
임전(臨戰) 전쟁에 나아감. 또는 전쟁에 임함. 예 임전 태세를 갖추다.
임종(臨終) 1. 죽음을 맞이함. 2. 부모가 돌아가실 때 그 곁에 지키고 있음. 예 어머니의 임종을 지키다.

92 | 자

자각, 자급, 자생, 자연, 자치	'스스로', '몸소' 자(自)

자각(自覺) 현실을 판단하여 자기의 입장이나 능력 따위를 스스로 깨달음. 예 민족의식의 자각.
자급(自給) 자기에게 필요한 물자를 스스로 마련하여 충당함. 예 식량 자급.
자생(自生) 1. 자기 자신의 힘으로 살아감. 2. 저절로 나서 자람. 예 자생 능력.
자연(自然) 1. 사람의 힘이 더해지지 아니하고 세상에 스스로 존재하거나 우주에 저절로 이루어지는 모든 존재나 상태. 2. 저절로 생겨난 산, 강, 바다, 식물, 동물 따위의 존재. 또는 그것들이 이루는 지리적 · 지질적 환경.
자치(自治) 1. 저절로 다스려짐. 2. 자기 일을 스스로 다스림. 3. 지방 자치 단체가 국가로부터 위임받은 행정 업무를 수행하는 일. 예 학생 자치 기구.

자비, 자선	'사랑하다' 자(慈)

자비(慈悲) 남을 깊이 사랑하고 가엾게 여김. 또는 그렇게 여겨서 베푸는 혜택. 예 자비를 베풀다.
자선(慈善) 남을 불쌍히 여겨 도와줌. 예 자선 공연.

자금, 자본, 자원	'재물', '밑천' 자(資)

자금(資金) 1. 사업을 경영하는 데에 쓰는 돈. 2. 특정한 목적에 쓰는 돈. 예 자금 부족.
자본(資本) 1. 장사나 사업 따위의 기본이 되는 돈. 2. 상품을 만드는 데 필요한 생산 수단이나 노동력을 통틀어 이르는 말. 예 자본을 마련하다.
자원(資源) 1. 인간 생활 및 경제 생산에 이용되는 원료로서의 광물, 산림, 수산물 따위를 통틀어 이르는 말. 2. 인간 생활 및 경제 생산에 이용되는 노동력이나 기술 따위를 통틀어 이르는 말. 예 자원 낭비.

93 | 장

장고, 장기, 장점, 장정

'길다', '오래도록' 장(長)

장고(長考) 오랫동안 깊이 생각함. 예 진로를 결정하기 위해 장고에 들어가다.
장기(長期) 오랜 기간. 반대말 단기(短期).
장점(長點) 좋거나 잘하거나 긍정적인 점.
장정(長程) 매우 먼 길. 예 수만리 장정에 오르다.

장벽, 장애

'가로막다' 장(障)

장벽(障壁) 1. 가리어 막은 벽. 2. 둘 사이의 관계를 순조롭지 못하게 가로막는 장애물. 3. 장애가 되는 것이나 극복하기 어려운 것. 예 장벽을 허물다.
장애(障碍) 1. 어떤 사물의 진행을 가로막아 거치적거리게 하거나 충분한 기능을 하지 못하게 함. 또는 그런 일. 2. 신체 기관이 본래의 제 기능을 하지 못하거나 정신 능력에 결함이 있는 상태.

장내, 장면, 장외

'마당' 장(場)

장내(場內) 어떠한 곳이나 일정한 구역의 안. 예 장내가 소란하다.
장면(場面) 어떤 장소에서 겉으로 드러난 면이나 벌어진 광경.
장외(場外) 어떠한 곳의 바깥. 예 장외 경기.

장관, 장년

'씩씩하다' 장(壯)

장관(壯觀) 1. 훌륭하고 장대한 광경. 2. 크게 구경거리가 될 만하다거나 매우 꼴 보기 좋다는 뜻으로, 남의 행동이나 어떤 상태를 비웃는 말. 예 장관을 이루다.
장년(壯年) 사람의 일생 중에서, 한창 기운이 왕성하고 활동이 활발한 서른에서 마흔 안팎의 나이. 또는 그 나이의 사람. 예 장년의 사내.

장비, 장식, 장치

'꾸미다' 장(裝)

장비(裝備) 갖추어 차림. 또는 그 장치와 설비. 예 등산 장비.
장식(裝飾) 1. 옷이나 액세서리 따위로 치장함. 또는 그 꾸밈새. 2. 그릇, 가구, 옷 등에 쇠붙이 · 헝겊 · 뿔 · 돌 따위로 여러 모양을 만들어 다는 데 쓰는 물건. 3. 어떤 장면이나 부분 따위를 인상 깊고 의의 있게 만듦.
장치(裝置) 1. 어떤 목적에 따라 기능하도록 기계, 도구 따위를 그 장소에 장착함. 또는 그 기계, 도구, 설비. 2. 어떤 일을 원만하게 수행하기 위하여 설정한 조직 구조나 규칙 따위를 비유해서 이르는 말.

장례, 장송곡, 장지

'장사지내다' 장(葬)

장례(葬禮) 장사를 지내는 일. 또는 그런 예식. 예 장례를 치르다.
장송곡(葬送曲) 장례 때 연주하는 곡을 통틀어 이르는 말. 예 장송곡이 울리다.
장지(葬地) 장사하여 시체를 묻는 땅. 예 장지로 향하다.

94 | 재

재고, 재야	'있다', '보다', '살피다' 재(在)

재고(在庫) 창고 따위에 쌓여 있음. 예 재고 물량을 처리하다.
재야(在野) 1. 초야에 파묻혀 있다는 뜻으로, 공직에 나아가지 아니하고 민간에 있음을 이르는 말. 2. 일정한 정치 세력이 제도적 정치 조직에 들어가지 못하는 처지에 있음. 예 재야 학자.

재건, 재발, 재생	'둘', '거듭' 재(再)

재건(再建) 1. 허물어진 건물이나 조직 따위를 다시 일으켜 세움. 2. 없어지거나 쇠퇴한 이념이나 사상 따위를 다시 일으켜 세움. 예 국가의 재건.
재발(再發) 다시 발생함. 또는 다시 일어남. 예 사고의 재발을 방지하다.
재생(再生) 1. 죽게 되었다가 다시 살아남. 2. 타락하거나 희망이 없어졌던 사람이 다시 올바른 길을 찾아 살아감. 3. 낡거나 못 쓰게 된 물건을 가공하여 다시 쓰게 함. 4. 녹음 · 녹화한 테이프나 필름 따위로 본래의 소리나 모습을 다시 들려주거나 보여 줌.

재단, 재량, 재판	'마름질하다', '옷을 짓다' 재(裁)

재단(裁斷) 옷감이나 재목 따위를 치수에 맞도록 재거나 자르는 일. 예 재단 가위.
재량(裁量) 자기의 생각과 판단에 따라 일을 처리함. 예 재량에 맡기다.
재판(裁判) 1. 옳고 그름을 따져 판단함. 2. 구체적인 소송 사건을 해결하기 위하여 법원 또는 법관이 공권적 판단을 내리는 일. 또는 그 판단.

95 | 저, 적

저공, 저급, 저속	‘밑’, ‘속’ 저(低)

저공(低空) 지면이나 수면에 가까운 낮은 하늘. 예 비행기가 저공을 선회하다.
저급(低級) 내용, 성질, 품질 따위의 정도가 낮음. 예 저급 문화.
저속(低俗) 품위가 낮고 속됨. 예 저속한 사람과는 어울리지 마라.

적기, 적령기, 적법, 적성	‘가다’, ‘이르다’, ‘도달하다’ 적(適)

적기(適期) 알맞은 시기. 예 적기에 씨앗을 뿌리다.
적령기(適齡期) 어떤 일을 하기에 알맞은 나이가 된 때. 예 결혼 적령기.
적법(適法) 법규에 맞음. 또는 알맞은 법. 예 적법한 절차를 거치다.
적성(適性) 어떤 일에 알맞은 성질이나 적응 능력. 또는 그와 같은 소질이나 성격.

적립, 적선	‘쌓다’, ‘모으다’ 적(積)

적립(積立) 모아서 쌓아 둠. 예 수익금 적립.
적선(積善) 1. 착한 일을 많이 함. 2. 동냥질에 응하는 일을 좋게 이르는 말. 예 적선을 베풀다.

적개심, 적대, 적의	‘원수’, ‘상대방’ 적(敵)

적개심(敵愾心) 적과 싸우고자 하는 마음. 또는 적에 대하여 느끼는 분노와 증오. 예 적개심에 불타다.
적대(敵對) 적으로 대함. 또는 적과 같이 대함. 예 적대 관계.
적의(敵意) 1. 적대하는 마음. 2. 해치려는 마음. 예 적의에 찬 눈길.

96 | 전

전경, 전권, 전천후 — '온전하다' 전(全)

전경(全景) 한눈에 바라보이는 전체의 경치. 예 도시의 전경을 찍은 사진.
전권(全權) 맡겨진 일을 책임지고 처리할 수 있는 일체의 권한. 예 전권을 휘두르다.
전천후(全天候) 어떠한 기상 조건에도 제 기능을 다할 수 있음. 예 전천후 경작지.

전개, 전망, 전시 — '펴다', '늘이다' 전(展)

전개(展開) 1. 열리어 나타남. 2. 시작하여 벌임. 3. 내용을 진전시켜 펴 나감. 예 사건의 전개 과정.
전망(展望) 1. 넓고 먼 곳을 멀리 바라봄. 또는 멀리 내다보이는 경치. 2. 앞날을 헤아려 내다봄. 또는 내다보이는 장래의 상황. 예 전망이 좋다.
전시(展示) 1. 여러 가지 물품을 한곳에 벌여 놓고 보임. 2. 책, 편지 따위를 펴서 봄. 또는 펴서 보임. 예 도서 전시.

전생, 전야, 전위 — '앞', '앞서다' 전(前)

전생(前生) 이 세상에 태어나기 이전의 생애. 예 전생의 인연.
전야(前夜) 1. 어젯밤. 2. 특정한 날을 기준으로 그 전날 밤. 3. 특정한 시기나 단계를 기준으로 하여 그 앞이 되는 시기나 단계. 예 폭풍 전야.
전위(前衛) 1. 전방의 호위(護衛). 2. 계급 투쟁 따위에서 무리의 선두에 서서 지도하는 사람이나 집단. 예 혁명의 전위 세력.

전갈, 전래, 전통	'전하다', '말하다' 전(傳)

전갈(傳喝) 사람을 시켜 말을 전하거나 안부를 물음. 또는 전하는 말이나 안부. 예 좋은 일이 있다는 전갈을 받다.
전래(傳來) 1. 예로부터 전하여 내려옴. 2. 외국에서 전하여 들어옴. 예 전래 동화.
전통(傳統) 어떤 집단이나 공동체에서, 지난 시대에 이미 이루어져 계통을 이루며 전하여 내려오는 사상 · 관습 · 행동 따위의 양식.

전공, 전념, 전문	'오로지', '마음대로' 전(專)

전공(專攻) 어느 한 분야를 전문적으로 연구함. 또는 그 분야. 예 전공 과목.
전념(專念) 오직 한 가지 일에만 마음을 씀. 예 공부에만 전념하다.
전문(專門) 어떤 분야에 상당한 지식과 경험을 가지고 오직 그 분야만 연구하거나 맡음. 또는 그 분야. 예 전문 서적.

전기, 전입, 전향	'구르다', '회전하다' 전(轉)

전기(轉機) 1. 전환점이 되는 기회나 시기. 2. 기운이 갑자기 바뀜. 예 전기로 삼다.
전입(轉入) 1. 이전 거주지에서 새 거주지로 옮겨 옴. 2. 새 근무지나 학교 따위로 옮겨 옴. 반대말 전출(轉出).
전향(轉向) 1. 방향을 바꿈. 2. 종래의 사상이나 이념을 바꾸어서 그와 배치되는 사상이나 이념으로 돌림. 예 사상의 전향.

97 | 접, 절

접경, 접속, 접합	‘사귀다’, ‘교제하다’ 접(接)

접경(接境) 경계가 서로 맞닿음. 또는 그 경계. 예 충청도와 경상도의 접경 지역.
접속(接續) 서로 맞대어 이음. 예 프린터를 컴퓨터에 접속하다.
접합(接合) 한데 대어 붙임. 또는 한데 닿아 붙음. 예 접합 수술.

절개, 절도, 절약	‘마디’ 절(節)

절개(節槪) 1. 신념, 신의 따위를 굽히지 아니하고 굳게 지키는 꿋꿋한 태도. 2. 지조와 정조를 깨끗하게 지키는 여자의 품성. 예 절개를 지키다.
절도(節度) 일이나 행동 따위를 정도에 알맞게 하는 규칙적인 한도. 예 절도 있는 행동.
절약(節約) 함부로 쓰지 아니하고 꼭 필요한 데에만 써서 아낌.

절경, 절교, 절세, 절정	‘끊다’, ‘막다’, ‘그만두다’ 절(絕)

절경(絕景) 더할 나위 없이 훌륭한 경치. 예 절경에 취하다.
절교(絕交) 서로의 교제를 끊음. 예 절교를 선언하다.
절세(絕世) 세상에 견줄 데가 없을 정도로 아주 뛰어남. 예 절세의 미인.
절정(絕頂) 1. 산의 맨 꼭대기. 2. 사물의 진행이나 발전이 최고의 경지에 달한 상태. 예 인기 절정에 오르다.

98 | 정

정계, 정부	'정사', '나라 다스리는 일' 정(政)

정계(政界) 정치에 관련된 일에 종사하는 조직체나 개인의 활동 분야. 예 정계 진출.
정부(政府) 입법, 사법, 행정의 삼권을 포함하는 통치 기구를 통틀어 이르는 말.

정가, 정설, 정액	'정하다' 정(定)

정가(定價) 상품에 일정한 값을 매김. 또는 그 값. 예 정가 판매.
정설(定說) 일정한 결론에 도달하여 이미 확정하거나 인정한 설. 예 정설을 뒤집다.
정액(定額) 일정하게 정하여진 액수. 예 정액 요금.

정곡, 정도, 정직	'바르다' 정(正)

정곡(正鵠) 1. 과녁의 한가운데가 되는 점. 2. 가장 중요한 요점 또는 핵심. 예 문제의 정곡을 찌르다.
정도(正道) 올바른 길. 또는 정당한 도리. 예 정도를 걷다.
정직(正直) 마음에 거짓이나 꾸밈이 없이 바르고 곧음.

정숙, 정절	'곧다', '정하다' 정(貞)

정숙(貞淑) 여자로서 행실이 곧고 마음씨가 맑고 고움. 예 정숙한 여인.
정절(貞節) 여자의 곧은 절개. 예 정절을 지키다.

정교, 정수, 정예

'정하다', '뛰어나다' 정(精)

정교(精巧) 1. 솜씨나 기술 따위가 정밀하고 교묘함. 2. 내용이나 구성 따위가 정확하고 치밀함. ㉠정교하게 다듬다.

정수(精髓) 1. 뼈 속에 있는 골수. 2. 사물의 중심이 되는 골자 또는 요점. ㉠민족 문화의 정수.

정예(精銳) 1. 썩 날래고 용맹스러움. 또는 그런 군사. 2. 능력이 우수하고 일에 기운차게 앞질러 나설 힘이 있음. 또는 그런 인재. ㉠소수 정예.

정경, 정보, 정황

'뜻' 정(情)

정경(情景) 1. 정서를 자아내는 흥취와 경치. 2. 사람이 처하여 있는 모습이나 형편. ㉠아름다운 정경.

정보(情報) 관찰이나 측정을 통하여 수집한 자료를 실제 문제에 도움이 될 수 있도록 정리한 지식. 또는 그 자료.

정황(情況) 1. 일의 사정과 상황. 2. 인정상 딱한 처지에 있는 상황. ㉠정황을 판단하다.

정년, 정전, 정체

'머무르다' 정(停)

정년(停年) 관청이나 학교, 회사 따위에 근무하는 공무원이나 직원이 직장에서 물러나도록 정하여져 있는 나이. ㉠정년 퇴직.

정전(停電) 오던 전기가 끊어짐. ㉠정전 사고.

정체(停滯) 사물이 발전하거나 나아가지 못하고 한자리에 머물러 그침. ㉠차가 많아 도로가 정체되다.

99 | 제

제도, 제동, 제복, 제약

'마르다', '규격대로 만들다' 제(制)

제도(制度) 관습이나 도덕, 법률 따위의 규범이나 사회 구조의 체계. 예 결혼 제도.
제동(制動) 기계나 자동차 따위의 운동을 멈추게 함. 예 제동을 걸다.
제복(制服) 학교나 관청, 회사 따위에서 정하여진 규정에 따라 입도록 한 옷.
제약(制約) 1. 조건을 붙여 내용을 제한함. 또는 그 조건. 2. 사물의 성립에 필요한 규정이나 조건. 예 제약을 가하다.

제목, 제호

'표제', '이마' 제(題)

제목(題目) 작품이나 강연, 보고 따위에서, 그것을 대표하거나 내용을 보이기 위하여 붙이는 이름.
제호(題號) 책이나 신문 따위의 제목. 예 제호를 붙이다.

제고, 제공, 제안

'끌다' 제(提)

제고(提高) 쳐들어 높임. 예 생산성의 제고.
제공(提供) 무엇을 내주거나 갖다 바침. 예 자료 제공.
제안(提案) 의안으로 내놓음. 또는 그 의안. 예 제안을 받아들이다.

제거, 제막식, 제설

'섬돌', '길' 제(除)

제거(除去) 없애 버림. 예 불순물 제거.
제막식(除幕式) 동상이나 기념비 따위를 다 만든 뒤에 완공을 공포하는 의식.
제설(除雪) 쌓인 눈을 치움. 또는 그런 일. 예 제설 작업.

100 | 조

조달, 조절, 조화	'고르다', '조절하다' 조(調)

조달(調達) 자금이나 물자 따위를 대어 줌. 예 물품 조달.
조절(調節) 균형이 맞게 바로잡음. 또는 적당하게 맞추어 나감. 예 인구 조절.
조화(調和) 서로 잘 어울림. 예 조화를 이루다.

조수, 조언, 조장	'돕다', '도움' 조(助)

조수(助手) 어떤 책임자 밑에서 지도를 받으면서 그 일을 도와주는 사람.
조언(助言) 말로 거들거나 깨우쳐 주어서 도움. 또는 그 말. 예 조언을 하다.
조장(助長) 바람직하지 않은 일을 더 심해지도록 부추김. 예 과소비 조장.

조경, 조물주, 조성, 조예	'짓다', '만들다' 조(造)

조경(造景) 경치를 아름답게 꾸밈. 예 조경 공사.
조물주(造物主) 우주의 만물을 만들고 다스리는 신. 예 조물주의 은혜.
조성(造成) 1. 무엇을 만들어서 이룸. 2. 분위기나 정세 따위를 만듦. 예 면학 분위기 조성.
조예(造詣) 학문이나 예술, 기술 따위의 분야에 대한 지식이나 경험이 깊은 경지에 이른 정도. 예 조예가 깊다.

조건, 조약, 조항	'가지', '나뭇가지' 조(條)

조건(條件) 1. 어떤 일을 이루게 하거나 이루지 못하게 하기 위하여 갖추어야 할 상태나 요소. 2. 일정한 일을 결정하기에 앞서 내놓는 요구나 견해.
조약(條約) 조목을 세워 맺은 언약. 예 조약을 체결하다.
조항(條項) 법률이나 규정 따위의 조목이나 항목. 예 법률 조항.

101 | 족, 존, 졸

족쇄, 족적	'발' 족(足)

족쇄(足鎖) 1. 죄인의 발목에 채우던 쇠사슬. 2. 자유를 구속하는 대상을 비유해서 이르는 말. 예 족쇄를 채우다.
족적(足跡) 발자취. 예 역사에 위대한 족적을 남기다.

존립, 존재, 존폐	'있다' 존(存)

존립(存立) 1. 생존하여 자립함. 2. 국가, 제도, 단체, 학설 따위가 그 위치를 지키며 존재함. 예 국가의 존립을 위협하다.
존재(存在) 1. 현실에 실제로 있음. 또는 그런 대상. 2. 다른 사람의 주목을 끌 만한 두드러진 품위나 처지. 또는 그런 대상.
존폐(存廢) 존속과 폐지를 아울러 이르는 말. 예 기구의 존폐를 논하다.

존경, 존대, 존함	'높다', '지위가 높다' 존(尊)

존경(尊敬) 남의 인격, 사상, 행위 따위를 받들어 공경함.
존대(尊待) 1. 존경하여 받들어 대접하거나 대함. 2. 존경하는 말투로 대함. 또는 그러한 말투. 예 어른을 존대하다.
존함(尊啣) 남의 이름을 높여 이르는 말. 예 존함을 여쭈다.

졸작, 졸장부	'졸하다', '서투르다' 졸(拙)

졸작(拙作) 1. 솜씨가 서투르고 보잘것없는 작품. 2. 자기의 작품을 겸손하게 이르는 말.
졸장부(拙丈夫) 도량이 좁고 졸렬한 사내. 반대말 대장부(大丈夫).

102 | 종

종류, 종목, 종자	'씨', '근본' 종(種)

종류(種類) 1. 사물의 부문을 나누는 갈래. 2. 갈래의 수를 세는 단위.
종목(種目) 여러 가지 종류에 따라 나눈 항목. 예 운동 경기 종목.
종자(種子) 1. 식물에서 나온 씨 또는 씨앗. 2. 동물의 혈통이나 품종. 또는 그로부터 번식된 새끼. 3. 사람의 혈통을 낮잡아 이르는 말.

종군, 종사, 종속	'좇다', '순직하다' 종(從)

종군(從軍) 1. 군대를 따라 전쟁터로 나감. 2. 전투 목적 이외의 일로 군대를 따라 같이 다님. 예 종군을 지원하다.
종사(從事) 1. 어떤 일에 마음과 힘을 다함. 2. 어떤 일을 일삼아서 함. 3. 어떤 사람을 좇아 섬김. 예 생업에 종사하다.
종속(從屬) 자주성이 없이 주가 되는 것에 딸려 붙음. 예 경제적 종속.

종결, 종례, 종신	'끝나다' 종(終)

종결(終結) 일을 끝냄. 예 전쟁의 종결.
종례(終禮) 학교에서, 하루 일과를 마친 뒤에 담임 교사와 학생이 모여 나누는 인사.
종신(終身) 1. 목숨을 다하기까지의 동안. 2. 일생을 마침. 예 종신 유배 길에 오르다.

종가, 종교	'마루', '근본' 종(宗)

종가(宗家) 족보로 보아 한 문중에서 맏이로만 이어 온 큰집. 예 종가 살림을 꾸려나가다.
종교(宗敎) 신이나 초자연적인 절대자 또는 힘에 대한 믿음을 통하여 인간 생활의 고뇌를 해결하고 삶의 궁극적인 의미를 추구하는 문화 체계.

103 | 주

주관, 주류, 주빈, 주제
'주인', '임금' 주(主)

주관(主觀) 자기만의 견해나 관점. 예 주관이 뚜렷하다.
주류(主流) 1. 강물 따위의 원줄기가 되는 큰 흐름. 2. 사상이나 학술 따위의 주된 경향이나 갈래. 3. 조직이나 단체 따위의 내부에서 다수파를 이르는 말. 예 주류를 형성하다.
주빈(主賓) 손님 가운데서 주가 되는 손님. 예 주빈을 모시다.
주제(主題) 1. 대화나 연구 따위에서 중심이 되는 문제. 2. 예술 작품에서 지은이가 나타내고자 하는 기본적인 사상. 3. 주된 제목.

주목, 주문, 주입
'물 대다', '붓다' 주(注)

주목(注目) 1. 관심을 가지고 주의 깊게 살핌. 또는 그 시선. 2. 조심하고 경계하는 눈으로 살핌. 또는 그 시선. 예 주목을 받다.
주문(注文) 1. 어떤 상품을 만들거나 파는 사람에게 그 상품의 생산이나 수송, 또는 서비스의 제공을 요구하거나 청구함. 또는 그 요구나 청구. 2. 다른 사람에게 어떤 일을 하도록 요구하거나 부탁함. 또는 그 요구나 부탁.
주입(注入) 1. 흘러 들어가도록 부어 넣음. 2. 〈교육〉 기억과 암기를 주로 하여 지식을 넣어 줌. 예 냉전 사상의 주입.

주구, 주자, 주행
'달리다' 주(走)

주구(走狗) 1. 달음질하는 개라는 뜻으로, 사냥할 때 부리는 개를 이르는 말. 2. 앞잡이. 예 남의 주구 노릇을 하다.
주자(走者) 경주하는 사람. 예 대표 주자.
주행(走行) 주로 동력으로 움직이는 자동차나 열차 따위가 달림. 예 주행 속도.

104 | 중

중견, 중계, 중독, 중앙

'가운데', '마음' 중(中)

중견(中堅) 어떤 단체나 사회에서 중심이 되는 사람. 또는 지위와 규모는 그다지 높거나 크지 아니하나 중심적 역할을 하거나 확실한 업적을 올리고 있는 사람이나 단체. 예중견 간부. 중견 기업.

중계(中繼) 중간에서 이어 줌. 예라디오 중계.

중독(中毒) 1. 생체가 음식물이나 약물의 독성에 의하여 기능 장애를 일으키는 일. 2. 술이나 마약 따위를 지나치게 복용한 결과, 그것 없이는 견디지 못하는 병적 상태. 3. 어떤 사상이나 사물에 젖어 버려 정상적으로 사물을 판단할 수 없는 상태.

중앙(中央) 1. 사방의 중심이 되는 한가운데. 2. 양쪽 끝에서 같은 거리에 있는 지점. 3. 중심이 되는 중요한 곳. 4. 지방에 상대하여 수도를 이르는 말.

중량, 중상, 중형

'무겁다' 중(重)

중량(重量) 1. 무게. 2. 아주 큰 무게. 예중량을 초과하다.

중상(重傷) 아주 심하게 다침. 또는 그런 부상. 예중상을 입다.

중형(重刑) 아주 무거운 형벌. 예중형을 선고하다.

중개, 중매, 중재

'버금', '가운데' 중(仲)

중개(仲介) 제삼자로서 두 당사자 사이에 서서 일을 주선함. 예부동산 중개.

중매(仲媒) 결혼이 이루어지도록 중간에서 소개하는 일. 또는 그런 사람.

중재(仲裁) 분쟁에 끼어들어 쌍방을 화해시킴. 예중재를 요청하다.

105 | 즉, 증

즉사, 즉석, 즉흥적	'곧', '가깝다' 즉(卽)

즉사(卽死) 그 자리에서 바로 죽음. 예 총에 맞아 즉사하다.
즉석(卽席) 어떤 일이 진행되는 바로 그 자리. 예 즉석에서 승낙하다.
즉흥적(卽興的) 그 자리에서 일어나는 감흥이나 기분에 따라 하는. 또는 그런 것. 예 즉흥적인 발상.

증명, 증서, 증언	'증거', '증명하다' 증(證)

증명(證明) 어떤 사항이나 판단 따위에 대하여 그것이 진실인지 아닌지 증거를 들어서 밝힘. 예 결백을 증명하다.
증서(證書) 권리나 의무, 사실 따위를 증명하는 문서. 예 헌혈 증서를 모으다.
증언(證言) 어떤 사실을 증명함. 또는 그런 말. 예 생생한 증언을 듣다.

증가, 증축, 증폭	'붇다', '늘다' 증(增)

증가(增加) 양이나 수치가 늚. 반대말 감소(減少).
증축(增築) 이미 지어져 있는 건축물에 덧붙여 더 늘리어 지음. 예 증축 공사.
증폭(增幅) 사물의 범위가 늘어나 커짐. 또는 사물의 범위를 넓혀 크게 함. 예 갈등이 증폭되다.

106 | 지

지대, 지리, 지면, 지방, 지열

'땅' 지(地)

지대(地帶) 자연적, 또는 인위적으로 한정된 일정 구역. 예 공장 지대.
지리(地理) 1. 어떤 곳의 지형이나 길 따위의 형편. 2. 지구 상의 기후, 생물, 자연, 도시, 교통, 주민, 산업 따위의 상태. 예 지리에 밝다.
지면(地面) 땅바닥. 예 편평한 지면.
지방(地方) 1. 어느 방면의 땅. 2. 서울 이외의 지역. 3. 중앙의 지도를 받는 아래 단위의 기구나 조직을 중앙에 상대하여 이르는 말.
지열(地熱) 1. 지구 안에 본디부터 있는 열. 2. 햇볕을 받아 땅 표면에서 나는 열. 예 지열이 끓어오르다.

지도, 지목, 지정

'손가락', '가리키다' 지(指)

지도(指導) 어떤 목적이나 방향으로 남을 가르쳐 이끎. 예 학습 지도.
지목(指目) 사람이나 사물이 어떠하다고 가리켜 정함. 예 지목을 당하다.
지정(指定) 1. 가리키어 확실하게 정함. 2. 관공서, 학교, 회사, 개인 등이 어떤 것에 특정한 자격을 줌. 예 지정 좌석에 앉으시오.

지각, 지명도, 지식, 지인

'알다', '깨닫다', '느끼다' 지(知)

지각(知覺) 1. 알아서 깨달음. 또는 그런 능력. 2. 사물의 이치나 도리를 분별하는 능력. 예 지각이 들다.
지명도(知名度) 세상에 이름이 널리 알려진 정도. 예 지명도가 높은 사람.
지식(知識) 1. 어떤 대상에 대하여 배우거나 실천을 통하여 알게 된 명확한 인식이나 이해. 2. 알고 있는 내용이나 사물.
지인(知人) 1. 아는 사람. 2. 사람의 됨됨이를 잘 알아봄. 예 지인을 만나다.

지사, 지조, 지향	'뜻', '마음' 지(志)

지사(志士) 나라와 민족을 위하여 제 몸을 바쳐 일하려는 뜻을 가진 사람. 예 기개가 높은 지사.
지조(志操) 원칙과 신념을 굽히지 아니하고 끝까지 지켜 나가는 꿋꿋한 의지. 또는 그런 기개. 예 지조를 지키다.
지향(志向) 어떤 목표로 뜻이 쏠리어 향함. 또는 그 방향이나 그쪽으로 쏠리는 의지. 예 미래 지향의 생활 태도.

지급, 지류, 지배	'가르다', '지탱하다' 지(支)

지급(支給) 돈이나 물품 따위를 정하여진 몫만큼 내줌. 예 이자 지급.
지류(支流) 강의 원줄기로 흘러들거나 원줄기에서 갈려 나온 물줄기. 예 한강의 지류.
지배(支配) 1. 어떤 사람이나 집단, 조직, 사물 등을 자기의 의사대로 복종하게 하여 다스림. 2. 외부의 요인이 사람의 생각이나 행동에 적극적으로 영향을 미침.

지략, 지혜	'지혜', '슬기롭다' 지(智)

지략(智略) 어떤 일이나 문제든지 명철하게 포착하고 분석 · 평가하며 해결 대책을 능숙하게 세우는 뛰어난 슬기와 계략. 예 지략에 뛰어난 장수.
지혜(知慧) 사물의 이치를 빨리 깨닫고 사물을 정확하게 처리하는 정신적 능력. 예 지혜가 뛰어나다.

107 | 진

진로, 진보, 진학, 진행	'나아가다', '벼슬하다' 진(進)

진로(進路) 앞으로 나아갈 길. 예 진로를 정하다.
진보(進步) 1. 정도나 수준이 나아지거나 높아짐. 2. 역사 발전의 합법칙성에 따라 사회의 변화나 발전을 추구함. 예 과학 기술의 진보.
진학(進學) 1. 학문의 길에 나아가 배움. 2. 상급 학교에 감. 예 진학 지도.
진행(進行) 1. 앞으로 향하여 나아감. 2. 일 따위를 처리하여 나감. 예 태풍의 진행 방향.

진술, 진열	'늘어놓다', '늘어서다' 진(陳)

진술(陳述) 일이나 상황에 대하여 자세하게 이야기함. 또는 그런 이야기. 예 진술을 듣다.
진열(陳列) 여러 사람에게 보이기 위하여 물건을 죽 벌여 놓음. 예 상품 진열.

진가, 진담, 진리, 진수, 진심	'참', '생긴 그대로' 진(眞)

진가(眞價) 참된 값어치. 예 진가를 인정하다.
진담(眞談) 진심에서 우러나온, 거짓이 없는 참된 말. 반대말 농담(弄談).
진리(眞理) 참된 이치. 또는 참된 도리. 예 진리를 깨닫다.
진수(眞髓) 사물이나 현상의 가장 중요하고 본질적인 부분. 예 사상의 진수.
진심(眞心) 거짓이 없는 참된 마음. 예 진심 어린 충고.

진기, 진미	'보배', '진귀하다' 진(珍)

진기(珍奇) 진귀하고 기이함. 예 진기한 풍속.
진미(珍味) 음식의 아주 좋은 맛. 또는 그런 맛이 나는 음식물. 예 진미를 맛보다.

108 | 집, 징

집계, 집단, 집중, 집합	'모이다', '만나다' 집(集)

집계(集計) 이미 된 계산들을 한데 모아서 계산함. 또는 그런 계산. 예 메달 집계.
집단(集團) 여럿이 모여 이룬 모임. 예 예술가 집단.
집중(集中) 1. 한곳을 중심으로 하여 모임. 또는 그렇게 모음. 2. 한 가지 일에 모든 힘을 쏟아부음. 예 권력 집중.
집합(集合) 사람들을 한곳으로 모으거나 모임. 예 집합 시간.

집권, 집필, 집행	'잡다', '지키다' 집(執)

집권(執權) 권세나 정권을 잡음. 예 장기 집권을 하다.
집필(執筆) 붓을 잡는다는 뜻으로, 직접 글을 쓰는 것을 이르는 말. 예 집필 원고.
집행(執行) 실제로 시행함. 예 정책을 집행하다.

징수, 징조, 징후	'부르다', '요구하다' 징(徵)

징수(徵收) 나라, 공공 단체, 지주 등이 돈, 곡식, 물품 따위를 거두어들임. 예 세금을 징수하다.
징조(徵兆) 어떤 일이 생길 기미. 예 불길한 징조가 나타나다.
징후(徵候) 겉으로 나타나는 낌새. 예 병의 징후가 보이다.

109 | 차, 착

차등, 차별, 차출	'어긋나다', '실수' 차(差)

차등(差等) 고르거나 가지런하지 않고 차별이 있음. 또는 그렇게 대함. 예 언제나 차등 대우를 하다.
차별(差別) 둘 이상의 대상을 각각 등급이나 수준 따위의 차이를 두어서 구별함. 예 남녀 차별.
차출(差出) 어떤 일을 시키기 위하여 인원을 선발하여 냄. 예 대표 팀 차출.

차기, 차례, 차석	'버금', '다음' 차(次)

차기(次期) 다음 시기. 예 차기 정권.
차례(次例) 1. 순서 있게 구분하여 벌여 나가는 관계. 또는 그 구분에 따라 각각에게 돌아오는 기회. 2. 책이나 글 따위에서 벌여 적어 놓은 항목.
차석(次席) 수석에 다음가는 자리. 또는 그런 사람. 예 차석으로 입학하다.

착공, 착륙, 착상, 착용	'붙다', '입다' 착(着)

착공(着工) 공사를 시작함. 예 착공이 예정보다 늦어지다.
착륙(着陸) 비행기 따위가 공중에서 활주로나 판판한 곳에 내림.
착상(着想) 어떤 일이나 창작의 실마리가 되는 생각이나 구상 따위를 잡음. 또는 그 생각이나 구상. 예 착상이 기발하다.
착용(着用) 의복, 모자, 신발 따위를 입거나, 쓰거나, 신거나 함. 예 안전띠 착용.

110 | 찬, 참

찬성, 찬조	'돕다', '뵙다' 찬(贊)

찬성(贊成) 1. 어떤 행동이나 견해, 제안 따위가 옳거나 좋다고 판단하여 수긍함. 2. 어떤 일을 도와서 이루어지도록 함.
찬조(贊助) 어떤 일의 뜻에 찬동하여 도와줌. 예 찬조 연설.

찬가, 찬양	'기리다', '칭찬하다' 찬(讚)

찬가(讚歌) 1. 찬양, 찬미의 뜻을 나타내는 노래. 2. 찬양, 찬미의 뜻을 나타내는 행동이나 글. 예 승리의 찬가를 부르다.
찬양(讚揚) 아름답고 훌륭함을 크게 기리고 드러냄. 예 삶에 대한 찬양.

참가, 참고, 참배	'간여하다', '섞이다' 참(參)

참가(參加) 모임이나 단체 또는 일에 관계하여 들어감. 예 참가 대상.
참고(參考) 1. 살펴서 생각함. 2. 살펴서 도움이 될 만한 재료로 삼음. 예 참고 도서.
참배(參拜) 1. 신이나 부처에게 절함. 2. 영구(靈柩)나 무덤, 또는 죽은 사람을 기념하는 기념비 따위의 앞에서 추모의 뜻을 나타냄. 예 국립묘지 참배.

참사, 참상, 참패	'참혹하다', '무자비하다' 참(慘)

참사(慘事) 비참하고 끔찍한 일. 예 대형 참사가 일어나다.
참상(慘狀) 비참하고 끔찍한 상태나 상황. 예 전쟁의 참상.
참패(慘敗) 싸움이나 경기 따위에서 참혹할 만큼 크게 패배하거나 실패함. 또는 그런 패배나 실패. 예 참패를 당하다.

111 | 창, 채, 책

창립, 창시, 창업, 창조, 창출	'비롯하다', '만들다' 창(創)

창립(創立) 기관이나 단체 따위를 새로 만들어 세움. 예 연구소 창립 기념일.

창시(創始) 어떤 사상이나 학설 따위를 처음으로 시작하거나 내세움. 예 동학을 창시한 최제우.

창업(創業) 1. 나라나 왕조 따위를 처음으로 세움. 2. 사업 따위를 처음으로 이루어 시작함. 예 창업 공신.

창조(創造) 1. 전에 없던 것을 처음으로 만듦. 2. 신(神)이 우주 만물을 처음으로 만듦. 3. 새로운 성과나 업적, 가치 따위를 이룩함.

창출(創出) 전에 없던 것을 처음으로 생각하여 지어내거나 만들어 냄. 예 새로운 지도력의 창출.

채굴, 채용, 채집, 채취	'캐다', '따다' 채(採)

채굴(採掘) 땅을 파고 땅속에 묻혀 있는 광물 따위를 캐냄. 예 석탄 채굴.

채용(採用) 1. 사람을 골라서 씀. 2. 어떤 의견, 방안 등을 고르거나 받아들여서 씀.

채집(採集) 널리 찾아서 얻거나 캐거나 잡아 모으는 일. 예 약초 채집.

채취(採取) 1. 풀, 나무, 광석 따위를 찾아 베거나 캐거나 하여 얻어 냄. 2. 연구나 조사에 필요한 것을 찾거나 받아서 얻음. 예 모래 채취. 지문 채취.

책망, 책무, 책임	'꾸짖다', '요구하다' 책(責)

책망(責望) 잘못을 꾸짖거나 나무라며 못마땅하게 여김. 예 책망을 듣다.

책무(責務) 직무에 따른 책임이나 임무. 예 감시의 책무를 맡다.

책임(責任) 1. 맡아서 해야 할 임무나 의무. 2. 어떤 일에 관련되어 그 결과에 대하여 지는 의무나 부담. 또는 그 결과로 받는 제재(制裁).

112 | 처, 천

처리, 처방, 처벌, 처형	'살다', '머물러 있다' 처(處)

처리(處理) 1. 사무나 사건 따위를 절차에 따라 정리하여 치르거나 마무리를 지음. 2. 일정한 결과를 얻기 위하여 화학적 또는 물리적 작용을 일으킴.
처방(處方) 1. 병을 치료하기 위하여 증상에 따라 약을 짓는 방법. 2. 일정한 문제를 처리하는 방법. ㉠ 처방을 내리다.
처벌(處罰) 형벌에 처함. 또는 그 벌. ㉠ 처벌을 받다.
처형(處刑) 1. 형벌에 처함. 2. 사형에 처함. ㉠ 처형을 당하다.

천국, 천륜, 천벌, 천성, 천연, 천재	'하늘' 천(天)

천국(天國) 1. 하느님이나 신불(神佛)이 있다는 이상(理想) 세계. 2. 어떤 제약도 받지 아니하는 자유롭고 편안한 곳. 또는 그런 상황.
천륜(天倫) 1. 부모 형제 사이에서 마땅히 지켜야 할 도리. 2. 부모와 자식 간에 하늘의 인연으로 정하여져 있는 사회적 관계나 혈연적 관계. ㉠ 천륜을 어기다.
천벌(天罰) 하늘이 내리는 큰 벌. ㉠ 천벌을 받다.
천성(天性) 본래 타고난 성격이나 성품. ㉠ 천성이 착하다.
천연(天然) 1. 사람의 힘을 가하지 아니한 상태. 2. 사람의 힘으로 움직이거나 변화시킬 수 없는 상태. ㉠ 천연 샘물.
천재(天才) 선천적으로 타고난, 남보다 훨씬 뛰어난 재주. 또는 그런 재능을 가진 사람.

천대, 천민	'천하다', '값이 싸다' 천(賤)

천대(賤待) 1. 업신여기어 천하게 대우하거나 푸대접함. 2. 함부로 다루거나 마구 굴림. ㉠ 천대를 받다.
천민(賤民) 지체가 낮고 천한 백성. ㉠ 양반과 천민의 구분이 없는 세상.

113 | 철, 첨

철거, 철수, 철야	'거두다', '치우다' 철(撤)

철거(撤去) 건물, 시설 따위를 무너뜨려 없애거나 걷어치움. 예 무허가 건물 철거.
철수(撤收) 1. 거두어들이거나 걷어치움. 2. 진출하였던 곳에서 시설이나 장비 따위를 거두어 가지고 물러남. 예 참모 회의에서 부대의 철수를 결정하였다.
철야(徹夜) 밤샘. 예 철야 작업.

철도, 철면피, 철벽, 철창	'쇠', '검다' 철(鐵)

철도(鐵道) 침목 위에 철제의 궤도를 설치하고, 그 위로 차량을 운전하여 여객과 화물을 운송하는 시설.
철면피(鐵面皮) 쇠로 만든 낯가죽이라는 뜻으로, 염치가 없고 뻔뻔스러운 사람을 낮잡아 이르는 말. 예 은혜를 모르는 철면피 같은 사람.
철벽(鐵壁) 1. 쇠로 된 것처럼 견고한 벽. 2. 쇠로 된 벽이라는 뜻으로, 잘 무너지거나 깨뜨려지지 않는 대상을 비유해서 이르는 말. 3. 방비가 매우 튼튼함을 비유해서 이르는 말. 예 철벽 수비.
철창(鐵窓) 1. 쇠로 창살을 만든 창문. 2. '감옥'을 비유해서 이르는 말. 예 철창에 갇히다.

첨가, 첨부, 첨삭	'더하다', '보태다' 첨(添)

첨가(添加) 이미 있는 것에 덧붙이거나 보탬.
첨부(添附) 안건이나 문서 따위를 덧붙임. 예 첨부 서류.
첨삭(添削) 시문(詩文)이나 답안 따위의 내용 일부를 보태거나 삭제하여 고침. 예 첨삭 지도를 하다.

114 | 청

청년, 청운	'푸르다' 청(靑)

청년(靑年) 신체적 · 정신적으로 한창 성장하거나 무르익은 시기에 있는 사람.
청운(靑雲) 1. 푸른 빛깔의 구름. 2. 높은 지위나 벼슬을 비유해서 이르는 말. 예 청운의 뜻을 품다.

청결, 청렴, 청산	'맑다' 청(淸)

청결(淸潔) 맑고 깨끗함. 예 청결을 유지하다.
청렴(淸廉) 성품과 행실이 높고 맑으며, 탐욕이 없음. 예 청렴한 생활을 하다.
청산(淸算) 1. 서로 간에 채무 · 채권 관계를 셈하여 깨끗이 해결함. 2. 과거의 부정적 요소를 깨끗이 씻어 버림. 예 빚을 청산하다.

청구, 청원, 청탁	'청하다', '빌다' 청(請)

청구(請求) 남에게 돈이나 물건 따위를 달라고 요구함. 예 손해 배상을 청구하다.
청원(請願) 일이 이루어지도록 청하고 원함. 예 청원을 받아들이다.
청탁(請託) 청하여 남에게 부탁함. 예 원고 청탁.

청중, 청취	'듣다' 청(聽)

청중(聽衆) 강연이나 설교, 음악 따위를 듣기 위하여 모인 사람들. 예 청중을 사로잡다.
청취(聽取) 의견, 보고, 방송 따위를 들음. 예 라디오 방송을 청취하다.

115 | 초

초가, 초야, 초원	'풀' 초(草)

초가(草家) 짚이나 갈대 따위로 지붕을 인 집. 예 초가 한 채.
초야(草野) 풀이 난 들이라는 뜻으로, 궁벽한 시골을 이르는 말. 예 초야에 묻혀 사는 선비를 만나다.
초원(草原) 풀이 나 있는 들판. 예 끝없이 펼쳐진 초원.

초급, 초년, 초보, 초심	'처음', '시작' 초(初)

초급(初級) 맨 처음 또는 최저의 등급이나 단계. 예 초급 교재.
초년(初年) 1. 사람의 일생에서 초기, 곧 젊은 시절을 이르는 말. 2. 여러 해 걸리는 어떤 과정의 첫해 또는 처음 시기. 예 대학 초년 시절.
초보(初步) 1. 처음으로 내딛는 걸음. 2. 학문이나 기술 따위를 익힐 때의 그 처음 단계나 수준.
초심(初心) 처음에 먹은 마음. 예 초심을 유지하다.

초과, 초월, 초인	'넘다', '뛰어 넘다' 초(超)

초과(超過) 일정한 수나 한도 따위를 넘음. 예 정원 초과.
초월(超越) 어떠한 한계나 표준을 뛰어넘음. 예 생사를 초월하다.
초인(超人) 보통 사람으로는 생각할 수 없을 만큼 뛰어난 능력을 가진 사람.

초대, 초청	'부르다' 초(招)

초대(招待) 1. 어떤 모임에 참가해 줄 것을 청함. 2. 사람을 불러 대접함.
초청(招請) 사람을 청하여 부름. 예 초청 강연.

116 | 추, 축

추가, 추모, 추방, 추억	'쫓다', '내쫓다' 추(追)

추가(追加) 나중에 더 보탬. 예 추가 모집.
추모(追慕) 죽은 사람을 그리며 생각함. 예 추모 행사.
추방(追放) 일정한 지역이나 조직 밖으로 쫓아냄. 예 추방 명령.
추억(追憶) 지나간 일을 돌이켜 생각함. 또는 그런 생각이나 일. 예 추억에 잠기다.

추대, 추리, 추천	'옮다', '변천하다' 추(推)

추대(推戴) 윗사람으로 떠받듦. 예 회장으로 추대하다.
추리(推理) 알고 있는 것을 바탕으로 알지 못하는 것을 미루어서 생각함. 예 추리가 빗나가다.
추천(推薦) 어떤 조건에 적합한 대상을 책임지고 소개함. 예 추천을 의뢰하다.

축가, 축배, 축복, 축하	'빌다', '기원하다' 축(祝)

축가(祝歌) 축하의 뜻을 담은 노래. 예 축가를 부르다.
축배(祝杯) 축하하는 뜻으로 마시는 술. 또는 그런 술잔. 예 승리의 축배를 들다.
축복(祝福) 행복을 빎. 또는 그 행복. 예 축복을 받다.
축하(祝賀) 남의 좋은 일을 기뻐하고 즐거워한다는 뜻으로 인사함. 또는 그런 인사.

축소, 축약	'줄이다', '오그라들다' 축(縮)

축소(縮小) 모양이나 규모 따위를 줄여서 작게 함. 예 예산을 축소하다.
축약(縮約) 줄여서 간략하게 함. 예 내용을 축약하다.

117 | 취

취급, 취득, 취사선택	'취하다', '골라 뽑다' 취(取)

취급(取扱) 1. 물건을 사용하거나 소재나 대상으로 삼음. 2. 사람이나 사건을 어떤 태도로 대하거나 처리함.
취득(取得) 자기 것으로 만들어 가짐. 예 자격증 취득.
취사선택(取捨選擇) 여럿 가운데서 쓸 것은 쓰고 버릴 것은 버림. 예 여러 원고 가운데 취사선택하다.

취미, 취지, 취향	'달리다', '향하다' 취(趣)

취미(趣味) 전문적으로 하는 것이 아니라 즐기기 위하여 하는 일. 예 취미 생활.
취지(趣旨) 어떤 일의 근본이 되는 목적이나 긴요한 뜻. 예 행사의 취지.
취향(趣向) 하고 싶은 마음이 생기는 방향. 또는 그런 경향. 예 취향이 독특하다.

취업, 취임, 취침	'이루다', '나아가다' 취(就)

취업(就業) 일정한 직업을 잡아 직장에 나감. 비슷한말 취직(就職).
취임(就任) 새로운 직무를 수행하기 위하여 맡은 자리에 처음으로 나아감. 예 대통령 취임.
취침(就寢) 잠자리에 들어 잠을 잠. 예 취침 시간.

118 | 치, 친

치안, 치유	'다스리다', '관리하다' 치(治)

치안(治安) 1. 나라를 편안하게 다스림. 또는 그런 상태. 2. 국가 사회의 안녕과 질서를 유지 · 보전함. 예 치안 유지에 힘쓰다.
치유(治癒) 치료하여 병을 낫게 함. 예 치유 방법을 찾다.

치부, 치욕	'부끄러워하다' 치(恥)

치부(恥部) 남에게 드러내고 싶지 아니한 부끄러운 부분. 예 치부를 드러내다.
치욕(恥辱) 수치와 모욕을 아울러 이르는 말. 예 치욕을 당하다.

친교, 친목, 친선, 친족	'친하다', '사랑하다' 친(親)

친교(親交) 친밀하게 사귐. 또는 그런 교분. 예 친교를 나누다.
친목(親睦) 서로 친하여 화목함. 예 친목을 다지다.
친선(親善) 서로 간에 친밀하여 사이가 좋음. 예 국제 친선 경기.
친족(親族) 촌수가 가까운 일가. 예 친족이 없어 외롭다.

119 | 침, 칭

침공, 침탈	'침노하다', '습격하다' 침(侵)

침공(侵攻) 다른 나라를 침범하여 공격함. 예무력 침공.
침탈(侵奪) 침범하여 빼앗음. 예일제의 경제 침탈.

침몰, 침묵	'가라앉다', '빠지다' 침(沈)

침몰(沈沒) 1. 물속에 가라앉음. 2. 세력이나 기운 따위가 쇠함을 비유해서 이르는 말.
침묵(沈默) 1. 아무 말도 없이 잠잠히 있음. 또는 그런 상태. 2. 정적(靜寂)이 흐름. 또는 그런 상태. 3. 어떤 일에 대하여 그 내용을 밝히지 아니하거나 비밀을 지킴. 또는 그런 상태. 4. 일의 진행 상태나 기계 따위가 멈춤. 또는 그런 상태.

침수, 침투	'담그다', '물에 적시다' 침(浸)

침수(浸水) 물에 잠김. 예둑을 쌓아 침수를 막다.
침투(浸透) 1. 액체 따위가 스며들어 뱀. 2. 세균이나 병균 따위가 몸속에 들어옴. 3. 어떤 사상이나 현상, 정책 따위가 깊이 스며들어 퍼짐. 4. 어떤 곳에 몰래 숨어 들어감.

칭찬, 칭호	'일컫다', '이르다' 칭(稱)

칭찬(稱讚) 좋은 점이나 착하고 훌륭한 일을 높이 평가함. 또는 그런 말.
칭호(稱號) 어떠한 뜻으로 일컫는 이름. 예장군 칭호를 얻다.

120 | 타

타계, 타살, 타의	'다른', '그', '저' 타(他)

타계(他界) 1. 다른 세계. 2. 인간계를 떠나서 다른 세계로 간다는 뜻으로, 사람의 죽음 특히 귀인(貴人)의 죽음을 이르는 말. 예 스승의 타계 소식.
타살(他殺) 1. 남을 죽임. 2. 남에게 죽임을 당함. 예 타살 의혹.
타의(他意) 1. 다른 생각. 또는 다른 마음. 2. 다른 사람의 생각이나 의견.

타개, 타종, 타파	'치다', '때리다' 타(打)

타개(打開) 매우 어렵거나 막힌 일을 잘 처리하여 해결의 길을 엶. 예 경제 불황 타개를 위한 방안.
타종(打鐘) 종을 치거나 때림. 예 새해를 알리는 타종 소리가 울리다.
타파(打破) 부정적인 규정, 관습, 제도 따위를 깨뜨려 버림. 예 미신 타파.

타결, 타당, 타협	'온당하다', '편히 앉다' 타(妥)

타결(妥結) 의견이 대립된 양편에서 서로 양보하여 일을 마무름. 예 협상 타결.
타당(妥當) 일의 이치로 보아 옳음. 예 논리가 타당하다.
타협(妥協) 어떤 일을 서로 양보하여 협의함. 예 타협이 이루어지다.

타락, 타성	'떨어지다', '무너지다' 타(墮)

타락(墮落) 올바른 길에서 벗어나 잘못된 길로 빠지는 일. 예 타락의 길을 걷다.
타성(惰性) 1. 오래되어 굳어진 좋지 않은 버릇. 또는 오랫동안 변화나 새로움을 꾀하지 않아 나태하게 굳어진 습성. 예 타성에 젖다.

121 | 탐, 태

탐구, 탐방, 탐색, 탐험	'찾다' 탐(探)

탐구(探究) 필요한 것을 조사하여 찾아내거나 얻어 냄. 예 탐구 정신.
탐방(探訪) 1. 어떤 사실이나 소식 따위를 알아내기 위하여 사람이나 장소를 찾아감. 2. 명승고적 따위를 구경하기 위하여 찾아감. 예 탐방 기사.
탐색(探索) 드러나지 않은 사물이나 현상 따위를 찾아내거나 밝히기 위하여 살피어 찾음. 예 탐색 작전.
탐험(探險) 위험을 무릅쓰고 어떤 곳을 찾아가서 살펴보고 조사함. 예 동굴 탐험.

탐관오리, 탐욕	'탐하다', '더듬어 찾다' 탐(貪)

탐관오리(貪官汚吏) 백성의 재물을 탐내어 빼앗는, 행실이 깨끗하지 못한 관리. 예 탐관오리를 몰아내다.
탐욕(貪慾) 지나치게 탐하는 욕심. 예 탐욕을 채우다.

태교, 태동, 태생	'아이 배다' 태(胎)

태교(胎敎) 아이를 밴 여자가 태아에게 좋은 영향을 주기 위하여 마음을 바르게 하고 언행을 삼가는 일. 예 태교를 하다.
태동(胎動) 1. 모태 안에서의 태아의 움직임. 2. 어떤 일이 생기려는 기운이 싹틈. 예 근대사회의 태동.
태생(胎生) 어떠한 곳에 태어남. 예 농촌 태생.

122 | 토, 통

토론, 토벌, 토의	'치다', '벌하다' 토(討)

토론(討論) 어떤 문제에 대하여 여러 사람이 각각 의견을 말하며 논의함. 예 찬반 토론.
토벌(討伐) 무력으로 쳐 없앰. 예 반군을 토벌하다.
토의(討議) 어떤 문제에 대하여 검토하고 협의함. 예 오랜 토의 끝에 결론을 내다.

토산품, 토속, 토종	'흙', '땅' 토(土)

토산품(土産品) 그 지방에서 특유하게 나는 물품. 예 토산품 판매장.
토속(土俗) 그 지방의 특유한 풍속. 예 토속 신앙.
토종(土種) 그 땅에서 나는 종자. 예 토종 작물을 재배하다.

통계, 통달, 통속	'통하다', '꿰뚫다' 통(通)

통계(統計) 어떤 현상을 종합적으로 한눈에 알아보기 쉽게 일정한 체계에 따라 숫자로 나타냄. 또는 그런 것. 예 인구 통계.
통달(通達) 1. 막힘없이 환히 통함. 2. 사물의 이치나 지식, 기술 따위를 훤히 알거나 아주 능란하게 함. 예 한문과 불경에 통달한 사람.
통속(通俗) 세상에 널리 통하는 일반적인 풍속. 예 통속 소설.

통솔, 통제, 통합	'큰 줄기', '혈통' 통(統)

통솔(統率) 무리를 거느려 다스림. 예 오합지졸이라서 통솔이 어렵다.
통제(統制) 1. 일정한 방침이나 목적에 따라 행위를 제한하거나 제약함. 2. 권력으로 언론·경제 활동 따위에 제한을 가하는 일. 예 교통 통제. 언론 통제.
통합(統合) 둘 이상의 조직이나 기구 따위를 하나로 합침. 예 부서 통합.

123 | 퇴, 투, 특

퇴보, 퇴조, 퇴행

'물러나다', '그만두다' 퇴(退)

퇴보(退步) 1. 뒤로 물러감. 2. 정도나 수준이 이제까지의 상태보다 뒤떨어지거나 못하게 됨. 예 정치 혼란으로 인한 경제의 퇴보 현상.
퇴조(退潮) 기운, 세력 따위가 줄어듦. 예 철강 산업의 퇴조.
퇴행(退行) 공간적으로 현재의 위치에서 뒤로 물러가거나 시간적으로 현재보다 앞선 시기의 과거로 감. 예 과거의 방식으로 퇴행하다.

투고, 투서, 투영

'던지다', '주다' 투(投)

투고(投稿) 의뢰를 받지 아니한 사람이 신문이나 잡지 따위에 실어 달라고 원고를 써서 보냄. 또는 그 원고. 예 투고 작품.
투서(投書) 드러나지 않은 사실의 내막이나 남의 잘못을 적어서 어떤 기관이나 대상에게 몰래 보내는 일. 또는 그런 글. 예 투서를 보내다.
투영(投影) 1. 물체의 그림자를 어떤 물체 위에 비추는 일. 또는 그 비친 그림자. 2. 어떤 일을 다른 일에 반영하여 나타냄을 비유해서 이르는 말. 예 사회 현실을 투영한 작품.

특기, 특징, 특혜

'수컷' 특(特)

특기(特技) 남이 가지지 못한 특별한 기술이나 기능. 예 특기를 살리다.
특징(特徵) 다른 것에 비하여 특별히 눈에 뜨이는 점. 예 특징을 드러내다.
특혜(特惠) 특별한 은혜나 혜택. 예 특혜를 베풀다.

124 | 파, 판

파국, 파산, 파지	'물결', '물결이 일다' 파(波)

파국(破局) 일이나 사태가 잘못되어 결딴이 남. 또는 그 판국. 예 파국을 맞다.
파산(破産) 재산을 모두 잃고 망함. 예 파산을 당하다.
파지(破紙) 1. 찢어진 종이. 2. 일정한 규격에 어긋나 못 쓰게 된 종이. 3. 글을 잘못 써서 못 쓰게 된 종이. 예 파지를 버리다.

파란, 파문	'물결' 파(波)

파란(波瀾) 순탄하지 아니하고 어수선하게 계속되는 여러 가지 어려움이나 시련. 예 파란 많은 삶.
파문(波紋) 1. 수면에 이는 물결. 2. 물결 모양의 무늬. 3. 어떤 일이 다른 데에 미치는 영향. 예 엄청난 파문을 몰고 오다.

파견, 파생	'물갈래' 파(派)

파견(派遣) 일정한 임무를 주어 사람을 보냄. 예 파견 근무.
파생(派生) 사물이 어떤 근원으로부터 갈려 나와 생김. 예 영어는 라틴 어에서 파생된 언어이다.

판결, 판단, 판명	'판가름하다', '나누다' 판(判)

판결(判決) 시비나 선악을 판단하여 결정함. 예 공평한 판결을 내리다.
판단(判斷) 사물을 인식하여 논리나 기준 등에 따라 판정을 내림. 예 상황 판단.
판명(判明) 어떤 사실을 판단하여 명백하게 밝힘. 예 판명이 나다.

125 | 편, 평

편견, 편애, 편차

'치우치다' 편(偏)

편견(偏見) 공정하지 못하고 한쪽으로 치우친 생각. 예 편견을 가지다.
편애(偏愛) 어느 한 사람이나 한쪽만을 치우치게 사랑함. 예 편애가 심하다.
편차(偏差) 수치, 위치, 방향 따위가 일정한 기준에서 벗어난 정도나 크기. 예 편차가 무척 심하다.

평균, 평등, 평민, 평형

'평평하다', '다스리다' 평(平)

평균(平均) 1. 여러 사물의 질이나 양 따위를 통일적으로 고르게 한 것. 2. 여러 수나 같은 종류의 양의 중간값을 갖는 수.
평등(平等) 권리, 의무, 자격 등이 차별 없이 고르고 한결같음.
평민(平民) 1. 벼슬이 없는 일반인. 2. 특권 계급이 아닌 일반 시민. 예 평민 출신.
평형(平衡) 1. 사물이 한쪽으로 기울지 않고 안정해 있음. 2. 저울대가 수평을 이루고 있음. 예 마음의 평형 상태를 유지하다.

평가, 평판

'됨됨이를 평하다' 평(評)

평가(評價) 사물의 가치나 수준 따위를 평함. 또는 그 가치나 수준. 예 평가를 받다.
평판(評判) 1. 세상 사람들의 비평. 2. 비평하여 시비를 판정함. 예 평판이 좋다.

126 | 폐, 포

폐막, 폐쇄	'닫다', '닫히다' 폐(閉)

폐막(閉幕) 막을 내린다는 뜻으로, 연극 · 음악회나 행사 따위가 끝남. 또는 그것을 끝냄.
폐쇄(閉鎖) 1. 문 따위를 닫아걸거나 막아 버림. 2. 기관이나 시설을 없애거나 기능을 정지함. 3. 외부와의 문화적 · 정신적인 교류를 끊거나 막음.

폐수, 폐인, 폐허	'폐하다', '그만두다' 폐(廢)

폐수(廢水) 공장이나 광산 등지에서 쓰고 난 뒤에 버리는 물. 예 폐수 처리 시설.
폐인(廢人) 1. 병 따위로 몸을 망친 사람. 2. 쓸모없이 된 사람. 예 폐인이 되다.
폐허(廢墟) 건물이나 성 따위가 파괴되어 황폐하게 된 터. 예 폐허로 변하다.

포괄, 포섭, 포용, 포장	'싸다', '꾸러미' 포(包)

포괄(包括) 일정한 대상이나 현상 따위를 어떤 범위나 한계 안에 모두 끌어 넣음. 예 모든 계층을 두루 포괄하다.
포섭(包攝) 상대편을 자기편으로 감싸 끌어들임. 예 포섭 공작.
포용(包容) 남을 너그럽게 감싸 주거나 받아들임. 예 너그럽게 포용하다.
포장(包裝) 1. 물건을 싸거나 꾸림. 또는 싸거나 꾸리는 데 쓰는 천이나 종이. 2. 겉으로만 그럴듯하게 꾸밈.

포만감, 포식	'배부르다', '싫증나다' 포(飽)

포만감(飽滿感) 넘치도록 가득 차 있는 느낌. 예 포만감에 젖다.
포식(飽食) 배부르게 먹음. 예 모처럼 포식을 하다.

127 | 폭, 표

폭도, 폭등, 폭리, 폭설	'사납다', '해치다' 폭(暴)

폭도(暴徒) 폭동을 일으키거나 폭동에 가담한 사람의 무리. 예 폭도를 소탕하다.
폭등(暴騰) 물건의 값이나 주가 따위가 갑자기 큰 폭으로 오름. 반대말 폭락(暴落).
폭리(暴利) 지나치게 많이 남기는 부당한 이익. 예 폭리를 취하다.
폭설(暴雪) 갑자기 많이 내리는 눈. 예 폭설이 내리다.

표결, 표기, 표현	'겉', '드러내다' 표(表)

표결(表決) 회의에서 어떤 안건에 대하여 가부 의사를 표시하여 결정함. 예 거수로써 표결하다.
표기(表記) 1. 적어서 나타냄. 또는 그런 기록. 2. 문자 또는 음성 기호로 언어를 표시함. 예 한글 표기.
표현(表現) 1. 생각이나 느낌 따위를 언어나 몸짓 따위의 형상으로 드러내어 나타냄. 2. 눈앞에 나타나 보이는 사물의 이러저러한 모양과 상태.

표방, 표본, 표적	'높은 나뭇가지', '끝' 표(標)

표방(標榜) 1. 어떤 명목을 붙여 주의나 주장 또는 처지를 앞에 내세움. 2. 남의 착한 행실을 기록하여 여러 사람에게 보임. 예 민족주의의 표방.
표본(標本) 1. 본보기로 삼을 만한 것. 2. 생물의 몸 전체나 그 일부에 적당한 처리를 가하여 보존할 수 있게 한 것. 예 인생의 표본으로 삼다.
표적(標的) 1. 목표로 삼는 물건. 2. 표지로 삼는 표. 예 표적으로 삼다.

128 | 품, 풍

품격, 품목, 품위, 품행	'물건' 품(品)

품격(品格) 1. 사람 된 바탕과 타고난 성품. 2. 사물 따위에서 느껴지는 품위. 예 품격이 있는 행동.

품목(品目) 1. 물품의 이름을 쓴 목록. 2. 물품 종류의 이름. 예 수출 품목.

품위(品位) 1. 직품(職品)과 직위를 아울러 이르는 말. 2. 사람이 갖추어야 할 위엄이나 기품. 3. 사물이 지닌 고상하고 격이 높은 인상. 예 품위를 갖추다.

품행(品行) 품성과 행실을 아울러 이르는 말. 예 품행이 바르다.

풍광, 풍랑, 풍류, 풍문	'바람', '불다' 풍(風)

풍광(風光) 1. 경치(景致). 2. 사람의 용모와 품격. 예 풍광이 아름답다.

풍랑(風浪) 1. 바람과 물결을 아울러 이르는 말. 2. 혼란과 시련을 비유해서 이르는 말. 예 풍랑을 만나다.

풍류(風流) 멋스럽고 풍치가 있는 일. 또는 그렇게 노는 일. 예 풍류를 즐기다.

풍문(風聞) 바람처럼 떠도는 소문. 예 풍문에 시달리다.

풍년, 풍족	'풍성하다' 풍(豊)

풍년(豊年) 1. 곡식이 잘 자라고 잘 여물어 평년보다 수확이 많은 해. 2. 어떤 선물이 매우 많거나 사물의 소득이 매우 많은 경우를 비유해서 이르는 말.

풍족(豊足) 매우 넉넉하여 부족함이 없음. 예 풍족한 생활.

129 | 피, 필

피복, 피살, 피해	'이불', '미치다' 피(被)

피복(被服) 1. 옷. 2. 공공 기관의 단체 제복을 이르는 말. 예 피복 구입비.
피살(被殺) 죽임을 당함. 예 피살 사건.
피해(被害) 생명이나 신체, 재산, 명예 따위에 손해를 입음. 예 피해를 입다.

피란, 피서, 피신	'피하다', '벗어나다' 피(避)

피란(避亂) 난리를 피하여 옮겨 감. 예 피란을 가다.
피서(避暑) 더위를 피하여 시원한 곳으로 옮김. 예 피서 인파.
피신(避身) 위험을 피하여 몸을 숨김. 예 피신 생활.

필사적, 필수, 필승	'반드시', '틀림없이' 필(必)

필사적(必死的) 죽을힘을 다하는. 또는 그런 것. 예 필사적인 탈출.
필수(必須) 꼭 있어야 하거나 하여야 함. 예 필수 조건.
필승(必勝) 반드시 이김. 예 필승을 기원하다.

130 | 하, 한, 할, 함

하강, 하부, 하위	'아래' 하(下)

하강(下降) 1. 높은 곳에서 아래로 향하여 내려옴. 2. 신선이 속계로 내려오거나 웃어른이 아랫자리로 내려옴. 예 주가가 연일 하강 곡선을 긋다.
하부(下部) 1. 아래쪽 부분. 2. 하급 기관이나 부서. 또는 그곳의 사람. 반대말 상부(上部).
하위(下位) 낮은 지위나 등급이나 위치. 반대말 상위(上位).

한계, 한도, 한정	'한계', '경계', '끝' 한(限)

한계(限界) 사물이나 능력, 책임 따위가 실제 작용할 수 있는 범위. 예 한계를 극복하다.
한도(限度) 일정한 정도. 또는 한정된 정도. 예 한도를 초과하다.
한정(限定) 수량이나 범위 따위를 제한하여 정함. 또는 그런 한도. 예 한정 판매.

할당, 할애, 할인	'나누다', '쪼개다' 할(割)

할당(割當) 몫을 갈라 나눔. 또는 그 몫. 예 할당을 받다.
할애(割愛) 소중한 시간, 돈, 공간 따위를 아깝게 여기지 아니하고 선뜻 내어 줌. 예 정부는 복지 문제에 많은 예산을 할애할 것이다.
할인(割引) 일정한 값에서 얼마를 뺌. 예 할인 판매.

함량, 함축	'머금다', '넣다' 함(含)

함량(含量) 물질이 어떤 성분을 포함하고 있는 분량. 예 함량 미달.
함축(含蓄) 1. 겉으로 드러내지 아니하고 속에 간직함. 2. 말이나 글이 많은 뜻을 담고 있음. 예 문장에 함축된 의미.

131 | 합, 항, 해

합격, 합법, 합성, 합의, 합작

'합하다' 합(合)

합격(合格) 1. 시험, 검사, 심사 따위에서 일정한 조건을 갖추어 어떠한 자격이나 지위 따위를 얻음. 2. 어떤 조건이나 격식에 맞음.

합법(合法) 법령이나 규범에 적합함. 반대말 불법(不法).

합성(合成) 둘 이상의 것을 합쳐서 하나를 이룸. 예 사진의 합성.

합의(合意) 두 사람 이상이 한자리에 모여서 의논함. 예 잘 합의하여 결정해라.

합작(合作) 1. 어떠한 것을 만들기 위하여 힘을 합함. 2. 일정한 목표를 달성하기 위하여 함께 협력함. 예 한국과 중국 합작으로 영화를 만들다.

항거, 항의, 항일

'막다', '저지하다' 항(抗)

항거(抗拒) 순종하지 아니하고 맞서서 반항함. 예 민중의 항거.

항의(抗議) 못마땅한 생각이나 반대의 뜻을 주장함. 예 항의를 받다.

항일(抗日) 일본 제국주의에 맞서 싸움. 예 항일 의식.

해몽, 해부, 해소, 해제

'풀다', '가르다' 해(解)

해몽(解夢) 꿈에 나타난 일을 풀어서 좋고 나쁨을 판단함. 예 해몽을 하다.

해부(解剖) 1. 생물체의 일부나 전부를 갈라 헤쳐 그 내부 구조와 각 부분 사이의 관련 및 병인(病因), 사인(死因) 따위를 조사하는 일. 2. 사물의 조리를 자세히 분석하여 연구함. 예 시신을 해부하다.

해소(解消) 1. 어려운 일이나 문제가 되는 상태를 해결하여 없애 버림. 2. 어떤 관계를 풀어서 없애 버림. 예 교통난 해소.

해제(解除) 1. 설치하였거나 장비한 것 따위를 풀어 없앰. 2. 묶인 것이나 행동에 제약을 가하는 법령 따위를 풀어 자유롭게 함. 예 공습 경보 해제.

132 | 행, 향

행간, 행로, 행선지, 행실	'가다', '걷다' 행(行)

행간(行間) 1. 쓰거나 인쇄한 글의 줄과 줄 사이. 또는 행과 행 사이. 2. 글에 직접적으로 나타나 있지 아니하나 그 글을 통하여 나타내려고 하는 숨은 뜻을 비유해서 이르는 말. 예 행간의 뜻을 파악하다.
행로(行路) 길을 감. 또는 그 길. 예 인생 행로.
행선지(行先地) 떠나가는 목적지. 예 행선지를 알리다.
행실(行實) 실지로 드러나는 행동. 예 행실이 바르다.

향상, 향학열	'향하다' 향(向)

향상(向上) 실력, 수준, 기술 따위가 나아짐. 또는 나아지게 함. 예 성적 향상.
향학열(向學熱) 배움에 뜻을 두어 그 길로 나아가려는 열의. 예 향학열에 불타다.

향수, 향토적	'시골' 향(鄕)

향수(鄕愁) 고향을 그리워하는 마음이나 시름. 예 향수에 젖다.
향토적(鄕土的) 고향이나 시골의 정취가 담긴. 또는 그런 것. 예 향토적 서정

향기, 향료, 향연	'향기' 향(香)

향기(香氣) 꽃, 향, 향수 따위에서 나는 좋은 냄새. 예 향기를 맡다.
향료(香料) 향기를 내는 데 쓰는 물질. 예 화장품에 사용되는 향료.
향연(香煙) 향이 타며 나는 연기. 예 불당에 향연이 서리어 있다.

133 | 허, 헌, 혁

허구, 허무, 허세, 허위	'비다', '없다' 허(虛)

허구(虛構) 1. 사실에 없는 일을 사실처럼 꾸며 만듦. 2. 소설이나 희곡 따위에서, 실제로는 없는 사건을 작가의 상상력으로 재창조해 냄. 또는 그런 이야기. 예 그의 증언은 허구로 밝혀졌다.
허무(虛無) 1. 아무것도 없이 텅 빔. 2. 무가치하고 무의미하게 느껴져 매우 허전하고 쓸쓸함. 예 인생의 허무.
허세(虛勢) 실속이 없이 겉으로만 드러나 보이는 기세. 예 허세를 부리다.
허위(虛僞) 진실이 아닌 것을 진실인 것처럼 꾸민 것. 예 허위 보도.

헌납, 헌신, 헌화	'바치다' 헌(獻)

헌납(獻納) 돈이나 물건을 바침. 예 재산을 국가에 헌납하다.
헌신(獻身) 몸과 마음을 바쳐 있는 힘을 다함. 예 헌신의 노력.
헌화(獻花) 주로 신전이나 영전에 꽃을 바침. 또는 그 꽃. 예 헌화와 분향.

혁명, 혁신, 혁파	'가죽', '피부' 혁(革)

혁명(革命) 1. 헌법의 범위를 벗어나 국가 기초, 사회 제도, 경제 제도, 조직 따위를 근본적으로 고치는 일. 2. 이전의 왕통을 뒤집고 다른 왕통이 대신하여 통치하는 일. 3. 이전의 관습이나 제도, 방식 따위를 단번에 깨뜨리고 질적으로 새로운 것을 급격하게 세우는 일. 예 혁명 세력.
혁신(革新) 묵은 풍속, 관습, 조직, 방법 따위를 완전히 바꾸어서 새롭게 함. 예 낡은 제도를 혁신하다.
혁파(革罷) 묵은 기구, 제도, 법령 따위를 없앰. 예 조직 내부의 사조직 혁파.

134 | 현, 협, 형

현세, 현존, 현행, 현황	'나타나다' 현(現)

현세(現世) 지금 이 세상. 예 현세의 당면 과제.
현존(現存) 1. 현재 살아 있음. 2. 현재에 있음. 예 현존 인물.
현행(現行) 현재 행하여지고 있음. 또는 행하고 있음. 예 현행 법률.
현황(現況) 현재의 상황. 예 수해 복구 현황을 파악하다.

현명, 현인	'어질다', '어진 사람' 현(賢)

현명(賢明) 어질고 슬기로워 사리에 밝음. 예 현명한 선택.
현인(賢人) 어질고 총명하여 성인에 다음가는 사람. 비슷한말 현자(賢者).

협동, 협상, 협의	'맞다', '화합하다' 협(協)

협동(協同) 서로 마음과 힘을 하나로 합함. 예 협동 작업.
협상(協商) 어떤 목적에 부합되는 결정을 하기 위하여 여럿이 서로 의논함.
협의(協議) 여러 사람이 모여 서로 의논함. 예 협의를 거쳐서 결정하다.

형국, 형상, 형식	'모양', '몸' 형(形)

형국(形局) 어떤 일이 벌어진 형편이나 국면. 예 불리한 형국.
형상(形象) 1. 사물의 생긴 모양이나 상태. 2. 마음과 감각에 의하여 떠오르는 대상의 모습을 떠올리거나 표현함. 또는 그런 형태. 예 인간의 형상.
형식(形式) 1. 사물이 외부로 나타나 보이는 모양. 2. 일을 할 때의 일정한 절차나 양식 또는 한 무리의 사물을 특징짓는 데에 공통적으로 갖춘 모양. 예 형식을 갖추다.

135 | 호

호감, 호의, 호전적, 호황

'좋다', '옳다' 호(好)

호감(好感) 좋게 여기는 감정. 예 호감을 갖다.
호의(好意) 친절한 마음씨. 또는 좋게 생각하여 주는 마음. 예 호의를 베풀다.
호전적(好戰的) 싸우기를 좋아하는. 또는 그런 것. 예 호전적 태도.
호황(好況) 경기(景氣)가 좋음. 또는 그런 상황. 반대말 불황(不況).

호국, 호송, 호신술

'보호하다', '감싸다' 호(護)

호국(護國) 나라를 보호하고 지킴. 예 호국 정신.
호송(護送) 목적지까지 보호하여 운반함. 예 호송 차량.
호신술(護身術) 몸을 보호하기 위한 무술. 예 호신술을 배우다.

호응, 호출, 호칭

'부르다' 호(呼)

호응(呼應) 부름에 응답한다는 뜻으로, 부름이나 호소 따위에 대답하거나 응함. 예 국민의 호응과 격려.
호출(呼出) 전화나 전신 따위의 신호로 상대편을 부르는 일. 예 호출이 오다.
호칭(呼稱) 이름 지어 부름. 또는 그 이름. 예 호칭을 쓰다.

호기, 호걸, 호우

'호걸', '귀인' 호(豪)

호기(豪氣) 1. 씩씩하고 호방한 기상. 2. 꺼드럭거리는 기운. 예 호기를 부리다.
호걸(豪傑) 지혜와 용기가 뛰어나고 기개와 풍모가 있는 사람. 예 천하의 호걸.
호우(豪雨) 줄기차게 내리는 크고 많은 비. 예 호우가 쏟아지다.

136 | 혹, 혼, 홍

혹독, 혹사, 혹서, 혹평	‘독하다’, ‘심하다’ 혹(酷)

혹독(酷毒) 1. 몹시 심함. 2. 성질이나 하는 짓이 몹시 모질고 악함. 예 혹독한 추위.
혹사(酷使) 혹독하게 일을 시킴. 예 혹사를 당하다.
혹서(酷暑) 몹시 심한 더위. 반대말 혹한(酷寒).
혹평(酷評) 가혹하게 비평함. 예 혹평을 당하다.

혼담, 혼인	‘혼인하다’ 혼(婚)

혼담(婚談) 혼인에 대하여 오가는 말. 예 혼담이 들어오다.
혼인(婚姻) 남자와 여자가 부부가 되는 일. 예 혼인 서약.

혼돈, 혼동, 혼용, 혼합	‘섞다’, ‘섞이다’ 혼(混)

혼돈(混沌) 1. 마구 뒤섞여 있어 갈피를 잡을 수 없음. 또는 그런 상태. 2. 하늘과 땅이 아직 나누어지기 전의 상태. 예 혼돈에 빠지다.
혼동(混同) 1. 구별하지 못하고 뒤섞어서 생각함. 2. 서로 뒤섞이어 하나가 됨.
혼용(混用) 1. 한데 섞어 쓰거나 어울러 씀. 2. 잘못 혼동하여 씀. 예 국한문 혼용.
혼합(混合) 뒤섞어서 한데 합함. 예 불교와 전통 사상의 혼합.

홍일점, 홍조	‘붉다’ 홍(紅)

홍일점(紅一點) 1. 여럿 속에서 오직 하나 이채(異彩)를 띠는 것을 비유적으로 이르는 말. 2. 많은 남자 사이에 있는 한 사람의 여자를 비유해서 이르는 말. 반대말 청일점(靑一點).
홍조(紅潮) 1. 아침 해가 바다에 비치어 붉게 물든 경치. 2. 부끄럽거나 취하여 붉어짐. 또는 그런 빛. 예 얼굴에 홍조를 띠다.

137 | 화

화석, 화신	'되다', '따르다' 화(化)

화석(化石) 지질 시대에 생존한 동식물의 유해와 활동 흔적 따위가 퇴적물 중에 매몰된 채로 또는 지상에 그대로 보존되어 남아 있는 것을 통틀어 이르는 말. 예 공룡 화석.
화신(化身) 1. 어떤 추상적인 특질이 구체화 또는 유형화된 것. 2. 부처가 중생을 교화하기 위하여 여러 모습으로 변화하는 일. 또는 그 불신(佛身). 예 분노의 화신.

화력, 화상, 화염	'불' 화(火)

화력(火力) 1. 불이 탈 때에 내는 열의 힘. 2. 총포 따위의 무기의 위력. 예 화력이 세다.
화상(火傷) 높은 온도의 기체, 액체, 고체, 화염 따위에 데었을 때에 일어나는 피부의 손상. 예 화상을 입다.
화염(火焰) 타는 불에서 일어나는 붉은빛의 기운. 예 화염에 휩싸이다.

화술, 화제	'말하다', '이야기하다' 화(話)

화술(話術) 말을 잘하는 슬기와 능력. 예 화술이 능란하다.
화제(話題) 1. 이야기의 제목. 2. 이야깃거리. 예 화제의 인물.

화음, 화친, 화해	'화하다', '서로 응하다' 화(和)

화음(和音) 높이가 다른 둘 이상의 음이 함께 울릴 때 어울리는 소리. 예 화음을 맞추다.
화친(和親) 1. 서로 의좋게 지내는 정분. 2. 나라와 나라 사이에 다툼 없이 가까이 지냄. 예 화친을 맺다.
화해(和解) 싸움하던 것을 멈추고 서로 가지고 있던 안 좋은 감정을 풀어 없앰. 예 화해를 청하다.

138 | 환, 활, 황

환각, 환상, 환영	'변하다', '허깨비' 환(幻)

환각(幻覺) 감각 기관을 자극하는 외부 자극이 없는데도 마치 어떤 사물이 있는 것처럼 지각함. 또는 그런 지각. 예 환각에 빠지다.
환상(幻想) 현실적인 기초나 가능성이 없는 헛된 생각이나 공상. 예 환상이 깨지다.
환영(幻影) 눈앞에 없는 것이 있는 것처럼 보이는 것. 예 죽은 이의 환영에 시달리다.

환부, 환자	'근심', '고통', '병들다' 환(患)

환부(患部) 병이나 상처가 난 자리. 예 환부를 도려내다.
환자(患者) 병들거나 다쳐서 치료를 받아야 할 사람. 예 환자를 돌보다.

환불, 환수, 환원	'돌아오다' 환(還)

환불(還拂) 이미 지불한 돈을 되돌려 줌. 예 요금 환불.
환수(還收) 도로 거두어들임. 예 대출금 환수.
환원(還元) 본디의 상태로 다시 돌아감. 또는 그렇게 되게 함. 예 원시의 상태로 환원하다.

환기, 환산, 환절기	'바꾸다' 환(換)

환기(換氣) 탁한 공기를 맑은 공기로 바꿈. 예 실내 환기.
환산(換算) 어떤 단위나 척도로 된 것을 다른 단위나 척도로 고쳐서 헤아림. 예 요즈음은 모든 것이 돈으로 환산된다.
환절기(換節期) 철이 바뀌는 시기. 예 환절기에는 감기에 걸리기 쉽다.

환대, 환영, 환희	'기뻐하다' 환(歡)

환대(歡待) 반갑게 맞아 정성껏 후하게 대접함. 예 환대를 받다.
환영(歡迎) 오는 사람을 기쁜 마음으로 반갑게 맞음. 예 환영 군중.
환희(歡喜) 매우 기뻐함. 또는 큰 기쁨. 예 환희의 함성.

활력, 활약, 활용	'살다', '태어나다' 활(活)

활력(活力) 살아 움직이는 힘. 예 활력이 넘치다.
활약(活躍) 1. 기운차게 뛰어다님. 2. 활발히 활동함. 예 눈부신 활약.
활용(活用) 충분히 잘 이용함. 예 컴퓨터 활용 능력.

황량, 황무지	'거칠다' 황(荒)

황량(荒凉) 황폐하여 거칠고 쓸쓸함. 예 황량한 풍경.
황무지(荒蕪地) 손을 대어 거두지 않고 내버려 두어 거친 땅. 예 황무지를 개간하다.

황사, 황혼	'누르다' 황(黃)

황사(黃砂) 누런 모래. 예 중국에서 황사가 밀려오다.
황혼(黃昏) 1. 해가 지고 어스름해질 때. 또는 그때의 어스름한 빛. 2. 사람의 생애나 나라의 운명 따위가 한창인 고비를 지나 쇠퇴하여 종말에 이른 상태를 비유해서 이르는 말.

139 | 회

회담, 회심, 회화	'모이다', '모으다' 회(會)

회담(會談) 어떤 문제를 가지고 거기에 관련된 사람들이 한자리에 모여서 토의함. 또는 그 토의. 예 회담 장소.
회심(會心) 마음에 흐뭇하게 들어맞음. 또는 그런 상태의 마음. 예 회심의 미소를 짓다.
회화(會話) 1. 서로 만나서 이야기를 나눔. 또는 만나서 하는 이야기. 2. 외국어로 이야기를 나눔. 또는 그런 이야기. 예 영어 회화.

회고, 회상, 회신, 회전	'돌다', '돌아오다' 회(回)

회고(回顧) 1. 뒤를 돌아다봄. 2. 지나간 일을 돌이켜 생각함. 예 유년을 회고하다.
회상(回想) 지난 일을 돌이켜 생각함. 또는 그런 생각. 예 회상에 잠기다.
회신(回信) 편지, 전신, 전화 따위로 회답을 함. 예 회신을 바라다.
회전(回轉) 1. 어떤 것을 축으로 물체 자체가 빙빙 돎. 2. 한 점이나 축 또는 어떤 물체를 중심으로 하여 그 둘레를 빙빙 돎. 3. 방향을 바꾸어 움직임.

회유, 회의, 회포	'품다' 회(懷)

회유(懷柔) 어루만지고 잘 달래어 시키는 말을 듣도록 함. 예 설득과 회유를 병행하다.
회의(懷疑) 의심을 품음. 또는 마음속에 품고 있는 의심. 예 회의가 생기다.
회포(懷抱) 마음속에 품은 생각이나 정(情). 예 회포를 풀다.

회개, 회한	'뉘우치다' 회(悔)

회개(悔改) 잘못을 뉘우치고 고침. 예 회개의 눈물.
회한(悔恨) 뉘우치고 한탄함. 예 회한이 서린 목소리.

140 | 횡, 효

횡단, 횡령, 횡재, 횡포	'가로', '가로놓다' 횡(橫)

횡단(橫斷) 1. 도로나 강 따위를 가로지름. 2. 대륙이나 대양 따위를 동서의 방향으로 가로 건넘. 3. 가로 끊거나 자름. 예 무단 횡단.
횡령(橫領) 공금이나 남의 재물을 불법으로 차지하여 가짐. 예 공금을 횡령하다.
횡재(橫財) 뜻밖에 재물을 얻음. 또는 그 재물. 예 횡재를 만나다.
횡포(橫暴) 제멋대로 굴며 몹시 난폭함. 예 횡포를 부리다.

효도, 효성, 효행	'효도' 효(孝)

효도(孝道) 1. 부모를 잘 섬기는 도리. 2. 부모를 정성껏 잘 섬기는 일.
효성(孝誠) 마음을 다하여 부모를 섬기는 정성. 예 효성을 다하다.
효행(孝行) 부모를 잘 섬기는 행실. 예 효행이 지극하다.

효과, 효력, 효율	'본받다', '주다' 효(效)

효과(效果) 1. 어떤 목적을 지닌 행위에 의하여 드러나는 보람이나 좋은 결과. 2. 소리나 영상 따위로 그 장면에 알맞은 분위기를 인위적으로 만들어 실감을 자아내는 일.
효력(效力) 약 따위를 사용한 후에 얻는 보람. 예 효력이 있다.
효율(效率) 들인 노력과 얻은 결과의 비율. 예 효율이 높다.

141 | 후, 훈, 휴

후계, 후광, 후세, 후원	'뒤', '늦다' 후(後)

후계(後繼) 어떤 일이나 사람의 뒤를 이음. 예 후계 체제.
후광(後光) 어떤 사물을 더욱 빛나게 하거나 두드러지게 하는 배경을 비유해서 이르는 말. 예 아버지의 후광을 입다.
후세(後世) 다음에 오는 세상. 또는 다음 세대의 사람들. 예 이름을 후세에 남기다.
후원(後援) 뒤에서 도와줌. 예 경제적 후원.

훈계, 훈수, 훈화	'가르치다' 훈(訓)

훈계(訓戒) 타일러서 잘못이 없도록 주의를 줌. 또는 그런 말. 예 훈계를 듣다.
훈수(訓手) 1. 바둑이나 장기 따위를 둘 때에 구경하던 사람이 끼어들어 수를 가르쳐 줌. 2. 남의 일에 끼어들어 이래라저래라 하는 말. 예 훈수를 두다.
훈화(訓話) 교훈이나 훈시를 함. 또는 그런 말. 예 교장 선생님의 훈화.

휴가, 휴양, 휴식, 휴업	'쉬다', '그치다' 휴(休)

휴가(休暇) 직장 · 학교 · 군대 따위의 단체에서, 일정한 기간 동안 쉬는 일. 또는 그런 겨를. 예 휴가를 얻다.
휴양(休養) 편안히 쉬면서 몸과 마음을 보양함. 예 휴양 시설.
휴식(休息) 하던 일을 멈추고 잠깐 쉼. 예 휴식을 취하다.
휴업(休業) 사업이나 영업, 작업 따위를 일시적으로 중단하고 하루 또는 한동안 쉼. 예 금일 휴업.

142 | 흉, 흑, 흡

흉기, 흉년, 흉몽	'흉하다', '재앙' 흉(凶)

흉기(凶器) 사람을 죽이거나 해치는 데 쓰는 도구. 예 흉기를 휘두르다.
흉년(凶年) 농작물이 예년에 비하여 잘되지 아니하여 굶주리게 된 해.
흉몽(凶夢) 불길한 꿈. 반대말 길몽(吉夢).

흑막, 흑심	'검다' 흑(黑)

흑막(黑幕) 1. 검은 장막(帳幕). 2. 겉으로 드러나지 아니한 음흉한 내막을 비유해서 이르는 말. 예 흑막을 밝히다.
흑심(黑心) 음흉하고 부정한 욕심이 많은 마음. 예 흑심을 품다.

흡수, 흡연, 흡입	'숨을 들이쉬다', '마시다' 흡(吸)

흡수(吸收) 1. 빨아서 거두어들임. 2. 외부에 있는 사람이나 사물 따위를 내부로 모아들임. 예 영양분을 흡수하다.
흡연(吸煙) 담배를 피움. 예 흡연 구역.
흡입(吸入) 기체나 액체 따위를 빨아들임. 예 맑은 공기를 흡입하다.

143 | 흥, 희

흥망, 흥미, 흥행	‘일다’, ‘일어나다’ 흥(興)

흥망(興亡) 잘되어 일어남과 못되어 없어짐. 예 흥망의 기로에 서다.
흥미(興味) 흥을 느끼는 재미. 예 흥미 위주의 오락물.
흥행(興行) 영리를 목적으로 연극, 영화, 서커스 따위를 요금을 받고 대중에게 보여 줌. 예 흥행에 성공하다.

희망, 희구	‘바라다’ 희(希)

희망(希望) 1. 앞일에 대하여 어떤 기대를 가지고 바람. 2. 앞으로 잘될 수 있는 가능성. 예 희망에 부풀다.
희구(希求) 바라고 구함. 예 생명 희구의 철학.

희비, 희사, 희열	‘기쁘다’, ‘즐겁다’ 희(喜)

희비(喜悲) 기쁨과 슬픔을 아울러 이르는 말. 예 희비가 엇갈리다.
희사(喜捨) 어떤 목적을 위하여 기꺼이 돈이나 물건을 내놓음. 예 장학금으로 거액을 희사하다.
희열(喜悅) 기쁨과 즐거움. 또는 기뻐하고 즐거워함. 예 희열을 느끼다.

2

한자성어

눈을 비비고 상대편을 본다는 뜻으로,
남의 학식이나 재주가 놀랄 만큼
부쩍 늚을 이르는 말.

1 | 거짓과 속임수

감언이설(甘言利說)	달콤한甘 말言과 이로운利 이야기說

뜻 귀가 솔깃하도록 남의 비위를 맞추거나 이로운 조건을 내세워 꾀는 말.
예시 그는 떼돈을 벌어 주겠다는 감언이설에 속아 장사 밑천을 떼이고 말았다.
유사 감언미어(甘言美語).

곡학아세(曲學阿世)	학문學을 굽혀曲 세상世에 아첨함阿

뜻 바른 길에서 벗어난 학문으로 세상 사람에게 아첨함.
유래 중국 한나라 황제인 경제(景帝)가 원고생이라는 90세의 노인을 등용했다. 그와 함께 등용된 젊은 학자 공손홍은 원고생을 깔보고 무시했다. 원고생은 공손홍에게 "자네는 학문을 좋아하고 젊으니 선비로써 올바른 학문을 세상에 널리 펼쳐주기 바라네. 자신이 배운 걸 굽혀 세상 사람들에게 아첨하는 일이 있어서는 아니 되네."라고 말했다. 이 말을 들은 공손홍은 원고생에게 지난 잘못을 사죄하고 제자가 되었다.
예시 정부의 높은 자리를 차지하기 위해 곡학아세 하는 학자들이 많다.

교언영색(巧言令色)	기교巧를 부리는 말言과 좋은令 얼굴빛色

뜻 아첨하는 말과 알랑거리는 태도.
유래 공자는 논어에서 "발라 맞추는 말과 아첨하는 얼굴빛에는 인(仁)이 적다."고 했다. 말재수가 교묘하고 표정을 보기 좋게 꾸미는 사람 중에 어진 사람은 거의 없다는 뜻이다.
예시 이 밖의 일은 아무리 교언영색으로 장식해도 전부가 거짓이고 사기다.
유사 미사여구(美辭麗句).

조삼모사(朝三暮四)

아침朝에는 세三 개를 주고
저녁暮에는 네四 개를 줌

뜻 간사한 꾀로 남을 속여 희롱함을 이르는 말.
유래 중국 송나라의 저공(狙公)이 원숭이를 여러 마리 길렀다. 원숭이에게 줄 먹이가 부족해진 저공은 꾀를 내어 원숭이들에게 말했다. 처음에는 먹이를 아침에 세 개, 저녁에 네 개씩 주겠다고 하자 원숭이들이 적다고 화를 내더니 아침에 네 개, 저녁에 세 개씩 주겠다고 하자, 그 말에 원숭이들이 기뻐하고 좋아했다.
예시 인간은 항상 조삼모사의 원숭이처럼 눈에 보이는 이익 앞에서는 맥을 추지 못한다.
유사 조삼(朝三).

조변석개(朝變夕改)

아침朝에 바꾸고變 저녁夕에 고침改

뜻 아침저녁으로 뜯어고친다는 뜻으로, 계획이나 결정 따위를 일관성이 없이 자주 고침을 이르는 말.
예시 국가의 정령은 조변석개하고 위령이 서지 못하니 백성이 어이 이것을 믿사오리까.
유사 조개모변(朝改暮變), 조변모개(朝變暮改), 조석변개(朝夕變改), 조령모개(朝令暮改).

2 | 고난과 시련

산전수전(山戰水戰)	산山에서도 싸우고戰 물水에서도 싸움戰

뜻 산에서도 싸우고 물에서도 싸웠다는 뜻으로, 세상의 온갖 고생과 어려움을 다 겪었음을 이르는 말.
예시 형사 생활 십오 년, 곽 형사는 이 방면에서 산전수전 다 겪은 몸이었다.

설상가상(雪上加霜)	눈雪 위上에 서리霜를 더함加

뜻 눈 위에 서리가 덮인다는 뜻으로, 난처한 일이나 불행한 일이 잇따라 일어남을 이르는 말.
예시 시간도 없는데 설상가상으로 길까지 막혔다.
유사 설상가설(雪上加雪).

와신상담(臥薪嘗膽)	섶薪에 몸을 눕히고臥 쓸개膽를 맛봄嘗

뜻 불편한 섶에 몸을 눕히고 쓸개를 맛본다는 뜻으로, 원수를 갚거나 마음먹은 일을 이루기 위하여 온갖 어려움과 괴로움을 참고 견딤을 비유해서 이르는 말.
유래 중국 춘추 시대 오나라의 왕 부차(夫差)가 아버지의 원수를 갚기 위하여 장작더미 위에서 잠을 자며 월나라의 왕 구천(句踐)에게 복수할 것을 맹세하였고, 그에게 패배한 월나라의 왕 구천은 쓸개를 핥으면서 복수를 다짐했다.
예시 절치부심에다 와신상담을 짬뽕해 가지고 언젠가는 내가 되로 받은 것을 상대방한테 말로 갚아 버릴 작정이지.

천신만고(千辛萬苦)	천千 가지 매운辛 것과 만萬 가지 쓴苦 것

뜻 온갖 어려운 고비를 다 겪으며 심하게 고생함을 이르는 말.
예시 천신만고 끝에 살아서 돌아오다.

3 | 나쁜 정치

가렴주구(苛斂誅求)	가혹하게苛 세금을 거두고斂 목을 베어서라도誅 차지함求

뜻 세금을 가혹하게 거두어들이고, 무리하게 재물을 빼앗음.

유래 어느 날 공자가 제자들을 데리고 태산 기슭을 지날 때, 한 여인이 세 개의 무덤 앞에서 목 놓아 울고 있었다. 공자가 제자 자로(子路)에게 그 까닭을 물어 보라고 했다. 여인은, "옛적에 시아버지가 호랑이한테 잡아 먹혔고 나의 남편도 또 호랑이에게 당했는데, 이제 나의 아들이 또 호랑이에게 죽었습니다."라고 말했다. 그런데도 어찌하여 이곳을 떠나지 않으냐고 묻자, "이곳은 세금을 혹독하게 징수하거나 부역을 강요하는 일이 없습니다."라고 대답했다. 이 말을 전해들은 공자는 제자들에게, "가혹한 정치는 호랑이보다 더 무서운 것이니라."라고 말했다.

예시 곡식 한 톨이라도 더 우려내려고 소작인에 대한 가렴주구가 어느 마름보다 혹독하다.

유사 가정맹어호(苛政猛於虎).

혹세무민(惑世誣民)	세상世을 어지럽히고惑 백성民을 속임誣

뜻 세상을 어지럽히고 백성을 미혹하게 하여 속임.

예시 절의 형편도 딱하게 되어 다소의 보시를 바라고 왔더니만, 상투 자르고 유학하시는 양반께서 혹세무민의 원흉인 양 몰아세우는 바람에 수모만 당하였소이다.

4 | 남편과 아내

거안제미(擧案齊眉)	밥상案을 들어擧 눈썹眉에 가지런히齊 맞춤

뜻 밥상을 눈썹과 가지런하도록 공손히 들어 남편 앞에 가지고 간다는 뜻으로, 남편을 깍듯이 공경함을 이르는 말.

유래 집은 가난하지만 절개가 곧은 양홍(梁鴻)이란 학자가 몸이 뚱뚱하고 얼굴이 못생긴 맹광(孟光)이라는 처녀와 결혼을 했다. 산 속으로 들어가 살던 양홍은 농사짓는 틈틈이 시를 지어 친구들에게 보냈는데, 왕실을 비방하는 시가 발각되어 오나라로 쫓겨나 남의 집 방앗간지기 노릇을 했다. 그런 처지에 놓였음에도 양홍이 일을 마치고 돌아오면 아내는 밥상을 눈썹 위까지 들어 올려 남편에게 공손하게 바쳤다.

예시 요즘 시대에 거안제미 하라는 말이 통하나요? 아침이나 안 굶으면 다행이지.

유사 제미(齊眉).

금슬(琴瑟)	거문고琴와 비파瑟

뜻 1. 거문고와 비파를 아울러 이르는 말. 2. 부부간의 사랑('금실'의 원말임).

예시 금슬도 괜찮아 첫아들까지 낳았으니 더 바랄 게 없었다.

해로동혈(偕老同穴)	함께偕 늙고老 같은同 무덤穴에 들어감

뜻 살아서는 같이 늙고 죽어서는 한 무덤에 묻힌다는 뜻으로, 생사를 같이하자는 부부의 굳은 맹세를 이르는 말.

유래 『시경(詩經)』에 실린, 하남성 황하 유역에 있던 나라들의 민요에서 유래했다. 싸움터에 나간 병사가 고향에 두고 온 아내를 생각하며 지은 노래 가사에 '여사해로(與子偕老)', 즉 '그대와 더불어 늙고 싶다'라고 하는 구절이 있다.

예시 두 부부는 해로동혈을 약속했다.

유사 해로(偕老), 백년해로(百年偕老).

부창부수(夫唱婦隨)	남편夫이 노래하고唱 아내婦가 따라 함隨

뜻 남편이 주장하고 아내가 이에 잘 따름. 또는 부부 사이의 그런 도리.
예시 부창부수라더니, 나한테 그리 대하자고 둘이서 약조했는가?
유사 남창여수(男唱女隨).

조강지처(糟糠之妻)	지게미糟와 쌀겨糠로 끼니를 이을 때의 아내妻

뜻 지게미와 쌀겨로 끼니를 이을 때의 아내라는 뜻으로, 몹시 가난하고 천할 때에 고생을 함께 겪어 온 아내를 이르는 말.
유래 후한의 광무제(光武帝)가 남편을 잃고 혼자 사는 누님 호양공주(湖陽公主)에게 신하 중 누가 마음에 드는지 물었더니 송홍이라고 대답했다. 그 후 광무제는 송홍을 불러다 "귀해지면 사귐을 바꾸고, 부자가 되면 아내를 바꾼다는 말이 있는데 자네는 어찌 생각하는가?" 하고 물었다. 그러자 송홍이 지체없이, "아닙니다. 신은 가난하고 비천한 때에 사귄 벗은 잊으면 안 되고 지게미와 쌀겨를 먹으며 고생한 아내는 집에서 쫓아내면 안 된다고 들었습니다."라고 했다. 이 말을 들은 광무제와 호양공주는 크게 실망했다.
예시 자고로 조강지처 내치고 잘된 집구석 하나도 없다는 건 누구보다 자네가 더 잘 알 거 아닌가.

파경(破鏡)	깨어진破 거울鏡

뜻 1. 깨어진 거울. 2. 이지러진 달을 비유해서 이르는 말. 3. 사이가 나빠서 부부가 헤어지는 것을 비유해서 이르는 말.
유래 옛날, 어떤 부부가 서로 떨어져 있게 되었는데, 애정의 증표로 거울을 쪼개어 한 조각씩 지녔다. 후에, 여자가 개가를 하게 되자 여자가 지녔던 거울 조각이 까치로 변하여 전 남편에게로 날아가 버렸다.
예시 아이를 빨리 낳았더라면 네 부부가 파경을 당하진 않았을 거야.
유사 이혼(離婚).

5 | 노력과 성취

각고면려(刻苦勉勵)	고통苦을 새기며刻 힘쓰고勉 힘씀勵

뜻 어떤 일에 고생을 무릅쓰고 몸과 마음을 다하여, 무척 애를 쓰면서 부지런히 노력함.
예시 오늘의 영광은 각고면려의 결과이다.
유사 각려(刻勵).

괄목상대(刮目相對)	눈目을 비비고刮 상대相對를 봄

뜻 눈을 비비고 상대편을 본다는 뜻으로, 남의 학식이나 재주가 놀랄 만큼 부쩍 늚을 이르는 말.
유래 오나라 손권의 부하 여몽은 졸병에서 전쟁에서 공을 세워 장군까지 올랐으나 무식했다. 손권이 그에게 학문을 깨우치도록 충고하자, 여몽은 전쟁터에서도 손에서 책을 놓지 않고 공부했다. 얼마 후 뛰어난 학식을 가진 노숙이 여몽과 이야기를 나누던 중 그의 박식함에 깜짝 놀랐다. 그러자 여몽이 "선비가 헤어진 지 사흘이 지나면 눈을 비비고 다시 대해야 할 정도로 달라져 있어야 하는 법이라네."라고 대답했다.
예시 그는 피나는 노력의 결과 기타 연주 실력이 괄목상대했다.

일취월장(日就月將)	날日마다 나아가고就 달月마다 발전함將

뜻 나날이 다달이 자라거나 발전함.
예시 지속적인 훈련으로 경기력이 일취월상하다.
유사 일장월취(日將月就), 일진월보(日進月步).

대기만성(大器晩成)	큰大 그릇器을 만드는成 데는 시간이 오래 걸림晩

뜻 큰 그릇을 만드는 데는 시간이 오래 걸린다는 뜻으로, 크게 될 사람은 늦게 이루어짐을 이르는 말.

유래 위(魏)나라 최염(崔琰) 장군의 사촌동생에 임(林)이라는 사람이 있었는데, 젊어서는 별로 뛰어나지 못해서 사람들에게 업신여김을 받았다. 그런데 최염은 그의 인물됨을 꿰뚫어 보고는, "큰 종이나 솥은 쉽게 만들지 못하며, 큰 인재도 이와 마찬가지이다. 임은 대기만성형의 사람이니 후일에는 반드시 큰 인물(人物)이 될 것이다."라고 말하며 그를 아끼고 도와주었다. 그의 말대로 임은 후에 큰 인물이 되어 황제를 모시는 자리까지 올랐다.

예시 데뷔 10년 만에 낸 이번 음반이 인기를 얻음으로써 대기만성의 꿈을 이룰 수 있었다.

우공이산(愚公移山)	우공愚公이 산山을 옮김移

뜻 우공이 산을 옮긴다는 뜻으로, 어떤 일이든 끊임없이 노력하면 반드시 이루어짐을 이르는 말.

유래 중국의 북산에 우공이라는 90세 된 노인이 태행산과 왕옥산 사이에 살고 있었는데, 이 산들이 길을 막아 불편했다. 이에 우공이 세 아들은 물론 손자들까지 데리고 산으로 가서 돌을 깨고 흙을 파서 삼태기와 광주리 등으로 나르기 시작했다. 다른 이들이 모두 비웃었지만 우공은 "내 비록 앞날이 얼마 남지 않았으나 내가 죽으면 아들과 그 손자가 이어가면 되네." 하고 태연히 말했다. 하느님이 우공의 우직함에 감동하여 두 산을 하나는 삭동에, 또 하나는 옹남에 옮겨 놓게 했다.

예시 나는 우공이산을 좌우명 삼아 묵묵히 일한다.

6 | 뛰어난 재주

군계일학(群鷄一鶴)	닭鷄의 무리群 가운데에서 한一 마리의 학鶴

뜻 많은 사람 가운데서 뛰어난 인물임.
예시 많은 사람 틈에 섞이면 군계일학 격으로 그의 품격은 더욱 두드러져 보인다.
유사 계군고학(鷄群孤鶴) · 계군일학(鷄群一鶴).

낭중지추(囊中之錐)	주머니囊 속中의 송곳錐

뜻 재능이 뛰어난 사람은 숨어 있어도 저절로 사람들에게 알려짐.
유래 진나라의 공격을 받은 조나라 혜문왕은 동생인 평원군을 초나라에 보내어 구원군을 요청하기로 했다. 평원군이 수행원을 뽑을 때 모수(毛遂)라는 사람이 자신을 데려가 달라고 했다. 평원군이 자신의 집에 온 지 얼마나 되었냐고 묻자 모수는 3년이 되었다고 대답했다. 평원군은 "재능이 뛰어난 사람은 마치 주머니 속의 송곳 끝이 밖으로 나오듯이 남의 눈에 드러나는 법인데, 자네는 3년 동안 한 번도 이름이 드러난 일이 없지 않은가?" 하고 말했다. 모수는 "나리께서 이제까지 저를 한 번도 주머니 속에 넣어 주시지 않았기 때문입니다. 하지만 이번에 넣어 주신다면 끝뿐이 아니라 자루까지 드러내 보이겠습니다." 하고 자신 있게 대답했다. 이 말을 들은 평원군은 모수를 수행원으로 뽑았고, 그 후 모수는 뛰어난 활약을 펼쳤다.
유사 출중(出衆), 발군(拔群).

신출귀몰(神出鬼沒)	귀신神같이 나타났다出 귀신鬼처럼 사라짐沒

뜻 그 움직임을 쉽게 알 수 없을 만큼 자유자재로 나타나고 사라짐.
예시 그는 신출귀몰의 행적으로 사람들을 놀라게 한다.

문일지십(聞一知十)	하나一를 듣고聞 열十 가지를 미루어 앎知

뜻 하나를 들으면 열 가지를 알 정도로 지극히 총명함.

유래 자공과 안회는 둘 다 공자가 아끼는 제자였다. 하루는 공자가 자공에게, "자네와 안회는 누가 더 낫다고 생각하는가?" 하고 물었다. 그러자 자공이 "제가 어찌 감히 안회와 비교할 수 있겠습니까? 안회는 하나를 듣고서 열을 알지만 저는 하나를 듣고서 겨우 둘을 아는 데 지나지 않습니다."라고 대답했다. 이 말을 들은 공자는 자신도 안회를 따르지 못하는 점이 있다며 고개를 끄덕였다.

예시 그는 어려서부터 총명하여 문일지십의 재능이 있었다.

천의무봉(天衣無縫)	천사天의 옷衣은 꿰맨縫 흔적이 없음無

뜻 일부러 꾸민 데 없이 자연스럽고 아름다우면서 완전함. 주로 시가(詩歌)나 문장에 대하여 이르는 말이다.

유래 하늘에 사는 직녀가 인간 세상에 사는 청년 곽한(郭翰)을 사랑하여 천제의 허락을 얻어 밤마다 지상으로 내려왔다. 직녀는 곽한을 위해 천상의 요리를 가져왔는데, 모두 이 세상에는 없는 것뿐이었다. 또한 직녀의 옷을 보니 어디에도 꿰맨 자국이 보이지 않았다. 이상히 여겨 물어 보니, "천상의 옷은 원래 바늘이나 실로 바느질하는 것이 아닙니다."라는 대답이 돌아왔다.

예시 아무리 뛰어난 작가의 시라 하여도 모두 천의무봉의 비단결만은 아니다.

유사 완벽(完璧).

7 | 못된 행동과 그런 사람

배은망덕(背恩忘德)	은혜恩를 배반하고背 덕德을 잊음忘

뜻 남에게 입은 은덕을 저버리고 배신하는 태도가 있음.
예시 배은망덕도 유분수지. 네가 어찌 나한테 그런 짓을 할 수 있단 말인가?

안하무인(眼下無人)	눈眼 아래下에 사람人이 없음無

뜻 눈 아래에 사람이 없다는 뜻으로, 방자하고 교만하여 다른 사람을 업신여김을 이르는 말.
예시 사람이 돈을 좀 벌더니 안하무인이 되었다.
유사 안중무인(眼中無人).

양상군자(梁上君子)	들보梁 위上의 군자君子

뜻 들보 위의 군자라는 뜻으로, 도둑을 완곡하게 이르는 말.
유래 후한(後漢) 말 사람 진식(陳寔)은 인정이 많아 남의 사정을 잘 알아주며 무슨 일이든 공정하게 잘 처리했다. 흉년이 들어 백성들의 살림이 무척 어려웠던 어느 해, 한 사나이가 몰래 안으로 들어오더니 대들보 위에 올라가서 숨었다. 진식은 못 본 체하고 아들 손자들을 불러들여, "사람은 스스로 부지런히 힘쓰지 않으면 안 된다. 그러나 나쁜 짓을 하는 사람이라도 그 본바탕이 나쁜 것은 아니다. 버릇이 어느새 습성이 되어 좋지 못한 일을 저지르게 되는 것이다. 이를테면 지금 대들보 위에 있는 저 군자도 마찬가지로 그런 사람이다."라고 했다. 도둑은 이 말을 듣고 몹시 놀라고 양심의 가책을 느껴 대들보 위에서 내려와 사죄했다.
예시 서울 마포경찰서가 관내에서 활동 중인 2명의 양상군자 때문에 골머리를 앓고 있다.
유사 녹림호걸(綠林豪傑).

적반하장(賊反荷杖)

도둑이賊 도리어反 몽둥이杖를 듦荷

뜻 도둑이 도리어 매를 든다는 뜻으로, 잘못한 사람이 아무 잘못도 없는 사람을 나무람을 이르는 말.

예시 당신네들 치안이 물샐틈없었다면 이런 일이 일어났겠소? 적반하장이라더니 피해자를 보고 뭐 어째요?

철면피(鐵面皮)

쇠鐵로 만든 낯面의 가죽皮

뜻 쇠로 만든 낯가죽이라는 뜻으로, 염치가 없고 뻔뻔스러운 사람을 낮잡아 이르는 말.

유래 학식이 풍부하고 재능도 많은 왕광원(王光遠)은 출세를 위해서는 수단과 방법을 가리지 않았다. 그는 세도가의 집에 수시로 출입하며 갖은 아첨을 했다. 한 번은 어떤 권세가가 술에 취해서 매를 들고 마구 때려도 저항하지 않았다. 이 모습을 본 사람들이 모두 비아냥거려도, 그런 사람에게 잘 보이면 나쁠 것이 없다고 말했다. 이로부터 광원의 얼굴은 두껍기가 열 겹의 철갑과 같다는 말이 생겼다.

예시 윤리를 모르는 그런 철면피를 누가 좋아하겠소?

유사 후안무치(厚顔無恥). 철면피한(鐵面皮漢).

표리부동(表裏不同)

겉表과 속裏이 같지同 않음不

뜻 마음이 음흉하고 불량하여 겉과 속이 다름.

예시 나는 왠지 나의 이런 표리부동을 오래 부지할 것 같지 않았다.

유사 사이비(似而非).

8 | 바뀌거나 변화함

개과천선(改過遷善)	잘못過을 고쳐서改 착하게善 변함遷

뜻 지난날의 잘못이나 허물을 고쳐 올바르고 착하게 됨.
예시 그 죄인은 사형을 면하고 개과천선의 기회를 얻었다.
유사 회과천선(悔過遷善).

격세지감(隔世之感)	세상世과 떨어져隔 있는 느낌感

뜻 오래지 않은 동안에 몰라보게 변하여 아주 다른 세상이 된 것 같은 느낌.
예시 과거 우리 조상들은 많은 자식을 낳으려고 했는데, 이제는 선진국보다 출산율이 낮아지고 있다니 격세지감이 든다.

귤화위지(橘化爲枳)	귤橘이 변해서化 탱자枳가 됨爲

뜻 회남의 귤을 회북에 옮겨 심으면 탱자가 된다는 뜻으로, 환경에 따라 사람이나 사물의 성질이 변함을 이르는 말.
유래 중국 제(齊)나라에 안영이란 유명한 재상이 있었다. 안영의 이름을 들은 초(楚)나라의 임금이 안영을 초청해서 놀려 주려고 했다. 초나라의 임금은 간단한 인사말을 나누기가 바쁘게 한 죄인을 불러 놓고 말했다. "제나라 사람은 원래 도둑질을 잘 하는 모양이군요." 그러자 안영은 태연하게 다음과 같이 대답했다. "강 남쪽의 귤을 강 북쪽으로 옮기면 탱자가 되고 마는 것은 토질 때문입니다. 저 사람이 제나라에 있을 때는 도둑질이 무엇인지 모르고 있었는데, 초나라로 와서 도둑질을 한 것을 보면 초나라의 풍토가 좋지 않은가 하옵니다."
예시 올바르지 못한 외래문화 수용은 귤화위지와 같은 상황을 초래할 수 있다.

상전벽해(桑田碧海)	뽕나무桑 밭田이 푸른碧 바다海가 되다

뜻 뽕나무밭이 변하여 푸른 바다가 된다는 뜻으로, 세상일의 변천이 심함을 비유해서 이르는 말.

유래 갈홍(葛洪)이 지은 『신선전(神仙傳)』에 나오는 이야기이다. 마고가 왕방평에게 일러 말하기를 "스스로 모신 이래로 동해가 세 번 뽕나무밭으로 변하는 것을 보았는데 이번에 봉래에 이르니 물이 곧 갈 때보다 얕아져 대략 반쯤이었습니다. 다시 언덕이 되려는 것입니까?" 왕방평이 말하기를 "동해가 다시 흙먼지를 일으킬 뿐이다."라고 했다.

예시 어린 시절 뛰놀던 고향은 상전벽해라는 비유가 어울릴 만큼 큰 변화가 있었다.

전화위복(轉禍爲福)	재앙禍이 바뀌어轉 복福이 됨爲

뜻 재앙과 화난이 바뀌어 오히려 복이 됨.

유래 전국시대(戰國時代) 합종책으로 6국, 곧 한, 위, 조, 연, 제, 초의 재상을 겸임했던 종횡가 소진은 이런 말을 한 적이 있다. "옛날에 일을 잘 처리했던 사람은 화를 바꾸어 복이 되게 했고, 실패한 것을 바꾸어 공이 되게 했다."

예시 현재의 어려움을 전화위복의 계기로 삼다

유사 화전위복(禍轉爲福), 반화위복(反禍爲福).

새옹지마(塞翁之馬)	새옹塞翁의 말馬

뜻 인생의 길흉화복은 변화가 많아서 예측하기가 어렵다는 말.

유래 옛날에 새옹이 기르던 말이 오랑캐 땅으로 달아나서 노인이 낙심하였는데, 그 후에 달아났던 말이 준마를 한 필 끌고 와서 그 덕분에 훌륭한 말을 얻게 되었다. 하지만 아들이 그 준마를 타다가 떨어져서 다리가 부러졌으므로 노인이 다시 낙심하였는데, 그로 인하여 아들이 전쟁에 끌려 나가지 아니하고 죽음을 면할 수 있었다.

예시 인간지사 새옹지마라고 언젠가 볕 들 날도 오겠지.

9 | 배우고 익힘

맹모삼천(孟母三遷)	맹자孟의 어머니母가 세三 번 이사遷를 함

뜻 맹자의 어머니가 아들을 가르치기 위하여 세 번이나 이사를 하였음을 이르는 말.
유래 맹자가 어렸을 때 묘지 가까이 살았더니 장사 지내는 흉내를 내기에, 맹자 어머니가 집을 시전 근처로 옮겼더니 이번에는 물건 파는 흉내를 내므로, 다시 글방이 있는 곳으로 옮겨 공부를 시켰다.
예시 학군이 좋은 데로 이사를 간다니 맹모삼천이 따로 없군.
유사 맹모삼천지교 (孟母三遷之教), 삼천지교(三遷之教).

온고지신(溫故知新)	옛것故을 익히고溫 새것新을 앎知

뜻 옛것을 익히고 그것을 미루어서 새것을 앎.
유래 『논어(論語)』에 나오는 말이다. "공자(孔子)께서 말씀하시기를, 옛 것을 복습하여 새 것을 아는 이라면 남의 스승이 될 만하다." = 子曰(자왈) 溫故而知新(온고이지신)이면 可以爲師矣(가이위사의)니라.
예시 고전의 생명은 온고지신에 있다. 나는 '논어'라는 위대한 고전을 현대적인 관심에서 이것저것 해석해 보려고 했다.

절차탁마(切磋琢磨)	자르고切 쓸고磋 다듬고琢 갊磨

뜻 옥이나 돌 따위를 갈고 닦아서 빛을 낸다는 뜻으로, 부지런히 학문과 덕행을 닦음을 이르는 말.
예시 절차탁마라는 말은 예술의 장조에 따르는 고심과 노력을 표현한 말이다.
유사 탁마(琢磨), 절마(切磨).

주경야독(晝耕夜讀)	낮晝에는 농사耕짓고, 밤夜에는 글을 읽음讀

뜻 낮에는 농사짓고, 밤에는 글을 읽는다는 뜻으로, 어려운 여건 속에서도 꿋꿋이 공부함을 이르는 말.
예시 주경야독으로 합격의 기쁨을 맛보다.
유사 청경우독(晴耕雨讀).

청출어람(靑出於藍)	쪽藍 에서於 뽑아낸出 푸른靑 물감

뜻 쪽에서 뽑아낸 푸른 물감이 쪽보다 더 푸르다는 뜻으로, 제자나 후배가 스승이나 선배보다 나음을 비유해서 이르는 말.
유래 북위(北魏)의 이밀(李謐)은 어려서 공번을 스승으로 삼아 학문을 했다. 그는 학문의 발전 속도가 매우 빨라 열심히 노력한 결과 몇 년이 지나자 스승의 학문을 능가하게 되었다. 공번은 이제 그에게 더 이상 가르칠 것이 없다고 생각하고 도리어 그를 스승으로 삼기를 청했다. 그러자, 친구들은 그의 용기를 높이 사고 또 훌륭한 제자를 두었다는 뜻에서 청출어람이라고 칭찬했다.
예시 그의 제자는 청출어람의 좋은 예이다.
유사 출람지재(出藍之才), 출람지예(出藍之譽).

형설지공(螢雪之功)	반딧불螢과 눈雪의 공功

뜻 반딧불 · 눈과 함께 하는 노력이라는 뜻으로, 고생을 하면서 부지런하고 꾸준하게 공부하는 자세를 이르는 말.
유래 진나라 차윤(車胤)이 반딧불을 모아 그 불빛으로 글을 읽고, 손강(孫康)이 가난하여 겨울밤에는 눈빛에 비추어 글을 읽었다.
예시 그는 형설지공으로 공부에 매진하였다.

10 | 배우지 못함

목불식정(目不識丁)	보고도目 고무래丁인 줄을 알지識 못함不

뜻 아주 간단한 글자인 '丁' 자를 보고도 그것이 '고무래'인 줄을 알지 못한다는 뜻으로, 아주 까막눈임을 이르는 말.

유래 당나라 때 장홍정(張弘靖)이란 사람은 못나고 무식했으나 그의 아버지가 조정에 끼친 공이 많아 그 덕분으로 벼슬길에 올랐다. 장홍정은 노룡(盧龍)이라는 지역의 절도사로 부임한 뒤 가마나 타고 놀러 다니며 군사들을 괴롭혔다. 부하들의 불만이 터져 나오자 오히려, "천하가 무사한데 무리들이 포와 활을 당기는 것은 '丁'자 하나를 아는 것만 같지 못하다."라고 꾸짖었다.

예시 자기 이름도 한자로 쓰지 못하다니, 목불식정이 따로 있는 게 아니구나.

무지몽매(無知蒙昧)	아는知 것이 없으며無 어리석고蒙 어두움昧

뜻 아는 것이 없고 사리에 어두움.

예시 아기 엄마가 너무 무지몽매해 아기가 제대로 자랄 것 같지가 않아 걱정스럽다.

불학무식(不學無識)	배우지學 못하여不 아는識 것이 없음無

뜻 배우지 못하여 아는 것이 없음.

예시 저는 불학무식이라 이치로는 설명을 못하겠습니다.

유사 일자무식(一字無識).

우이독경(牛耳讀經)	소牛 귀耳에 경經 읽기讀

뜻 쇠귀에 경 읽기라는 뜻으로, 아무리 가르치고 일러 주어도 알아듣지 못함을 이르는 말.

예시 그 친구 고집이 워낙 세서 자네가 그렇게 말해도 우이독경일걸세.

11 | 시초와 기원

남상(濫觴)	술잔觴에 넘침濫

뜻 양쯔 강(揚子江) 같은 큰 하천의 근원도 잔을 띄울 만큼 가늘게 흐르는 시냇물이라는 뜻으로, 사물의 처음이나 기원을 이르는 말.
유래 어느 날 화려한 옷을 입고 나타난 자로를 보고 공자가 말했다. "양쯔 강의 근원은 겨우 술잔에 넘칠 정도의 적은 양의 물이지만, 하류로 내려오면 그 수량이 엄청나고 흐름도 빨라서 배를 타지 않고는 강을 건널 수 없고, 바람 부는 날에는 배조차 띄울 수 없는데, 이는 다 물의 양이 많아졌기 때문이니라."
예시 소피스트는 이를테면 오늘날의 교수 · 교사 · 선생의 남상이라고 할 수 있다.
유사 근원(根源), 기원(起源).

비조(鼻祖)	맨 처음 코뚜레를 꿴鼻 조상祖

뜻 1. 한 겨레나 가계의 맨 처음이 되는 조상. 2. 어떤 학문이나 기술 따위를 처음으로 연 사람. 3. 나중 것의 바탕이 된 맨 처음의 것.
예시 어쨌든 바윗덩이 위를 주택지로 개척한 비조가 누구인지는 이 근방 사람도 모른다.
유사 시조(始祖). 원조(元祖).

효시(嚆矢)	우는嚆 화살矢

뜻 어떤 사물이나 현상이 시작되어 나온 맨 처음을 비유해서 이르는 말.
유래 전쟁터에서 우는 화살을 쏘면 그것이 전쟁의 개시를 알리는 신호로 삼은 데서 유래함.
예시 『홍길동전』은 국문 소설의 효시이다.
유사 시초(始初).

12 | 어리석은 행동

각주구검(刻舟求劍)

배舟에 새겨놓고刻 칼劍을 찾음求

뜻 융통성 없이 현실에 맞지 않는 낡은 생각을 고집하는 어리석음을 이르는 말.
유래 초나라의 한 젊은이가 강을 건너다가 실수로 매우 소중히 여기는 칼을 강물에 빠뜨리고 말았다. 젊은이는 얼른 주머니칼을 꺼내서 칼을 빠뜨린 부분의 뱃전에 자국을 내어 표시를 해 놓았다. 배가 언덕에 닿자 뱃전에서 표시를 해 놓은 물속으로 뛰어 들어가 칼을 찾았으나 칼은 없었다. 이것을 보고 사람들이 그의 어리석은 행동을 비웃었다.
예시 지금의 일부 언론이나 식자들은 시대가 변하고 조건이 달라진 것을 감안하지 못하고 100년 전이나 지금이나 변하지 않은 소리를 반복하는 각주구검의 어리석음을 행하고 있다.
유사 각선구검(刻船求劍).

견문발검(見蚊拔劍)

모기蚊를 보고見 칼劍을 빼듦拔

뜻 모기를 보고 칼을 뺀다는 뜻으로, 사소한 일에 크게 성내어 덤빔을 이르는 말.
예시 그 짧은 한순간만 지나고 나면 아무것도 아닌 일에도 견문발검 하듯이 벌컥 화를 내곤 한다. 그만큼 참을성이 없어졌다는 것이다.
유사 노승발검(怒蠅拔劍).

교각살우(矯角殺牛)

소의 뿔角을 바로잡으려다가矯 소牛를 죽임殺

뜻 소의 뿔을 바로잡으려다가 소를 죽인다는 뜻으로, 잘못된 점을 고치려다가 그 방법이나 정도가 지나쳐 오히려 일을 그르침을 이르는 말.
예시 아무리 마음에 들지 않더라도 교각살우의 우를 범해서는 안 된다.

과유불급(過猶不及)

지나치면過 미치지及 못함不과 같음猶

뜻 정도를 지나침은 미치지 못함과 같다는 뜻으로, 중용(中庸)이 중요함을 이르는 말.
유래 자공이 공자에게 자장과 자하 중 누가 현명한지를 물었다. 공자는 자장은 지나치고, 자하는 미치지 못한다고 말했다. 그러면 자장이 나은 것이냐고 묻자 이번에는 "지나침은 못 미침과 같으니라."라고 대답했다.
예시 성인도 과유불급이라 하셨잖소. 너무 깊숙이 파고들어 갈 건 없단 말이에요.

수주대토(守株待兎)

나무 그루터기株를 지키며守 토끼兎를 기다림待

뜻 한 가지 일에만 얽매여 발전을 모르는 어리석은 사람을 비유해서 이르는 말.
유래 중국 송나라의 한 농부가 우연히 나무 그루터기에 토끼가 부딪쳐 죽은 것을 잡은 후, 또 그와 같이 토끼를 잡을까 하여 일도 하지 않고 그루터기만 지키고 있었다. 그 사이 밭은 황폐해져서 쑥대밭이 되고 말았으며, 농부는 온 나라의 웃음거리가 되었다.
예시 길을 가다가 우연히 만 원짜리 돈을 주운 뒤부터 친구는 수주대토라도 하는 듯 늘 땅만 보고 다닌다.
유사 수주(守株), 소탐대실(小貪大失).

13 | 억지를 부림

견강부회(牽强附會)	억지强로 끌어牽 모임會에 붙임附

뜻 이치에 맞지 않는 말을 억지로 끌어 붙여 자기에게 유리하게 함.
예시 그의 논리는 언제나 견강부회의 주장으로 치우쳐서 많은 사람들이 점차 그를 외면하게 되었다.

모순(矛盾)	창矛과 방패盾

뜻 어떤 사실의 앞뒤, 또는 두 사실이 이치상 어긋나서 서로 맞지 않음을 이르는 말.
유래 중국 초나라의 상인이 시장으로 창과 방패를 팔러 나갔다. 상인은 창과 방패를 팔면서 창은 어떤 방패로도 막지 못하는 창이라 하고 방패는 어떤 창으로도 뚫지 못하는 방패라 하였다. 그러자 구경꾼 중에 어떤 사람이, "그 창으로 방패를 찌르면 도대체 어찌 되는 거요?"라고 했다. 그러자 상인은 말문이 막혀 서둘러 달아나고 말았다.
예시 체제의 모순을 극복하다.

지록위마(指鹿爲馬)	사슴鹿을 가리켜指 말馬이라고 함爲

뜻 1. 윗사람을 농락하여 권세를 마음대로 함을 이르는 말. 2. 모순된 것을 끝까지 우겨서 남을 속이려는 짓을 비유해서 이르는 말.
유래 중국 진나라의 조고(趙高)가 자신의 권세를 시험하여 보고자 황제 호해(胡亥)에게 사슴을 가리키며 말이라고 했다. 그 말에 대해 아니라고 한 신하들을 기억해 두었다가 나중에 죄를 씌워 죽여 버렸다. 그 후 궁중에는 조고의 말에 반대하는 사람이 하나도 없었다.
예시 독도를 자기네 땅이라고 지록위마 식으로 우긴다고 해도 대한민국의 영토라는 사실은 변하지 않는다.

아전인수(我田引水)

자기我 논田에 물水 대기引

뜻 자기 논에 물 대기라는 뜻으로, 자기에게만 이롭게 되도록 생각하거나 행동함을 이르는 말.
예시 그들은 서로들 아전인수 격으로 각기 딴 생각으로 일을 해석했다.

연목구어(緣木求魚)

나무木에 올라緣 물고기魚를 구함求

뜻 나무에 올라가서 물고기를 구한다는 뜻으로, 도저히 불가능한 일을 굳이 하려 함을 비유해서 이르는 말.
유래 맹자(孟子)가 제나라 선왕에게 말했다. "폐하께서 말씀하시는 큰 뜻이란 영토를 확장하여 진나라나 초나라 같은 나라로부터 문안을 받고 사방의 오랑캐를 어루만지고 싶은 것이겠죠. 하지만 그것은 나무에 올라가 고기를 구하는 것과 같습니다. 나무에서 물고기를 구하는 것은 실패해도 탈이 없지만 폐하처럼 무력으로 뜻을 이루려면 백성을 잃고 나라를 망치는 재난이 따라 올 것입니다."
예시 실업자가 늘고 있는 상황에서 소비 심리가 개선되기를 바라는 것은 연목구어나 마찬가지다.
유사 상산구어(上山求魚).

자가당착(自家撞着)

자기自 집家에서 치고撞 붙음着

뜻 같은 사람의 말이나 행동이 앞뒤가 서로 맞지 아니하고 모순됨.
예시 이 논문은 처음의 주장을 스스로 부인하는 자가당착에 빠졌다.
유사 자기모순(自己矛盾), 이율배반(二律背反).

14 | 여인의 아름다움

경국지색(傾國之色)	나라國를 기울게傾 할 만큼의 미인色

뜻 임금이 혹하여 나라가 기울어져도 모를 정도의 미인이라는 뜻으로, 뛰어나게 아름다운 미인을 이르는 말.
유래 한나라 때 음악에 재능이 있고 춤이 뛰어난 이연년이 어느 날 황제에게 "북방에 아름다운 사람이 있는데, 한 번 돌아보면 성이 기울고, 두 번 돌아보면 나라도 기울 정도입니다"라고 말했다. 황제는 이연년의 누이동생을 빗댄 노래임을 알고 그녀를 불렀다. 과연 뛰어난 미인인데다 춤도 잘 추어 그날부터 그녀에게 푹 빠졌다.
예시 선비들 입에서도 기생 매월이가 경국지색이라는 말이 자주 흘러나왔다.
유사 천하일색(天下一色).

단순호치(丹脣皓齒)	붉은丹 입술脣과 하얀皓 치아齒

뜻 붉은 입술과 하얀 치아라는 뜻으로, 아름다운 여자를 이르는 말.
예시 남성들도 화장을 하면서 단순호치가 미녀들만의 상징은 아니게 되었다.
유사 호치단순(皓齒丹脣), 주순호치(朱脣皓齒).

절세가인(絶世佳人)	세상世에 더 이상 없는絶 아름다운佳 사람人

뜻 세상에 견줄 만한 사람이 없을 정도로 뛰어나게 아름다운 여인.
예시 절세가인은 아니지만 어딘지 투박해 뵈는, 미보에 가까운 얼굴이다.
유사 절대가인(絶代佳人), 절세미인(絶世美人).

15 외톨이의 신세

고립무원(孤立無援)	고립孤立되어 구원援을 받을 데가 없음無

뜻 고립되어 구원을 받을 데가 없는 외로운 신세.
예시 타향에 내려와 고립무원의 생활을 하다.
유사 고립무의(孤立無依).

사고무친(四顧無親)	사방四을 둘러보아도顧 가까운親 사람이 없음無

뜻 의지할 만한 사람이 아무도 없음.
예시 고향이라곤 하지만 사고무친이긴 객지와 다를 바 없다.
유사 사고무인(四顧無人).

사면초가(四面楚歌)	사면四面에서 들리는 초나라楚의 노래歌

뜻 아무에게도 도움을 받지 못하는, 외롭고 곤란한 지경에 빠진 형편을 이르는 말.
유래 초나라 항우가 사면을 둘러싼 한나라 군사 쪽에서 들려오는 초나라의 노랫소리를 듣고 초나라 군사가 이미 항복한 줄 알고 놀랐다.
예시 성 밖에도 적, 성안에도 적, 그야말로 사면초가였다.

혈혈단신(孑孑單身)	외롭고孑 외로운孑 홀로單의 몸身

뜻 의지할 곳이 없는 외로운 홀몸.
예시 그는 처자식을 고국에 두고 혈혈단신으로 만주로 떠났다.
유사 혈혈무의(孑孑無依).

16 | 위태로운 상황

누란지세(累卵之勢)	쌓아놓은累 알卵의 형세勢

뜻 층층이 쌓아 놓은 알의 형세라는 뜻으로, 몹시 위태로운 형세를 비유해서 이르는 말.
유래 중국 위나라 범수(范睡)가 제나라에 갔다가 억울한 누명을 쓰고 죽을 처지에 있었다. 간신히 탈옥에 성공한 범수는 진나라 사신 왕계의 도움을 받아 장록이란 이름으로 진나라에 망명을 하게 되었다. 왕계는 진왕에게, "위나라 장록 선생이란 사람이 진나라의 정세는 지금 계란을 쌓아 놓은 것보다 위태롭다고 합니다. 그러나 진나라가 자기를 받아들인다면 진나라는 평안을 유지할 수 있다고 합니다. 불행히도 이런 내용을 알릴 길이 없다기에 제가 모시고 왔습니다."라고 말했다. 이렇게 하여 범수는 진왕에게 대외정책을 진언하는 등 크게 활약하고 공헌을 세우게 되었다.
예시 적국의 침입에 방비하지 않아 나라가 위란지세에 놓이게 되었다.
유사 누란지위(累卵之危).

백척간두(百尺竿頭)	백百 자尺나 되는 높은 장대竿의 꼭대기頭

뜻 백 자나 되는 높은 장대 위에 올라섰다는 뜻으로, 몹시 어렵고 위태로운 지경을 이르는 말.
예시 지금은 국가의 운명이 백척간두에 선 절박한 시기라는 것을 잊지 마라.
유사 간두(竿頭).

진퇴양난(進退兩難)	나아갈進 수도 물러날退 수도 없는 두兩 가지 어려움難

뜻 이러지도 저러지도 못하는 어려운 처지.
예시 이럴 수도 없고 저럴 수도 없는 진퇴양난의 길에 빠졌다.
유사 진퇴유곡(進退維谷).

17 | 자연의 아름다운 풍경

강호연파(江湖煙波)	강江과 호수湖에 연기煙가 물결波을 일으킴

뜻 강이나 호수 위에 안개처럼 보얗게 이는 기운. 또는 그 수면의 잔물결. 대자연의 풍경을 나타냄.
예시 강호연파를 즐기며 자연에 묻혀 살고 싶다.
유사 연하일휘(煙霞日輝).

산자수명(山紫水明)	산山은 자줏빛紫이고 물水은 맑음明

뜻 산은 자줏빛이고 물은 맑다는 뜻으로, 경치가 아름다움을 이름.
예시 조국은 나에게는 언제까지나 여전히 산자수명의 금수강산이었다.
유사 산자수려(山紫水麗), 산명수청(山明水淸)

청풍명월(淸風明月)	맑은淸 바람風과 밝은明 달月

뜻 맑은 바람과 밝은 달.
유래 이백(李白)의 시 「양양가(襄陽歌)」에 나오는 구절임.
예시 청풍명월을 벗 삼아 술을 마시다.
유사 강산풍월(江山風月).

18 | 전쟁과 전투

난공불락(難攻不落)	공격하기攻 어려워難 함락落되지 않음不

뜻 공격하기가 어려워 쉽사리 함락되지 아니함.
예시 난공불락의 요새라던 평양성은 왜군에게 함락되고 청군은 참패를 당했다.

배수진(背水陣)	물水을 등지고背 진陣을 침

뜻 1. 강이나 바다를 등지고 치는 진. 2. 어떤 일을 성취하기 위하여 더 이상 물러설 수 없음을 비유해서 이르는 말.
유래 중국 한(漢)나라의 한신이 강을 등지고 진을 쳐서 병사들이 물러서지 못하고 힘을 다하여 싸우도록 하여 조(趙)나라의 군사를 물리쳤다.
예시 이번 경기에서 지면 탈락이 확정되기 때문에 두 팀 모두 배수진을 치고 시종일관 공격적인 경기를 펼쳤다.
유사 배수지진(背水之陣).

파죽지세(破竹之勢)	대竹를 쪼개는破 기세勢

뜻 대를 쪼개는 기세라는 뜻으로, 적을 거침없이 물리치고 쳐들어가는 기세를 이르는 말.
유래 중국 진나라의 두예가 휘하 장수들과 오나라를 공격하기 위한 작전 회의를 열었다. 이 때 한 장수가 당장 오나라를 치기 어려우니 겨울에 다시 공격하자고 했다. 그러자 두예는, "지금 아군의 사기는 마치 대나무를 쪼개는 기세요. 대나무란 처음 두세 마디만 쪼개면 그 다음부터는 칼날이 닿기만 해도 저절로 쪼개지는 법인데, 어찌 이런 절호의 기회를 버린단 말이오." 하고는 바로 군사를 휘몰아 오나라로 진격하여 오나라의 항복을 받아냈다.
예시 아군은 파죽지세로 적군을 이 땅에서 몰아냈다.

## 백중지세(伯仲之勢)	맏이伯와 둘째仲가 다투는 형세勢

뜻 서로 우열을 가리기 힘든 형세.
예시 조용하의 초대를 받아 서희가 그 집에서 저녁을 함께했을 적에 두 여인의 아름다움은 실로 백중지세였었다.
유사 난형난제(難兄難弟), 난백난중(難伯難仲), 백중(伯仲), 백중세(伯仲勢), 백중지간(伯仲之間), 호각지세(互角之勢), 막상막하(莫上莫下).

## 오합지졸(烏合之卒)	까마귀烏가 모인合 것과 같은 병졸卒

뜻 까마귀가 모인 것처럼 질서가 없이 모인 병졸이라는 뜻으로, 임시로 모여들어서 규율이 없고 무질서한 병졸 또는 군중을 이르는 말.
예시 역시 짐작한 대로 적군은 수만 많았지 기율이 없는 오합지졸에 불과했다.
유사 오합지중(烏合之衆), 와합지졸(瓦合之卒).

## 용호상박(龍虎相搏)	용龍과 범虎이 서로相 치고받음搏

뜻 용과 범이 서로 싸운다는 뜻으로, 강자끼리 서로 싸움을 이르는 말.
예시 두 사람이 용호상박의 기세로 싸우다.
유사 양웅상쟁(兩雄相爭).

## 철옹성(鐵甕城)	쇠鐵로 독甕처럼 만든 성城

뜻 쇠로 만든 독처럼 튼튼하게 둘러쌓은 산성이라는 뜻으로, 방비나 단결 따위가 견고한 사물이나 상태를 이르는 말.
예시 이 팀의 수비는 가히 철옹성이다.

19 | 친구와 우정

관포지교(管鮑之交)	관중管과 포숙鮑의 사귐交

뜻 관중과 포숙의 사귐이란 뜻으로, 우정이 아주 돈독한 친구 관계를 이르는 말.
유래 관중과 포숙은 죽마고우로 둘도 없는 친구(親舊) 사이였다. 두 사람은 벼슬길에 올랐으나 왕위 계승을 둘러싸고 정치적으로 대립하게 되었다. 포숙이 모시던 사람이 왕이 된 후 관중을 죽이려 하자, 포숙이 관중의 재능을 칭찬하며 중용할 것을 요청했고, 결국 왕은 관중을 받아들였다. 이에 관중은 기대에 어긋나지 않게 많은 능력을 발휘하였으며, 후에 "나를 낳아준 이는 부모이지만 나를 진정으로 알아준 사람을 포숙이다."라고 하여 포숙에게 고마운 마음을 전했다.
예시 30년 동안 우정을 나눠온 두 친구는 관포지교의 모범을 보여 주고 있다.
유사 문경지우(刎頸之友).

금란지계(金蘭之契)	쇠金처럼 단단하고 난초蘭처럼 그윽한 사귐을 맺음契

뜻 친구 사이의 매우 두터운 정을 이르는 말.
예시 그 녀석들 사이의 우정은 금란지계라 할 수 있지.
유사 금란지교(金蘭之交), 금란지의(金蘭之誼), 담수지교(淡水之交), 지란지교(芝蘭之交).

수어지교(水魚之交)	물水과 물고기魚의 사귐交

뜻 물이 없으면 살 수 없는 물고기와 물의 관계라는 뜻으로, 아주 친밀하여 떨어질 수 없는 사이를 비유해서 이르는 말.
유래 삼국시대 때, 유비가 전략이 뛰어난 제갈공명을 신하로 맞이하자 관우와 장비는 이를 못마땅하게 여겼다. 나이가 젊은 제갈공명을 우대하고 자신들을 소홀히 한다고 생각했기 때문이다. 이를 알아챈 유비는 관우와 장비를 달래며, "나에게 공명은 물고기에게 물이 있는 것과 같으니, 다른 말을 하지 말기 바란다."라고 말했다.
예시 마오쩌둥과 저우언라이 두 사람은 중국 현대사에서 수어지교(水魚之交)의 사이로 일컬어져 오고 있다.

막역지우(莫逆之友)

거스름逆이 없는莫 벗友

뜻 서로 거스름이 없는 친구라는 뜻으로, 허물이 없이 아주 친한 친구를 이르는 말.
예시 그와는 어려서는 싸움도 많이 하였지만 뜻이 맞는 유일한 막역지우였다.
유사 지기지우(知己之友).

죽마고우(竹馬故友)

대竹로 만든 말馬을 타고 놀던
어릴 적故 친구友

뜻 대말을 타고 놀던 벗이라는 뜻으로, 어릴 때부터 같이 놀며 자란 벗.
유래 진나라 때, 환온과 은호는 어릴 적 친구였으나 벼슬길에 나아가서 서로 대립하는 사이가 되었다. 은호가 전쟁터에 나갔다가 말에서 떨어지는 바람에 제대로 싸우지도 못하고 대패한 채 돌아오자, 환온은 은호를 규탄하는 상소를 올려 멀리 귀양을 보내버렸다. 그러면서, "은호는 나와 어릴 때 같이 죽마를 타고 놀던 친구였지만 내가 죽마를 버리면 은호가 늘 가져가곤 했지. 그러니 그가 내 밑에서 머리를 숙여야 하는 것은 당연한 일이 아닌가."라고 말했다.
예시 그들은 한 잔 술을 사이에 두고 마치 죽마고우처럼 흉금을 터놓고 이야기하거나 자기 생애를 송두리째 고백하고 있는 것이다.
유사 죽마교우(竹馬交友), 죽마구우(竹馬舊友), 죽마지우(竹馬之友).

지음(知音)

소리音를 알아들음知

뜻 마음이 서로 통하는 친한 벗을 비유해서 이르는 말.
유래 거문고의 명인 백아가 자기의 소리를 잘 이해해 준 벗 종자기가 죽자 자신의 거문고 소리를 아는 자가 없다고 하여 거문고 줄을 끊었다는 데서 유래한다.
예시 평생 동안에 한 명의 지음이라도 만나기란 어려운 일이다.
유사 지음인(知音人).

20 | 헛된 꿈

남가일몽(南柯一夢)	남가南柯를 다스리는 꿈夢

뜻 꿈과 같이 헛된 한때의 부귀영화를 이르는 말.
유래 중국 당나라의 순우분(淳于芬)이 술에 취하여 홰나무의 남쪽으로 뻗은 가지 밑에서 잠이 들었는데 괴안국(槐安國)의 부마가 되어 남가군(南柯郡)을 다스리며 20년 동안 영화를 누리는 꿈을 꾸었다.
예시 김사장은 한 순간에 회사가 도산을 하게 되자 인생이 남가일몽임을 깨달았다.

백일몽(白日夢)	대낮白日에 꾸는 꿈夢

뜻 대낮에 꿈을 꾼다는 뜻으로, 실현될 수 없는 헛된 공상을 이르는 말.
예시 철이 들면서 조금씩 세상 물정을 알게 되자 그때 아버지가 말하던 진사의 뜻이란 게 얼마나 허망한 백일몽인가를 알게 되었다.

일장춘몽(一場春夢)	한一 바탕場의 봄春 꿈夢

뜻 한바탕의 봄꿈이라는 뜻으로, 헛된 영화나 덧없는 일을 비유해서 이르는 말.
예시 인생이 일장춘몽이라 즐거움이 얼마나 있으리오?

한단지몽(邯鄲之夢)	한단邯鄲에서 꾼 꿈夢

뜻 인생과 영화의 덧없음을 이르는 말.
유래 서기 731년에 노생(盧生)이 한단이란 곳에서 여옹(呂翁)의 베개를 빌려 잠을 잤는데, 꿈속에서 80년 동안 부귀영화를 다 누렸으나 깨어 보니 메조로 밥을 짓는 동안이었다.
예시 인생을 돌아보니 무엇을 위해 살았던가. 아, 한낱 한단지몽에 불과하구나.
유사 노생지몽(盧生之夢), 한단몽(邯鄲夢).

3

속담

힘을 다하고 정성을 다하여 한 일은
그 결과가 반드시 헛되지 아니함.

1 | 가난함

가난 구제는 나라님도 못한다	남의 가난한 살림은 개인은 물론 나라의 힘으로도 구제하지 못한다.

예시 가난 구제는 나라님도 못한다는 말이 있듯이, 아무리 불쌍해도 자네가 감당할 일이 아니네.
유사 가난 구제는 임금도 못한다. 가난은 나라님도 못 당한다.

가난한 집 제사 돌아오듯	가난한 집에 힘든 일이 자주 닥쳐옴.

예시 학교에 낼 돈이 마치 가난한 집 제사 돌아오듯 하는구나.
유사 가난한 집 젯날 돌아오듯.

목구멍이 포도청	먹고살기 위하여, 해서는 안 될 짓까지 하지 않을 수 없음.

예시 아무리 목구멍이 포도청이라지만 해서는 안 되는 일도 있는 법이야.
유사 입이 포도청.

빌어먹는 놈이 콩밥을 마다할까	자기가 아쉽거나 급히 필요한 일에는 좋고 나쁨을 가릴 겨를이 없음.

예시 빌어먹는 놈이 콩밥을 마다할까, 그냥 주는 대로 먹어.
유사 빌어먹는 놈이 이밥 조밥 가리랴. 없는 놈이 찬밥 더운밥을 가리랴.

산 입에 거미줄 치랴	사람은 그럭저럭 죽지 않고 먹고 살아가기 마련임.

예시 산 입에 거미줄 치지 않는다고 했으니 설마 굶어죽기야 하겠니?
유사 사람이 굶어 죽으란 법은 없다.

2 | 거짓과 속임수

가랑잎으로 눈 가리기	자기의 존재나 허물을 숨기려고 미련하게 애씀.

예시 가랑잎으로 눈 가리려고 해 봐야, 이미 세상이 다 알고 있어.
유사 가랑잎으로 눈 가리고 아웅 한다.

눈 가리고 아웅	얕은 수로 남을 속이려 함.

예시 눈 가리고 아웅 하지 마. 네 속이 훤히 들여다보여.
유사 귀 막고 아옹 한다. 눈 감고 아웅 한다. 눈 벌리고 아웅.

닭 잡아먹고 오리 발 내놓기	옳지 못한 일을 저질러 놓고 엉뚱한 수작으로 속여 넘기려 함.

예시 조심해. 쟤는 닭 잡아먹고 오리 발 내놓는 데 선수야.

콩으로 메주를 쑨다 하여도 곧이듣지 않는다	아무리 사실대로 말하여도 믿지 아니함.

예시 네 말은 이제 콩으로 메주를 쑨다 하여도 곧이듣지 않을 거야.
유사 소금으로 장을 담근다 해도 곧이듣지 않는다. 콩을 가지고 두부를 만든대도 곧이 안 듣는다.

3 | 걱정과 근심

걱정도 팔자다	하지 않아도 될 걱정을 하거나 관계도 없는 남의 일에 참견하는 사람에게 놀림조로 이르는 말.

예시 쓸데없는 것까지 챙기려 드니 자네는 참 걱정도 팔자로군.

고양이한테 생선을 맡기다	어떤 일이나 사물을 믿지 못할 사람에게 맡겨 놓고 마음이 놓이지 않아 걱정함.

예시 차라리 고양이한테 생선을 맡기지, 너를 믿은 내가 바보다.
유사 고양이 보고 반찬 가게 지키라는 격이다. 고양이한테 반찬 단지 맡긴 것 같다. 도둑고양이더러 제물 지켜 달라 한다.

구더기 무서워 장 못 담글까	다소 방해되는 것이 있다 하더라도 마땅히 할 일은 하여야 함.

예시 구더기 무서워 장 못 담글까 봐 걱정 말고 할 건 해야 돼.
유사 가시 무서워 장 못 담그랴.

모르면 약이요 아는 게 병	무엇이나 좀 알고 있으면 걱정거리가 많아 도리어 해로움.

예시 모르면 약이요 아는 게 병이라고 했어. 그러니 더 이상 알려고 하지 마.
유사 모르는 것이 부처. 무지각이 상팔자. 아는 것이 병.

천석꾼에 천 가지 걱정 만석꾼에 만 가지 걱정	재산이 많으면 그만큼 걱정도 많음.

예시 천석꾼에 천 가지 걱정 만석꾼에 만 가지 걱정이라는 말처럼 부자라고 해서 모두 마음 편히 사는 건 아니야.

4 | 겉과 속이 다름

겉 다르고 속 다르다	겉으로 드러나는 행동과 마음속으로 품고 있는 생각이 서로 달라서 사람의 됨됨이가 바르지 못함.

예시 아무리 겉 다르고 속 다르다지만 그 친구가 그럴 줄은 몰랐다.
유사 겉과 속이 다르다. 겉 보기와 안 보기가 다르다.

뒤로 호박씨 깐다	겉으로는 점잖고 의젓하나 남이 보지 않는 곳에서는 엉뚱한 짓을 함.

예시 얌전하게 생긴 애가 뒤로 호박씨 까고 있을 줄은 몰랐어.
유사 뒷구멍으로 호박씨 깐다. 똥구멍으로 호박씨 깐다. 밑으로 호박씨 깐다.

똥 누러 갈 적 마음 다르고 올 적 마음 다르다	자기 일이 아주 급한 때는 통사정하며 매달리다가 그 일을 무사히 다 마치고 나면 모른 체하고 지냄.

예시 그러니 사람은 똥 누러 갈 적 마음 다르고 올 적 마음 다르다는 거야.
유사 뒷간에 갈 적 마음 다르고 올 적 마음 다르다.

뚝배기보다 장맛이 좋다	겉모양은 보잘것없으나 내용은 훨씬 훌륭함.

예시 뚝배기보다 장맛이라더니 보기와는 영 딴판이군.
유사 꾸러미에 단 장 들었다. 장독보다 장맛이 좋다.

얌전한 고양이가 부뚜막에 먼저 올라간다	겉으로는 얌전하고 아무것도 못할 것처럼 보이는 사람이 딴짓을 하거나 자기 실속을 다 차림.

예시 얌전한 고양이가 부뚜막에 먼저 올라간다더니, 그 애가 일찍 결혼할 줄은 몰랐어.
유사 얌전한 강아지가 부뚜막에 먼저 올라간다.

5 | 곤란하고 난처한 상황

갈수록 태산	갈수록 더욱 어려운 지경에 처함.

예시 갈수록 태산이라더니 점점 힘든 일만 생기는구나.
유사 갈수록 수미산. 가자니 태산이요, 돌아서자니 숭산이라. 산 넘어 산이다. 산은 오를수록 높고 물은 건널수록 깊다. 재는 넘을수록 험하고 내는 건널수록 깊다.

내 코가 석 자	내 사정이 급하고 어려워서 남을 돌볼 여유가 없음.

예시 지금 내 코가 석 자라, 다른 일에 신경 쓸 여력이 없어.
유사 제 코가 석 자.

닭 쫓던 개 지붕 쳐다보듯	애써 하던 일이 실패로 돌아가거나 남보다 뒤떨어져 어찌할 도리가 없이 됨.

예시 닭 쫓던 개 지붕 쳐다보듯 하지 말고 마음을 돌리는 게 좋겠어.
유사 닭 쫓던 개 울타리 넘겨다보듯. 닭 쫓던 개의 상.

뛰어야 벼룩	도망쳐 보아야 크게 벗어날 수 없음.

예시 뛰어야 벼룩이지, 가면 어딜 가겠어.
유사 뛰어 보았자 부처님 손바닥.

6 | 기회와 때

가는 날이 장날	어떤 일을 하려고 하는데 뜻하지 않은 일을 공교롭게 당함.

예시 가는 날이 장날이라더니, 하필 가게 문을 닫았지 뭐야.
유사 가는 날이 생일. 오는 날이 장날.

떡 본 김에 제사 지낸다	우연히 운 좋은 기회에, 하려던 일을 해치운다.

예시 떡 본 김에 제사 지낸다고, 이왕 도서실에 왔으니 시험공부라도 하자.
유사 떡 본 김에 굿한다. 소매 긴 김에 춤춘다.

매도 먼저 맞는 놈이 낫다	이왕 겪어야 할 일이라면 아무리 어렵고 괴롭더라도 먼저 치르는 편이 나음.

예시 매도 먼저 맞는 놈이 낫다고, 귀찮더라도 빨리 해치우자.

바람이 불어야 배가 가지	기회나 경우가 맞아야 일을 제대로 이룰 수 있음.

예시 바람이 불어야 배가 가지, 혼자 설쳐 봐야 아무 소용없어.
유사 물이 와야 배가 오지.

소 잃고 외양간 고친다	일이 이미 잘못된 뒤에는 손을 써도 소용이 없음.

예시 소 잃고 외양간 고치지 말고 미리 손을 썼어야지.
유사 말 잃고 외양간 고친다. 도둑맞고 사립 고친다.

7 | 남을 탓하고 변명함

똥 묻은 개가 재 묻은 개 나무란다	제 허물은 생각하지 않고 남의 허물을 들추어냄.

예시 자기도 입만 열면 거짓말이면서, 마치 똥 묻는 개가 겨 묻은 개 나무라듯 하고 있네.
유사 숯이 검정 나무란다.

사돈 남 나무란다	제 잘못은 제쳐 두고 남의 잘못만 나무람.

예시 사돈 남 나무라듯 하지 말고 자신부터 돌아보는 게 좋겠어.
유사 소경 개천 나무란다. 소경이 그르냐 개천이 그르냐.

서투른 무당이 장구만 나무란다	자기 기술이나 능력이 부족한 것은 생각하지 않고 애매한 도구나 조건만 가지고 나쁘다고 탓함.

예시 서투른 무당이 장구만 나무라는 법이야. 그러니 자기 실력부터 쌓도록 해.
유사 서투른 과방이 안반 타박한다. 선무당이 마당 기울다 한다.

잘되면 제 탓 못되면 조상 탓	일이 안될 때 그 책임을 남에게 돌리는 태도.

예시 가장 얄미운 사람이, 잘되면 제 탓 못되면 조상 탓이라고 하는 사람이야.
유사 못되면 조상 탓 잘되면 제 탓. 잘되면 제 복 못되면 조상 탓. 못 되면 산소 탓.

핑계 없는 무덤이 없다	아무리 큰 잘못을 저지른 사람도 그것을 변명하고 이유를 붙일 수 있음.

예시 아무리 핑계 없는 무덤이 없다지만, 그런 변명은 듣기 싫어.
유사 처녀가 아이를 낳아도 할 말이 있다. 똥 싼 년이 핑계 없을까.

8 | 노력과 정성

공든 탑이 무너지랴	힘을 다하고 정성을 다하여 한 일은 그 결과가 반드시 헛되지 아니함.

예시 잘될 테니 걱정하지 마. 공든 탑이 무너지랴는 말도 있잖아.
유사 공든 탑도 개미구멍으로 무너진다. 개미구멍으로 공든 탑 무너진다.

산엘 가야 꿩을 잡고 바다엘 가야 고기를 잡는다	목적하는 방향을 제대로 잡아 노력하여야만 그 목적을 제대로 이룰 수 있음.

예시 여기서 이러고 있으면 뭐 해. 모름지기 산엘 가야 꿩을 잡고 바다엘 가야 고기를 잡는 법이야.
유사 산에 가야 범을 잡지. 하늘을 보아야 별을 따지. 눈을 떠야 별을 보지. 서울을 가야 과거에 급제하지. 임을 보아야 아이를 낳지. 잠을 자야 꿈을 꾸지.

옥도 갈아야 빛이 난다	아무리 소질이 좋아도 이것을 잘 닦고 기르지 아니하면 훌륭한 것이 되지 못함.

예시 옥도 갈아야 빛이 나는 법이니, 재능만 믿고 훈련을 게을리 하면 안 된다.
유사 옥석도 닦아야 빛이 난다.

정성이 지극하면 돌 위에도 풀이 난다	정성을 다하면 어려운 일도 해낼 수 있음.

예시 정성이 지극하면 돌 위에도 풀이 난다고 했으니, 네 노력을 하느님이 알아주실 거야.
유사 정성이 지극하면 동지섣달에도 꽃이 핀다.

하늘은 스스로 돕는 자를 돕는다	어떤 일을 이루기 위해서는 자신의 노력이 중요함.

예시 하늘은 스스로 돕는 자를 돕는 법이니, 좌절하지 말고 더욱 노력하기 바란다.

호랑이 굴에 가야 호랑이 새끼를 잡는다	뜻하는 성과를 얻으려면 그에 마땅한 일을 하여야 함.

예시 망설이지 말고 일단 시작을 해. 호랑이 굴에 가야 호랑이 새끼를 잡는다고 했어.
유사 범의 굴에 들어가야 범을 잡는다.

흐르는 물은 썩지 않는다	언제나 일하고 공부하며 단련하여야 시대에 뒤떨어지지 아니하고 또 변질되지 아니함.

예시 쉼 없이 노력하는 자만이 앞으로 나아갈 수 있네. 흐르는 물은 썩지 않는 법이니까.
유사 물은 흘러야 썩지 않는다.

9 | 다투거나 싸움

고래 싸움에 새우 등 터진다	강한 자들끼리 싸우는 통에 아무 상관도 없는 약한 자가 중간에 끼어 피해를 입게 됨.

예시 부부가 싸우느라 밥도 안 하고 있으니, 자식들만 고래 싸움에 새우 등 터진 격이군.

때린 놈은 다릴 못 뻗고 자도 맞은 놈은 다릴 뻗고 잔다	남에게 해를 입힌 사람은 마음이 불안하나 해를 입은 사람은 오히려 마음이 편함.

예시 때린 놈은 다릴 못 뻗고 자도 맞은 놈은 다릴 뻗고 잔다고 했어. 그러니 너무 억울해 하지 말고 잊어버리게.
유사 도둑질한 사람은 오그리고 자고 도둑맞은 사람은 펴고 잔다.

망둥이 제 동무 잡아먹는다	동류(同類)나 친척 간에 서로 싸움.

예시 망둥이 제 동무 잡아먹는다더니, 너희는 만나기만 하면 다투는구나.
유사 갈치가 갈치 꼬리 문다. 망둥이 제 새끼 잡아먹듯.

살이 살을 먹고 쇠가 쇠를 먹는다	동포 형제나 가까운 이웃, 친척끼리 서로 해치려 함.

예시 살이 살을 먹고 쇠가 쇠를 먹는 동족간의 비극을 되풀이해서는 안 된다.
유사 쇠가 쇠를 먹고 살이 살을 먹는다.

참깨가 기니 짧으니 한다	그만그만한 것들 가운데에서 굳이 크고 작음이나 잘잘못을 가리려고 함.

예시 어린 것들이 서로 참깨가 기니 짧으니 하는 게 참 가소롭구나.
유사 참새가 기니 짧으니 한다.

10 | 돈

개같이 벌어서 정승같이 산다	돈을 벌 때는 천한 일이라도 하면서 벌고 쓸 때는 떳떳하고 보람 있게 씀.

예시 개같이 벌어서 정승같이 살면 되지, 왜 남의 시선을 두려워하는가?
유사 돈은 더럽게 벌어도 깨끗이 쓰면 된다.

돈만 있으면 귀신도 사귄다	돈만 있으면 세상에 못 할 일이 없다.

예시 돈만 있으면 귀신도 사귈 수 있는 세상이라지만 너무 돈에 집착하지는 말게.
유사 돈만 있으면 귀신도 부릴 수 있다. 돈만 있으면 두억시니도 부릴 수 있다.

돈이 장사라	세상일은 돈의 힘으로 어떻게든지 뜻대로 됨.

예시 돈이 장사라는 걸 왜 진작 깨닫지 못했을까?
유사 돈이 양반이라. 돈이 제갈량.

돈이면 나는 새도 떨어진다	돈을 가지면 어떤 일도 할 수 있음.

예시 돈이면 나는 새도 떨어진다는 말을 믿고 날뛰는 모습이 보기에 안 좋다.
유사 돈이면 지옥문도 연다. 염라대왕도 돈 앞에는 한쪽 눈을 감는다.

사람 나고 돈 났지 돈 나고 사람 났나	아무리 돈이 귀중하다 하여도 사람보다 더 귀중할 수는 없음.

예시 사람 나고 돈 났지 돈 나고 사람 났나, 돈 좀 있다고 너무 그러지 말아라.

11 | 말

가는 말이 고와야 오는 말이 곱다	남에게 말이나 행동을 좋게 하여야 남도 자기에게 좋게 한다.

예시 가는 말이 고와야 오는 말이 곱다고 했네. 자네부터 말조심을 하게.
유사 가는 떡이 커야 오는 떡이 크다. 가는 정이 있어야 오는 정이 있다. 엑 하면 떽 한다.

가루는 칠수록 고와지고 말은 할수록 거칠어진다	말은 길어질수록 시비가 붙을 수 있고 말다툼까지 가게 되니 말을 삼가라.

예시 가루는 칠수록 고와지고 말은 할수록 거칠어지는 법이니 앞으로 말을 줄이는 연습을 해야겠다.

귀신 씻나락 까먹는 소리	이치에 닿지 않는 엉뚱하고 쓸데없는 말.

예시 귀신 씻나락 까먹는 소리 그만 하고 잠이나 자라.

낮말은 새가 듣고 밤말은 쥐가 듣는다	아무도 안 듣는 데서라도 말조심해야 한다.

예시 쉿! 낮말은 새가 듣고 밤말은 쥐가 듣는다고 했네, 말을 가려서 하게.
유사 밤말은 쥐가 듣고 낮말은 새가 듣는다.

말은 보태고 떡은 뗀다	말은 퍼질수록 더 보태어진다.

예시 말은 보태고 떡은 뗀다더니, 소문이 너무 크게 부풀려졌군.
유사 말은 보태고 봉송(封送)은 던다. 말은 할수록 늘고 되질은 할수록 준다.

말이란 아 해 다르고 어 해 다르다	같은 내용의 이야기라도 이렇게 말하여 다르고 저렇게 말하여 다르다.

예시 말이란 아 해 다르고 어 해 다른 법이야. 그러니 오해를 사지 않게 처음부터 똑바로 이야기를 했어야지.
유사 말이란 탁 해 다르고 툭 해 다르다. 에 해 다르고 애 해 다르다.

말 한마디에 천 냥 빚도 갚는다	말만 잘하면 어려운 일이나 불가능해 보이는 일도 해결할 수 있다.

예시 말 한마디에 천 냥 빚도 갚는다고 했으니 가서 사정을 잘 말해보게.
유사 천 냥 빚도 말로 갚는다. 말만 잘하면 천 냥 빚도 가린다. 말로 온 공을 갚는다.

발 없는 말이 천 리 간다	말은 천 리 밖까지도 순식간에 퍼짐.

예시 발 없는 말이 천 리 간다더니, 벌써 그곳까지 소문이 퍼진 모양이군.

입은 비뚤어져도 말은 바로 해라	상황이 어떻든지 말은 언제나 바르게 하여야 함.

예시 입은 비뚤어져도 말은 바로 하라고 했네. 그러니 진실을 말해 주게.
유사 입은 비뚤어져도 주라는 바로 불어라.

입이 열 개라도 할 말이 없다	잘못이 명백히 드러나 변명의 여지가 없음.

예시 모든 게 제 잘못이니 입이 열 개라도 할 말이 없습니다.
유사 온몸이 입이라도 말 못하겠다. 입이 열둘이라도 말 못한다.

12 | 먹는 일

금강산도 식후경	배가 고파서는 아무 일도 할 수 없음.

예시 금강산도 식후경인데 밥부터 먹고 합시다.
유사 금강산 구경도 먹은 후에야 한다. 금강산 구경도 식후경이라. 꽃구경도 식후사(食後事).

둘이 먹다 하나가 죽어도 모르겠다	음식이 아주 맛있음.

예시 이 식당의 음식은 둘이 먹다 하나가 죽어도 모를 정도로 맛있어.
유사 셋이 먹다가 둘이 죽어도 모른다.

수염이 대 자라도 먹어야 양반이다	배가 불러야 체면도 차릴 수 있다.

예시 수염이 대 자라도 먹어야 양반이라는 말도 있잖아. 나는 배가 고파서 더 이상 못하겠어.
유사 나룻이 석 자라도 먹어야 샌님.

시장이 반찬	배가 고프면 반찬이 없어도 밥이 맛있음.

예시 시장이 반찬이라고 김치 하나만 있어도 맛있다.
유사 기갈이 감식. 맛없는 음식도 배고프면 달게 먹는다. 시장이 팥죽.

13 | 못된 행동

다 된 죽에 코 풀기	거의 다 된 일을 망쳐버리는 주책없는 행동.

예시 다 된 죽에 코 풀지 말고 제발 가만히 있어라.
유사 다 된 죽에 코 빠졌다. 잘되는 밥 가마에 재를 넣는다.

동냥은 못 줘도 쪽박은 깨지 마라	남을 도와주지는 못할망정 방해는 하지 마라.

예시 동냥은 못 줘도 쪽박은 깨지 말라고 했는데, 너무 구박하는 거 아닙니까?
유사 동냥은 아니 주고 자루 찢는다. 동냥은 안 주고 쪽박만 깬다.

때리는 시어머니보다 말리는 시누이가 더 밉다	겉으로는 위하여 주는 체하면서 속으로는 해하고 헐뜯는 사람이 더 밉다.

예시 때리는 시어머니보다 말리는 시누이가 더 밉다더니 정말 참으라고만 하는 네가 더 얄밉다.
유사 때리는 사람보다 말리는 놈이 더 밉다.

못된 송아지 엉덩이에 뿔이 난다	되지못한 것이 엇나가는 짓만 한다.

예시 그 집 막내아들 하는 짓이 꼭 못된 송아지 엉덩이에 뿔이 난 격이다.
유사 못된 벌레 장판방에서 모로 긴다. 못된 송아지 뿔부터 난다. 송아지 못된 것은 엉덩이에 뿔 난다. 엉덩이에 뿔이 났다.

못 먹는 감 찔러나 본다	제 것으로 만들지 못할 바에야 남도 갖지 못하게 못쓰게 만들자는 뒤틀린 마음.

예시 너는 무슨 심보가 그리 사나워서 항상 못 먹는 감 찔러나 본다는 식으로 대드니?
유사 나 못 먹을 밥에는 재나 넣지. 못 먹는 밥에 재 집어 넣기. 못 먹는 호박 찔러 보는 심사.

미꾸라지 한 마리가 온 웅덩이를 흐려 놓는다	한 사람의 좋지 않은 행동이 그 집단 전체나 여러 사람에게 나쁜 영향을 미침.

예시 미꾸라지 한 마리가 온 웅덩이를 흐려 놓는다더니, 그 녀석 하는 꼴이 딱 그 모양이군.
유사 미꾸라지 한 마리가 한강 물을 다 흐리게 한다. 송사리 한 마리가 온 강물을 흐린다.

바늘 도둑이 소도둑 된다	작은 나쁜 짓도 자꾸 하게 되면 큰 죄를 저지르게 됨.

예시 바늘 도둑이 소도둑 되기 전에 버릇을 고쳐놔야 해.
유사 바늘 쌈지에서 도둑이 난다.

불난 집에 부채질한다	남의 재앙을 점점 더 커지도록 만들거나 성난 사람을 더욱 성나게 함.

예시 그렇잖아도 속상한데, 불난 집에 부채질하지 마라.
유사 끓는 국에 국자 휘젓는다. 불난 데 풀무질한다. 불난 집에 키 들고 간다. 불붙는 데 키질하기. 타는 불에 부채질한다.

14 | 무식함

가갸 뒷다리도 모른다	글자를 전혀 깨치지 못하여 무식하거나, 사리에 몹시 어두운 사람을 놀림조로 이르는 말.

예시 가갸 뒷다리도 모르는 주제에 감히 어딜 끼어들려고 하느냐?
유사 가갸 뒤 자도 모른다. 기역 자 왼 다리도 못 그린다.

낫 놓고 기역 자도 모른다	아주 무식함.

예시 우리 할아버지는 낫 놓고 기역 자도 몰랐지만, 누구보다도 성실하게 사신 분이다.

쇠귀에 경 읽기	아무리 가르치고 일러 주어도 알아듣지 못하거나 효과가 없음.

예시 저 사람에게는 아무리 말해 봐야 쇠귀에 경 읽기야.
유사 말 귀에 염불. 쇠코에 경 읽기.

우물 안 개구리	넓은 세상의 형편을 알지 못하는 사람.

예시 우물 안 개구리 소리를 안 들으려면 신문을 열심히 보는 게 좋다.
유사 우물 안 고기.

15 | 미련하고 어리석음

개구리 올챙이 적 생각 못한다	지난날의 미천하거나 어렵던 때의 일을 생각지 아니하고 처음부터 잘난 듯이 뽐냄.

예시 이제 살 만해지니까 개구리 올챙이 적 생각 못하는군.
유사 올챙이 적 생각은 못하고 개구리 된 생각만 한다.

남의 다리 긁는다	자기 할 일은 않고 엉뚱한 짓을 함.

예시 남의 다리 긁는다더니, 네가 그 모양이구나.
유사 남의 다리에 행전 친다. 남의 발에 감발한다.

누워서 침 뱉기	자기에게 해가 되는 짓을 함.

예시 네가 방금 한 말은 누워서 침 뱉기와 다를 바 없다.
유사 하늘 보고 침 뱉기. 제 발등에 오줌 누기.

등잔 밑이 어둡다	대상에서 가까이 있는 사람이 도리어 대상에 대하여 잘 알기 어렵다는 말.

예시 아무리 등잔 밑이 어둡다지만 어떻게 그걸 모를 수가 있니?

뱁새가 황새를 따라가면 다리가 찢어진다	힘에 겨운 일을 억지로 하면 도리어 해만 입음.

예시 뱁새가 황새를 따라가면 다리가 찢어진다고 했어. 그냥 생긴 대로 살아.
유사 촉새가 황새를 따라가다 가랑이 찢어진다.

빈대 잡으려고 초가삼간 태운다	손해를 크게 볼 것을 생각지 아니하고 자기에게 마땅치 아니한 것을 없애려고 그저 덤비기만 함.

예시 빈대 잡으려고 초가삼간 태우는 바보 같은 짓 좀 그만두어라.
유사 빈대 미워 집에 불 놓는다.

생일날 잘 먹으려고 이레를 굶는다	어떻게 될지도 모를 앞일을 미리부터 지나치게 기대함.

예시 생일날 잘 먹으려고 이레를 굶는 미련한 짓은 하지 마라.

손톱 밑에 가시 드는 줄은 알아도 염통 밑에 쉬스는 줄은 모른다	눈앞에 보이는 사소한 이해관계에는 밝아도, 잘 드러나지 아니하는 큰 문제는 잘 깨닫지 못함.

예시 손톱 밑에 가시 드는 줄은 알아도 염통 밑에 쉬스는 줄은 모르는 게 어리석은 사람들의 모습이야.
유사 손톱 곪는 줄은 알아도 염통 곪는 줄은 모른다.

자는 벌집 건드린다	공연히 건드려 문제를 일으킴.

예시 자는 벌집 건드려야 좋을 거 없으니 그냥 모른 척해라.
유사 자는 범 코 찌르기. 자는 범 코침 주기. 자는 호랑이 불침 놓기.

장님 코끼리 만지는 격	일부분을 알면서도 전체를 아는 것처럼 여기는 어리석음.

예시 제대로 알지도 못하면서 그렇게 말하는 건 장님 코끼리 만지는 격이야.
유사 장님 코끼리 말하듯.

제가 제 무덤을 판다	스스로 자신을 망치는 어리석은 짓.

예시 저 친구는 꼭 제가 제 무덤을 판다니까.
유사 제 손으로 제 눈 찌르기. 제 손으로 제 뺨을 친다.

제 꾀에 제가 넘어간다	남을 속이려다 도리어 자기가 그 꾀에 속아 넘어감.

예시 제 꾀에 제가 넘어가는 줄도 모르면서 웃고 있는 모습이 한심하다.
유사 제 딴죽에 제가 넘어졌다.

제 도끼에 제 발등 찍힌다	자기가 한 일이 도리어 자기에게 해가 됨.

예시 제 도끼에 제 발등 찍히는 줄도 모르고 신이 났군.
유사 제 발등을 제가 찍는다. 제 오라를 제가 졌다.

하나만 알고 둘은 모른다	생각이 밝지 못하여 도무지 융통성이 없음.

예시 너는 하나만 알고 둘은 모르는 게 탈이야.
유사 감출 줄은 모르고 훔칠 줄만 안다.

호미로 막을 것을 가래로 막는다	적은 힘으로 충분히 처리할 수 있는 일에 쓸데없이 많은 힘을 들임.

예시 호미로 막을 것을 가래로 막기 전에 미리 해 놓아라.

16 | 배신

물에 빠진 놈 건져 놓으니까 내 봇짐 내라 한다	남에게 은혜를 입고서도 그 고마움을 모르고 생트집을 잡음.

예시 물에 빠진 사람 건져 놓으니까 내 봇짐 내라 한다는 얘기는 들었지만, 좋은 일 하고 욕 먹기는 처음이다.
유사 물에 빠진 놈 건져 놓으니까 망건값 달라 한다.

믿는 도끼에 발등 찍힌다	잘되리라고 믿고 있던 일이 어긋나거나 믿고 있던 사람이 배반하여 오히려 해를 입음.

예시 믿는 도끼에 발등 찍힌다더니, 그 친구가 나를 배신할 줄은 정말 몰랐어.
유사 낯익은 도끼에 발등 찍힌다. 믿던 발에 돌 찍힌다. 믿었던 돌에 발부리 채었다. 아는 도끼에 발등 찍힌다.

술 받아 주고 뺨 맞는다	남을 잘 대접하고 나서 오히려 그에게 해를 입음.

예시 돈 빌려주고 욕을 먹다니, 술 받아 주고 뺨 맞는 격이다.
유사 술 사 주고 뺨 맞는다.

제 것 주고 뺨 맞는다	남에게 잘해 주고도 도리어 해로움을 당함.

예시 제 것 주고 뺨 맞을 바에야 처음부터 모르는 체하는 게 낫다.
유사 내 것 주고 매 맞는다.

17 | 변함과 변하지 않음

개 꼬리 삼 년 묵어도 황모 되지 않는다	본바탕이 좋지 아니한 것은 어떻게 하여도 그 본질이 좋아지지 아니함.

예시 개 꼬리 삼 년 묵어도 황모 되지 않는다는 건 우리 동네 주정뱅이를 보면 알 수 있어.
유사 센 개 꼬리 시궁창에 삼 년 묻었다 보아도 센 개 꼬리다. 오그라진 개 꼬리 대봉통에 삼 년 두어도 아니 펴진다. 흰 개 꼬리 굴뚝에 삼 년 두어도 흰 개 꼬리다.

달도 차면 기운다	세상의 온갖 것이 한번 번성하면 다시 쇠하기 마련임.

예시 달도 차면 기울 듯, 언젠가는 내리막길도 있을 거야.
유사 그릇도 차면 넘친다. 달이 둥글면 이지러지고 그릇이 차면 넘친다.

세 살 적 버릇이 여든까지 간다	어릴 때 몸에 밴 버릇은 늙어 죽을 때까지 고치기 힘들다.

예시 세 살 적 버릇이 여든까지 가는 법이니, 어릴 때부터 나쁜 버릇이 들지 않도록 잘 가르쳐야 한다.
유사 어릴 적 버릇은 늙어서까지 간다.

쥐구멍에도 볕 들 날 있다	몹시 고생을 하는 삶도 좋은 운수가 터질 날이 있음.

예시 쥐구멍에도 볕 들 날 있다더니, 옆집도 이제 팔자가 피었구나.
유사 개똥밭에 이슬 내릴 때가 있다. 고랑도 이랑 될 날 있다. 이랑이 고랑 되고 고랑이 이랑 된다.

18 | 부모와 자식

가지 많은 나무에 바람 잘 날이 없다	자식을 많이 둔 어버이에게는 근심, 걱정이 끊일 날이 없음.

예시 가지 많은 나무에 바람 잘 날이 없다고, 그 집 막내가 또 말썽을 피웠다는구나.
유사 가지 많은 나무가 잠잠할 적 없다.

고슴도치도 제 새끼는 함함하다고 한다	어버이 눈에는 제 자식이 다 잘나고 귀여워 보인다.

예시 고슴도치도 제 새끼는 함함하다고 하는데 하물며 사람이야 오죽하겠니.
유사 고슴도치도 제 새끼가 제일 곱다고 한다. 고슴도치도 제 새끼는 곱다고 쓰다듬는다.

내리사랑은 있어도 치사랑은 없다	윗사람이 아랫사람을 사랑하기는 하여도 아랫사람이 윗사람을 사랑하기는 좀처럼 어렵다.

예시 내리사랑은 있어도 치사랑은 없는 법이니, 자식에게 바라는 건 욕심일 수도 있어.
유사 사랑은 내리사랑.

무자식 상팔자	자식이 없는 것이 도리어 걱정이 없이 편함.

예시 자식 때문에 속 썩이는 사람들을 보면 무자식 상팔자라는 말이 맞아.
유사 자식 없는 것이 상팔자.

범도 새끼 둔 골을 두남둔다	비록 악인이라도 제 자식의 일은 늘 마음에 두고 생각하며 잘해 준다.

예시 범도 새끼 둔 골을 두남둔다고 했네. 부모가 자식을 감싸주는 건 당연한 일 아닌가.
유사 범도 새끼 둔 골을 센다. 호랑이도 자식 난 골에는 두남둔다.

병신 자식이 효도한다	대수롭지 아니한 것이 도리어 도움이 됨.

예시 병신 자식이 효도한다는 말처럼 나중에 저 아이 덕을 볼지도 모를 일이지.
유사 눈먼 자식이 효자 노릇 한다.

부모가 자식을 겉 낳았지 속 낳았나	자기의 자식이라도 그 속에 품은 생각은 알 수 없음.

예시 부모가 자식을 겉 낳았지 속 낳았나, 마음대로 안 되는 게 자식 일이라네.
유사 자식 겉 낳지 속은 못 낳는다.

열 손가락 깨물어 안 아픈 손가락이 없다	혈육은 다 귀하고 소중함.

예시 열 손가락 깨물어 안 아픈 손가락이 없는 법이야. 내가 왜 너를 둘째라고 해서 미워하겠니?
유사 다섯 손가락 깨물어서 아프지 않은 손가락이 없다.

품 안의 자식	자식이 어렸을 때는 부모의 뜻을 따르지만 자라서는 제 뜻대로 행동하려 함.

예시 아무리 품 안의 자식이라지만 제 맘대로 행동하는 걸 보면 서운할 때가 있다.
유사 자식도 품 안에 들 때 내 자식이지. 품 안에 있어야 자식이라.

19 | 불가능한 일

달걀로 바위 치기	대항해도 도저히 이길 수 없는 경우.

예시 네가 그 친구를 이기겠다는 건 달걀로 바위 치기야.
유사 달걀로 성 치기. 바위에 달걀 부딪치기. 바위에 머리 받기.

병풍에 그린 닭이 홰를 치거든	도저히 불가능한 일이어서 기약할 수 없음.

예시 그런 일은 병풍에 그린 닭이 홰를 치거든 이루어질 테니 아예 기대하지 마라.
유사 곤달걀 꼬끼오 울거든.

볶은 콩에 싹이 날까	아주 가망이 없음.

예시 차라리 볶은 콩에 싹이 나길 기다리는 게 낫겠다.
유사 볶은 콩에 꽃이 피랴. 삶은 팥이 싹 나거든. 산호 서 말 진주 서 말 싹이 나거든.

밑 빠진 독에 물 붓기	아무리 힘이나 밑천을 들여도 보람 없이 헛된 일이 되는 상태.

예시 아무리 해봤자 밑 빠진 독에 물 붓기야. 이제 그만 손을 떼자.
유사 밑 빠진 가마에 물 붓기.

쏘아 놓은 살이요 엎지른 물이다	한번 저지른 일은 다시 고치거나 중지할 수 없음.

예시 쏘아 놓은 살이요 엎지른 물이야. 이제 와서 후회하면 무슨 소용이 있겠니?
유사 쏟아진 물.

20 | 서로 돕고 의지함

가재는 게 편이다	모양이나 형편이 서로 비슷하고 인연이 있는 것끼리 서로 잘 어울리고, 사정을 보아주며 감싸 주기 쉬움.

예시 가재는 게 편이라더니 결국 그쪽으로 붙는군.
유사 가재는 게 편이요 초록은 한빛이라. 검정개는 돼지 편. 검정개 한패. 솔개는 매 편.

백지장도 맞들면 낫다	쉬운 일이라도 협력하여 하면 훨씬 쉬움.

예시 백지장도 맞들면 낫다고, 둘이 함께 하도록 해라.
유사 백지 한 장도 맞들면 낫다. 종잇장도 맞들면 낫다. 초지장도 맞들면 낫다.

소도 언덕이 있어야 비빈다	누구나 의지할 곳이 있어야 무슨 일이든 시작하거나 이룰 수가 있음.

예시 언덕이 있어야 비비는 법인데, 나는 의지할 곳이 하나도 없구나.
유사 도깨비도 수풀이 있어야 모인다.

쌀독에서 인심 난다	자신이 넉넉해야 다른 사람도 도울 수 있음.

예시 쌀독에서 인심 난다고, 내가 지금 자네를 도와줄 처지가 못 되네.
유사 광에서 인심 난다. 쌀광에서 인심 난다.

이웃이 사촌보다 낫다	자주 보는 사람이 정도 많이 들고 따라서 도움을 주고받기도 쉬움.

예시 이번에 옆집으로부터 큰 도움을 받고 보니 이웃이 사촌보다 낫다는 말이 실감난다.
유사 먼 데 일가가 가까운 이웃만 못하다. 가까운 남이 먼 일가보다 낫다.

21 | 성장과 출세

개천에서 용 난다	미천한 집안이나 변변하지 못한 부모에게서 훌륭한 인물이 나는 경우.

예시 요즘은 개천에서 용 나기 힘든 세상이다.
유사 개똥밭에 인물 난다. 시궁에서 용 난다. 시궁창에서 용이 났다.

나중 난 뿔이 우뚝하다	나중에 생긴 것이 먼저 것보다 훨씬 나음.

예시 저 친구가 지금은 공부를 못하지만 나중 난 뿔이 우뚝할지 어떻게 알겠니?

닭의 볏이 될지언정 소의 꼬리는 되지 마라	크고 훌륭한 자의 뒤를 쫓아다니는 것보다는 차라리 작고 보잘것없는 데서 남의 우두머리가 되는 것이 낫다.

예시 닭의 볏이 될지언정 소의 꼬리는 되지 말라는 말대로 나는 특목고 대신 일반고를 가서 내신을 잘 받을 거야.
유사 닭의 대가리가 소꼬리보다 낫다. 닭의 부리가 될지라도 소의 꼬리는 되지 마라.

될성부른 나무는 떡잎부터 알아본다	잘될 사람은 어려서부터 남달리 장래성이 엿보인다.

예시 될성부른 나무는 떡잎부터 알아본다고, 철수는 어릴 적부터 남다른 면이 많았어.
유사 잘 자랄 나무는 떡잎부터 알아본다.

미꾸라지 용 됐다	미천하고 보잘것없던 사람이 크게 되었음.

예시 촌에서 자란 놈이 출세를 하다니 정말 미꾸라지 용 됐구나.
유사 미꾸라지 천 년에 용 된다.

22 | 성질이 급함

급하면 바늘허리에 실 매어 쓸까	아무리 급해도 순서를 밟아서 일해야 함.

예시 일에는 일정한 순서가 있는 법인데, 급하다고 바늘허리에 실 매어 쓸 수는 없지.
유사 급하다고 갓 쓰고 똥 싸랴. 급하면 콩마당에서 간수 치랴.

급히 먹는 밥이 목이 멘다	너무 급히 서둘러 일을 하면 잘못하고 실패하게 됨.

예시 급히 먹는 밥이 목이 멘다고, 그렇게 서둘 일이 아니야.
유사 급히 더운 방이 쉬 식는다. 쉬 더운 구들이 쉬 식는다.

기기도 전에 날기부터 하려 한다	쉽고 작은 일도 해낼 수 없으면서 어렵고 큰일을 하려고 나섬.

예시 기기도 전에 날기부터 하려 하지 말고 기초부터 차근히 다져라.
유사 걷기도 전에 뛰려고 한다.

마파람에 게 눈 감추듯	음식을 매우 빨리 먹어 버리는 모습.

예시 밥 한 그릇을 마파람에 게 눈 감추듯 해치운다.
유사 남양 원님 굴회 마시듯. 두꺼비 파리 잡아먹듯. 사냥개 언 똥 들어먹듯.

목마른 놈이 우물 판다	제일 급하고 일이 필요한 사람이 그 일을 서둘러 하게 되어 있다.

예시 목마른 놈이 우물 파는 법이니까 답답하면 네가 해.
유사 갑갑한 놈이 우물 판다. 갑갑한 놈이 송사한다.

번갯불에 콩 볶아 먹겠다	어떤 행동을 당장 해치우지 못하여 안달하는 조급한 성질.

예시 무슨 일을 그렇게 번갯불에 콩을 볶아 먹듯 하니?
유사 번갯불에 담배 붙이겠다. 번갯불에 회 쳐 먹겠다.

솥뚜껑에 엿을 놓았나	집에 빨리 돌아가려고 몹시 서두르는 사람을 놀림조로 이르는 말.

예시 솥뚜껑에 엿을 놓았나, 왜 그리 서두르는 거냐?
예시 화롯가에 엿을 붙이고 왔나.

시집도 가기 전에 기저귀 마련한다	일을 너무 일찍 서두름.

예시 시집도 가기 전에 기저귀 마련하지 말고, 일단 짝부터 찾으렴.
유사 시집도 아니 가서 포대기 장만한다. 아이도 낳기 전에 포대기 장만한다.

우물에 가 숭늉 찾는다	성격이 매우 급하거나 일을 하는 데 매우 조급해함.

예시 우물에 가 숭늉 달라는 놈 처음 보겠네.
유사 급하기는 우물에 가서 숭늉 달라겠다. 보리밭에 가 숭늉 찾는다. 싸전에 가서 밥 달라고 한다. 콩밭에 가서 두부 찾는다.

23 | 실속이 없음

냉수 먹고 이 쑤시기	실속은 없으면서 무엇이 있는 체함.

예시 냉수 먹고 이 쑤시는 사람들은 스스로 부끄러운 줄이나 알까?

빈 수레가 요란하다	실속 없는 사람이 겉으로 더 떠들어 댐.

예시 말만 많은 저 사람처럼, 원래 빈 수레가 요란한 법이야.
유사 속이 빈 깡통이 소리만 요란하다.

빛 좋은 개살구	겉만 그럴듯하고 실속이 없음.

예시 그 친구네 집이 잘사는 것 같지만 알고 보면 빛 좋은 개살구야.

소문난 잔치에 먹을 것 없다	떠들썩한 소문이나 큰 기대에 비하여 실속이 없거나 소문이 실제와 일치하지 아니함.

예시 아무리 소문난 잔치에 먹을 것 없다 해도 이건 너무했다.
유사 소문난 물산(物産)이 더 안되었다. 소문난 잔치 비지떡이 두레 반이라. 이름난 잔치 배 고프다.

속 빈 강정	겉만 그럴듯하고 실속이 없음.

예시 속 빈 강정이라는 소리 듣기 싫으면 실력을 키워라.
유사 속 빈 강정의 잉어등 같다. 사탕붕어의 겅둥겅둥이라.

24 | 염치와 체면

벼룩도 낯짝이 있다	사람이 체면이 없어서야 되겠느냐는 말.

예시 벼룩도 낯짝이 있다는데, 넌 왜 그리 얼굴이 두껍니?
예시 빈대도 낯짝이 있다. 족제비도 낯짝이 있다.

벼룩의 간을 내먹는다	어려운 처지에 있는 사람에게서 금품을 뜯어냄.

예시 차라리 벼룩의 간을 내먹어라.
유사 참새 앞정강이를 긁어 먹는다. 모기 다리에서 피 뺀다.

봉당을 빌려 주니 안방까지 달란다	매우 염치없음.

예시 마치 주인 행세를 하는 걸 보니, 봉당을 빌려 주니 안방까지 달란다는 격이다.

양반은 물에 빠져도 개헤엄은 안 한다	아무리 위급한 때라도 체면을 유지하려고 노력함.

예시 양반은 물에 빠져도 개헤엄은 안 한다지만, 체면이 밥 먹여 주는 것도 아닌데 조금만 굽실거리면 안 되니?
유사 양반은 얼어 죽어도 겻불은 안 쬔다. 양반은 죽어도 문자 쓴다.

족제비 잡으니까 꼬리를 달란다	애써 얻은 것의 가장 긴요한 부분을 염치없이 빼앗으려는 행동을 비꼬는 말.

예시 내가 상을 탔는데 상품은 자기를 달라고 하니, 마치 족제비 잡으니까 꼬리를 달라는 것과 같구나.

25 | 욕심

되로 주고 말로 받는다	조금 주고 그 대가로 몇 곱절이나 많이 받음.

예시 떡 사주고 술을 얻어먹으니 되로 주고 말로 받은 셈이네.
유사 한 되 주고 한 섬 받는다.

말 타면 경마 잡히고 싶다	사람의 욕심이란 한이 없다.

예시 말 타면 경마 잡히고 싶다더니, 자동차를 사니 운전수를 두고 싶다.
유사 말 타면 종 두고 싶다.

사촌이 땅을 사면 배가 아프다	남이 잘되는 것을 기뻐해 주지는 않고 오히려 질투하고 시기함.

예시 사람의 욕심은 끝이 없어서 사촌이 땅을 사면 배가 아픈 법이야.

아홉 가진 놈이 하나 가진 놈 부러워한다	가지면 가질수록 더 욕심이 생김.

예시 아홉 가진 놈이 하나 가진 놈 부러워하는 못된 심보를 버리게.
유사 아홉 섬 추수한 자가 한 섬 추수한 자더러 그 한 섬을 채워 열 섬으로 달라 한다.

제 논에 물 대기	자기에게만 이롭도록 일을 하는 경우.

예시 뭐든지 자기 하고 싶은 대로 하면 제 논에 물 대기와 다를 게 뭐니?
유사 내 논에 물 대기.

26 | 운이나 재수가 없음

도둑이 들려면 개도 안 짖는다	운수가 나쁘면 모든 것이 제대로 되지 않음.

예시 도둑이 들려면 개도 안 짖는다더니, 하필이면 비상벨이 고장 날 게 뭐람.
유사 도둑을 맞으려면 개도 안 짖는다.

두부에도 뼈라	운수 나쁜 사람이 하는 일은 으레 될 일에도 뜻밖의 재앙이 든다.

예시 하는 일마다 안 되니, 두부에도 뼈라는 말은 나를 두고 하는 말이로군.
유사 안되는 놈은 두부에도 뼈라. 계란에도 뼈가 있다.

자빠져도 코가 깨진다	일이 안되려면 하는 모든 일이 잘 안 풀리고 뜻밖의 큰 불행도 생긴다.

예시 자빠져도 코가 깨진다지만, 어쩜 그렇게 되는 일이 없니?
유사 안되는 사람은 자빠져도 코가 깨진다. 엎어져도 코가 깨지고 자빠져도 코가 깨진다. 재수 없는 포수는 곰을 잡아도 웅담이 없다.

홍시 먹다가 이 빠진다	전혀 그렇게 될 리가 없음에도 일이 안되거나 꼬이는 경우.

예시 재수가 없으면 홍시 먹다가 이 빠지는 수도 있어.
유사 두부 먹다 이 빠진다.

27 | 위기와 위태로운 상황

고양이 앞에 쥐	무서운 사람 앞에서 설설 기면서 꼼짝 못함.

예시 선생님께 불려가서는 마치 고양이 앞에 쥐처럼 꼼짝 못하더구나.
유사 고양이 만난 쥐. 이리 앞의 양. 쥐가 고양이를 만난 격.

불난 강변에 덴 소 날뛰듯	위급한 경우를 당하여 황망하게 날뛰는 사람이나 모양.

예시 불난 강변에 덴 소 날뛰듯 하는 모습을 보니 참 안쓰럽다.

산 밖에 난 범이요 물 밖에 난 고기라	꼼짝없이 막다른 처지에 몰린 형세.

예시 내 신세가 산 밖에 난 범이요 물 밖에 난 고기로구나.
유사 덫에 치인 범이요, 그물에 걸린 고기라. 낚싯바늘에 걸린 생선.

재미난 골에 범 난다	편하고 재미있다고 위험한 일이나 나쁜 일을 계속하면 나중에는 큰 화를 당하게 됨.

예시 재미난 골에 범 나는 법이야. 장난도 한두 번이지 그러다 큰코다친다.
유사 오래 앉으면 새도 살을 맞는다.

호랑이에게 물려 가도 정신만 차리면 산다	아무리 위급한 경우를 당하더라도 정신만 똑똑히 차리면 위기를 벗어날 수가 있다.

예시 호랑이에게 물려 가도 정신만 차리면 산다는 말을 명심하고, 정신 바짝 차려라.
유사 범에게 물려 가도 정신만 차리면 산다.

28 | 이득이나 좋은 일이 생김

굿이나 보고 떡이나 먹지	남의 일에 쓸데없는 간섭을 하지 말고 되어 가는 형편을 보고 있다가 이익이나 얻도록 하라는 말.

예시 우리는 굿이나 보고 떡이나 먹으면 돼.

누이 좋고 매부 좋다	어떤 일에 있어 서로 다 이롭고 좋음.

예시 이게 다 누이 좋고 매부 좋으라고 하는 일 아닙니까?

도랑 치고 가재 잡는다	한 가지 일로 두 가지 이익을 봄.

예시 도랑 치고 가재 잡는 일이야말로 일거양득이다.

뽕도 따고 임도 보고	두 가지 일을 동시에 이룸.

예시 이번 기회에 뽕도 따고 임도 보고, 얼마나 좋습니까?
유사 원도 보고 송사도 본다. 원님도 보고 환자(還子)도 탄다. 임도 보고 뽕도 딴다.

호박이 넝쿨째로 굴러떨어졌다	뜻밖에 좋은 물건을 얻거나 행운을 만났다.

예시 이거야말로 호박이 넝쿨째로 굴러떨어진 셈이로군.
유사 굴러 온 호박. 아닌 밤중에 찰시루떡. 호박이 굴렀다.

29 | 좋은 날이 옴

고생 끝에 낙이 온다	어려운 일이나 고된 일을 겪은 뒤에는 반드시 즐겁고 좋은 일이 생긴다.

예시 고생 끝에 낙이 온다더니 정말 좋은 날이 오기는 오는구나.
유사 고생 끝에 낙이 있다. 태산을 넘으면 평지를 본다.

응달에도 햇빛 드는 날이 있다	아무리 어려운 처지에 놓여 있더라도 끝까지 노력하면 성과를 거둘 수 있음.

예시 응달에도 햇빛 드는 날이 있는 법이니 지금 당장 어렵더라도 포기하지 말자.

하늘이 무너져도 솟아날 구멍이 있다	아무리 어려운 경우에 처하더라도 살아 나갈 방도가 생긴다.

예시 하늘이 무너져도 솟아날 구멍이 있다고 했으니, 절망하기에는 아직 일러.
유사 사람이 죽으란 법은 없다. 죽을 수가 닥치면 살 수가 생긴다.

30 | 지조와 주관이 없음

간에 붙었다 쓸개에 붙었다 한다	자기에게 조금이라도 이익이 되면 지조 없이 이편에 붙었다 저편에 붙었다 함.

예시 간에 붙었다 쓸개에 붙었다 하는 너 같은 친구는 필요 없어.
유사 간에 가 붙고 쓸개에 가 붙는다. 쓸개에 가 붙고 간에 가 붙는다.

남의 장단에 춤춘다	자기 주견이 없이 남이 하는 대로 따라 함.

예시 남의 장단에 춤추지 말고, 네가 잘할 수 있는 걸 해.
유사 남의 장단에 엉덩춤 춘다. 남의 피리에 춤춘다. 남이 친 장단에 엉덩춤 춘다.

달면 삼키고 쓰면 뱉는다	옳고 그름이나 신의를 돌보지 않고 자기의 이익만 꾀함.

예시 달면 삼키고 쓰면 뱉는 너의 행동에 이제 신물이 난다.
유사 맛이 좋으면 넘기고 쓰면 뱉는다. 추우면 다가들고 더우면 물러선다.

숭어가 뛰니까 망둥이도 뛴다	제 분수나 처지는 생각하지 않고 잘난 사람을 덮어놓고 따름.

예시 숭어가 뛰니까 망둥이도 뛴다고, 대체 너까지 왜 그러니?
유사 망둥이가 뛰니까 전라도 빗자루도 뛴다. 망둥이가 뛰면 꼴뚜기도 뛴다.

절에 간 색시	남이 시키는 대로 따라 하는 사람.

예시 너는 절에 간 색시처럼 왜 남이 시키는 대로만 하니?

31 | 처세와 교훈

돌다리도 두들겨 보고 건너라	잘 아는 일이라도 세심하게 주의를 하라는 말.

예시 돌다리도 두들겨 보고 건너듯, 매사에 조심해라.
유사 아는 길도 물어 가랬다. 얕은 내도 깊게 건너라.

뛰는 놈 위에 나는 놈 있다	스스로 뽐내는 사람을 경계하여 이르는 말.

예시 뛰는 놈 위에 나는 놈 있다는 걸 잊지 마라.
유사 기는 놈 위에 나는 놈이 있다. 나는 놈 위에 타는 놈 있다. 뛰는 놈이 있으면 나는 놈이 있다.

모난 돌이 정 맞는다	강직한 사람은 남의 공박을 받는다.

예시 모난 돌이 정 맞는다는 이유로 바른 말을 못하는 것도 바람직하지는 않다.

미운 아이 떡 하나 더 준다	미운 사람일수록 잘해 주고 감정을 쌓지 않아야 한다.

예시 미운 아이 떡 하나 더 주면 그게 모두 나중에 복으로 돌아온다.
유사 미운 사람에게는 쫓아가 인사한다. 미운 아이 먼저 품어라. 미운 쥐도 품에 품는다.

벼 이삭은 익을수록 고개를 숙인다

교양이 있고 수양을 쌓은 사람일수록 겸손하고 남 앞에서 자기를 내세우려 하지 않는다.

예시 벼 이삭이 익을수록 고개를 숙이는 것처럼 겸손함을 익히도록 해라.
유사 곡식 이삭은 익을수록 고개를 숙인다. 낟알은 익을수록 고개를 숙인다. 병에 찬 물은 저어도 소리가 나지 않는다.

송충이는 솔잎을 먹어야 한다

자기 분수에 맞게 처신하여야 함.

예시 송충이는 솔잎을 먹어야 하는 것처럼 지나친 욕심은 내지 마라.

오르지 못할 나무는 쳐다보지도 마라

자기의 능력 밖의 불가능한 일에 대해서는 처음부터 욕심을 내지 않는 것이 좋다.

예시 오르지 못할 나무는 쳐다보지도 말고, 분수에 맞게 살아라.

윗물이 맑아야 아랫물이 맑다

윗사람이 잘하면 아랫사람도 따라서 잘하게 된다.

예시 윗물이 맑아야 아랫물이 맑은 것처럼 높은 자리에 있는 사람들이 먼저 모범을 보여야 한다.

4

우리말

'그것이 너무 많은 상태'
또는 '그런 상태의 사물, 사람'의 뜻을
더하는 접미사.

1 | 접두사가 붙어서 된 말

강-	1. '다른 것이 섞이지 않은'의 뜻을 더하는 접두사. 2. '호된' 또는 '심한'의 뜻을 더하는 접두사.

1. **강술** 안주 없이 마시는 술.
   예시 오늘도 김 씨는 빈속에 강술을 마셔 대고 있었다. **유사** 강굴. 강참숯. 강풀.
2. **강추위** 눈도 오지 않고 바람도 불지 않으면서 몹시 매운 추위.
   유사 강더위. 강밭다.

개-	1. '야생 상태의' 또는 '질이 떨어지는', '흡사하지만 다른'의 뜻을 더하는 접두사. 2. '헛된', '쓸데없는'의 뜻을 더하는 접두사. 3. '정도가 심한'의 뜻을 더하는 접두사.

1. **개살구** 개살구나무의 열매. 살구보다 맛이 시고 떫다.
   예시 빛 좋은 개살구. **유사** 개금. 개꿀. 개떡. 개먹. 개철쭉.
2. **개꿈** 특별한 내용도 없이 어수선하게 꾸는 꿈.
   예시 개꿈을 꾸다. **유사** 개나발. 개수작. 개죽음.
3. **개망나니** 예절에 몹시 어긋나는 행동을 하거나 성질이 아주 못된 사람을 낮잡아 이르는 말.
   예시 저런 개망나니 같으니라고. **유사** 개잡놈.

겉-	1. '겉으로만 보아 대강 한다'는 뜻을 더하는 접두사. 2. '실속과는 달리 겉으로만 그러하다'는 뜻을 더하는 접두사. 3. '어울리거나 섞이지 않고 따로'라는 뜻을 더하는 접두사.

1. **겉대중** 겉으로만 보고 하는 대강의 짐작.
   예시 겉대중으로는 100명도 넘겠다. **유사** 겉가량. 겉어림. 겉짐작. 겉잡디.
2. **겉치레** 겉만 보기 좋게 꾸미어 드러냄.
   예시 겉치레만 번지르르하다. **유사** 겉대답. 겉멋. 겉꾸미다. 겉늙다.
3. **겉보리** 껍질을 벗기지 아니한 보리.
   예시 겉보리를 키로 까불다. **유사** 겉밤. 겉수수.

군-

1. '쓸데없는'의 뜻을 더하는 접두사.
2. '가외로 더한', '덧붙은'의 뜻을 더하는 접두사.

1. **군살** 영양 과잉이나 운동 부족 따위 때문에 찐 군더더기 살.
   예시 군살을 빼다.
   유사 군것. 군기침. 군말. 군침. 군불.
2. **군식구** 원래 식구 외에 덧붙어서 얻어먹고 있는 식구.
   예시 군식구를 거느리다.
   유사 군사람.

날-

1. '말리거나 익히거나 가공하지 않은'의 뜻을 더하는 접두사.
2. '지독한'의 뜻을 더하는 접두사.

1. **날고기** 생고기(말리거나 익히거나 가공하지 아니한 고기).
   예시 날고기를 먹는 사람도 있다.
   유사 날것. 날김치. 날두부. 날기와. 날장작.
2. **날도둑** 몹시 악독한 도둑.
   예시 날도둑들의 행패가 심하다.
   유사 날강도. 날건달.

늦-

1. '늦은'의 뜻을 더하는 접두사.
2. '늦게'의 뜻을 더하는 접두사.

1. **늦더위** 여름이 다 가도록 가시지 않는 더위.
   예시 늦더위가 심하다.
   유사 늦공부. 늦가을. 늦바람. 늦장가.
2. **늦되다** 곡식이나 열매 따위가 제철보다 늦게 익다. 나이보다 늦게 철이 들다.
   예시 벼가 늦되다. 그는 늦되었는지 행동하는 모습이 어린애 같았다.
   유사 늦들다. 늦심다.

돌-	'품질이 떨어지는' 또는 '야생으로 자라는'의 뜻을 더하는 접두사.

돌배 돌배나무의 열매.
예시 돌배도 맛 들일 탓이다.
유사 돌미역. 돌조개.

들-	'야생으로 자라는'의 뜻을 더하는 접두사.

들개 주인 없이 여기저기 돌아다니는 개.
예시 만주 벌판에서 들개 사냥을 하다.
유사 들국화. 들깨. 들소. 들장미. 들쥐.

막-	1. '마지막'의 뜻을 더하는 접두사. 2. '거친', '품질이 낮은'의 뜻을 더하는 접두사. 3. '닥치는 대로 하는'의 뜻을 더하는 접두사. 4. '주저없이', '함부로'의 뜻을 더하는 접두사.

1. **막차** 그날 마지막으로 오거나 가는 차.
   예시 막차를 놓치다.
   유사 막판.
2. **막국수** 겉껍질만 벗겨 낸 거친 메밀가루로 굵게 뽑아 만든 거무스름한 빛깔의 국수.
   예시 막국수는 춘천이 유명하다.
   유사 막고무신. 막과자. 막담배. 막소주.
3. **막노동** 막일(이것저것 가리지 아니하고 닥치는 대로 하는 노동).
   예시 그는 막노동으로 진뼈가 굵었다.
   유사 막말. 막벌이. 막일.
4. **막가다** 앞뒤를 고려하지 않고 막되게 행동하다.
   예시 그는 막가기로 작정한 사람 같았다.
   유사 막거르다. 막벌다. 막보다. 막살다.

맨-	'다른 것이 없는'의 뜻을 더하는 접두사.

맨땅 아무것도 깔지 아니한 땅바닥.
예시 맨땅에 앉다. 유사 맨눈. 맨다리. 맨발. 맨주먹.

빗-	1. '기울어지게'의 뜻을 더하는 접두사. 2. '잘못'의 뜻을 더하는 접두사. 3. '기울어진'의 뜻을 더하는 접두사.

1. **빗대다** 곧바로 말하지 아니하고 빙 둘러서 말하다.
   예시 사람들은 구두쇠인 그를 놀부에 빗대어 말했다. 유사 빗뚫다. 빗물다.
2. **빗나가다** 움직임이 똑바르지 아니하고 비뚜로 나가다.
   예시 총알이 과녁에서 빗나가다. 유사 빗듣다. 빗디디다. 빗맞다.
3. **빗금** 비스듬하게 그은 줄.
   예시 빗금을 긋다. 유사 빗면. 빗이음. 빗천장.

샛-	'매우 짙고 선명하게'의 뜻을 더하는 접두사.

샛노랗다 매우 노랗다.
예시 유채꽃이 샛노랗게 피었다. 유사 샛말갛다.

선-	'서툰' 또는 '충분치 않은'의 뜻을 더하는 접두사.

선무당 서투르고 미숙하여 굿을 제대로 하지 못하는 무당.
예시 선무당이 사람 잡는다. 유사 선웃음. 선잠.

설-	'충분하지 못하게'의 뜻을 더하는 접두사.

설깨다 잠이 완전히 깨지 못하다.
예시 잠이 설깼는지 아이가 자꾸 보챈다.
유사 설듣다. 설마르다. 설익다.

숫-	'더럽혀지지 않아 깨끗한'의 뜻을 더하는 접두사.

숫처녀 남자와 성적 관계가 한 번도 없는 여자.
예시 그녀는 숫처녀처럼 빨개졌다.
유사 숫눈. 숫백성. 숫총각.

시-	'매우 짙고 선명하게'의 뜻을 더하는 접두사.

시꺼멓다 시꺼멓게 탄 숯검정.
예시 그의 눈썹은 유독 시꺼멓다.
유사 시뻘겋다. 시뿌옇다. 시퍼렇다. 시허옇다.

알-	1. '겉을 덮어 싼 것이나 딸린 것을 다 제거한'의 뜻을 더하는 접두사. 2. '진짜, 알짜'의 뜻을 더하는 접두사.

1. **알몸** 아무것도 입지 않은 몸.
   예시 일몸으로 물속에 뛰어들다.
   유사 알감. 알바늘. 알밤. 알토란.
2. **알거지** 가진 것이 아무것도 없는 거지. 또는 그런 형편이 되어 버린 사람.
   예시 그는 알거지 신세가 되었다.
   유사 알가난. 알건달. 알부자.

외-	1. '혼자인' 또는 '하나인' 또는 '한쪽에 치우친'의 뜻을 더하는 접두사. 2. '홀로'의 뜻을 더하는 접두사.

1. **외골수** 단 한 곳으로만 파고드는 사람.
   예시 그 사람은 외골수라 말이 안 통해.
   유사 외갈래. 외고집. 외기러기. 외길. 외마디. 외아들.
2. **외따로** 홀로 따로.
   예시 할머니가 시골에서 외따로 살고 있다.
   유사 외떨어지다.

웃-	'윗'의 뜻을 더하는 접두사.

웃돈 본래의 값에 덧붙이는 돈.
예시 구하기 힘든 물건이라 웃돈을 주고 샀다.
유사 웃거름. 웃국. 웃어른.

잔-	'가늘고 작은' 또는 '자질구레한'의 뜻을 더하는 접두사.

잔가지 풀과 나무의 작은 가지. 또는 자질구레한 가지.
예시 나무의 잔가지를 치다.
유사 잔꾀. 잔소리. 잔심부름. 잔털.

짓-	'마구', '함부로', '몹시'의 뜻을 더하는 접두사.

짓밟다 함부로 마구 밟다.
예시 상대를 마구 짓밟아 버렸다.
유사 짓누르다. 짓이기다. 짓찧다.

찰-

1. '끈기가 있고 차진'의 뜻을 더하는 접두사.
2. '매우 심한' 또는 '지독한'의 뜻을 더하는 접두사.

1. **찰떡** 찹쌀 따위의 차진 곡식으로 만든 떡.
   예시 찰떡을 먹다.
   유사 찰벼. 찰옥수수. 찰흙.
2. **찰거머리** 몸이 작고 빨판이 발달되어 잘 들러붙고 떨어지지 않는 거머리.
   예시 찰거머리가 달라붙다.
   유사 찰가난. 찰깍쟁이.

참-

1. '진짜' 또는 '진실하고 올바른'의 뜻을 더하는 접두사.
2. '품질이 우수한'의 뜻을 더하는 접두사.

1. **참사랑** 순수하고 진실한 사랑.
   예시 참사랑의 의미를 깨닫다.
   유사 참뜻. 참되다.
2. **참숯** 참나무 따위를 구워서 만든 숯.
   예시 참숯을 굽다.
   유사 참깨. 참먹.

풋-

1. '처음 나온', 또는 '덜 익은'의 뜻을 더하는 접두사.
2. '미숙한', '깊지 않은'의 뜻을 더하는 접두사.

1. **풋고추** 아직 익지 아니한 푸른 고추.
   예시 풋고추를 고추장에 찍어먹다.
   유사 풋감. 풋과실. 풋김치. 풋나물. 풋콩.
2. **풋사랑** 어려서 깊이를 모르는 사랑.
   예시 학창 시절 풋사랑의 대상이었던 선생님.
   유사 풋내기. 풋잠.

한-	1. '큰'의 뜻을 더하는 접두사. 2. '정확한' 또는 '한창인'의 뜻을 더하는 접두사. 3. '같은'의 뜻을 더하는 접두사.

1. **한걱정** 큰 걱정.
   예시 아들이 제대하자 어머니는 한걱정 덜었다고 마음을 놓았다. **유사** 한길. 한시름.
2. **한복판** '복판'을 강조하여 이르는 말.
   예시 마을 한복판에 우물이 있다. **유사** 한가운데. 한겨울. 한낮. 한밤중. 한잠.
3. **한패** 같은 동아리. 또는 같은 패. **유사** 한마을. 한집안.

햇-	'그해에 난'의 뜻을 더하는 접두사.

햇과일 그해에 새로 난 과일.
유사 햇감자. 햇병아리. 햇비둘기.

헛-	1. '이유 없는', '보람 없는'의 뜻을 더하는 접두사. 2. '보람 없이', '잘못'의 뜻을 더하는 접두사.

1. **헛걸음** 목적을 이루지 못하고 헛수고만 하고 가거나 옴. 또는 그런 걸음.
   유사 헛고생. 헛소문. 헛수고.
2. **헛살다** 사람으로서 마땅히 해야 할 일을 다하지 못하고 지내다.
   예시 집 한 칸 장만하지 못해 인생을 헛살았다는 생각이 들었다.
   유사 헛디디다. 헛보다. 헛먹다.

홀-	'짝이 없이 혼자뿐인'의 뜻을 더하는 접두사.

홀몸 배우자나 형제가 없는 사람.
예시 사고로 아내를 잃고 홀몸이 되었다.
유사 홀시아버지. 홀시어머니. 홀아비. 홀어미.

2 | 접미사가 붙어서 된 말

-개	'사람' 또는 '간단한 도구'의 뜻을 더하고 명사를 만드는 접미사

오줌싸개 오줌을 가리지 못하는 아이
예시 오줌싸개라고 놀림을 받다.
유사 코흘리개. 날개. 덮개. 지우개.

-거리	1. '비하'의 뜻을 더하는 접미사. 2. '주기적으로 일어나는 동안'의 뜻을 더하는 접미사.

1. **떼거리** '떼'를 속되게 이르는 말.
   예시 떼거리로 몰려다니다.
   유사 짓거리. 패거리.
2. **하루거리. 이틀거리. 달거리. 해거리.**

-거리다	'그런 상태가 잇따라 계속됨'의 뜻을 더하고 동사를 만드는 접미사.

까불거리다 가볍게 자꾸 흔들려 움직이다. 또는 그렇게 하다.
예시 까불거리다가 된통 혼나다.
유사 반짝거리다. 방실거리다. 출렁거리다.

-기	명사를 만드는 접미사.

달리기 달음질하는 일.
예시 달리기 시합을 하다.
유사 굵기. 모내기. 사재기. 줄넘기.

-꼴	'그 수량만큼 해당함'의 뜻을 더하는 접미사.

예시 100원꼴. 한 명꼴. 열 개꼴.

-꾸러기	'그것이 심하거나 많은 사람'의 뜻을 더하는 접미사.

장난꾸러기 장난이 심한 아이. 또는 그런 사람.
유사 걱정꾸러기. 말썽꾸러기. 욕심꾸러기. 잠꾸러기.

-꾼	1. '어떤 일을 전문적으로 하는 사람' 또는 '어떤 일을 잘하는 사람'의 뜻을 더하는 접미사. 2. '어떤 일을 습관적으로 하는 사람' 또는 '어떤 일을 즐겨 하는 사람'의 뜻을 더하는 접미사. 3. '어떤 일 때문에 모인 사람'의 뜻을 더하는 접미사.

1. **살림꾼** 살림을 도맡아서 하는 사람.
   예시 그녀는 살림꾼이 다 되었다. 유사 소리꾼. 심부름꾼. 씨름꾼, 장사꾼.
2. **낚시꾼** 취미로 낚시를 가지고 고기잡이를 하는 사람.
   예시 이 저수지는 낚시꾼이 많이 모이는 곳이다. 유사 노름꾼. 말썽꾼. 잔소리꾼.
3. **구경꾼** 구경하는 사람.
   예시 구경꾼이 모여들다. 유사 일꾼. 장꾼.

-네	1. '같은 처지의 사람'의 뜻을 더하는 접미사. 2. '그 사람이 속한 무리'라는 뜻을 더하는 접미사

1. **아낙네** 남의 집 부녀자를 통속적으로 이르는 말. 유사 동갑네. 여인네.
2. **철수네. 김 서방네. 아저씨네.**

-답다	'성질이나 특성이 있음'의 뜻을 더하고 형용사를 만드는 접미사.

꽃답다 꽃과 같은 아름다움이 있다.
예시 꽃다운 나이. 꽃다운 청춘.
유사 남자답다. 사람답다. 정답다.

-둥이	'그러한 성질이 있거나 그와 긴밀한 관련이 있는 사람'의 뜻을 더하는 접미사.

귀염둥이 아주 사랑스러운 아이. 또는 매우 사랑을 받는 아이.
예시 우리 집 귀염둥이 막내가 벌써 고등학생이 되었다.
유사 막내둥이. 바람둥이. 해방둥이.

-롭다	'그러함' 또는 '그럴 만함'의 뜻을 더하고 형용사를 만드는 접미사.

신비롭다 사람의 힘이나 지혜가 미치지 못할 정도로 신기하고 묘한 느낌이 있다.
예시 아름답고 신비로운 이야기.
유사 명예롭다. 자유롭다. 풍요롭다. 향기롭다.

-막	'그렇게 된 곳'이라는 뜻을 더하고 명사를 만드는 접미사.

내리막 높은 곳에서 낮은 곳으로 이어지는 비탈진 곳.
예시 그렇게 기승을 부리던 더위도 내리막에 접어든 것 같다.
유사 오르막.

-바가지	'비하'의 뜻을 더하는 접미사.

고생바가지 고생스러운 일거리가 담겨 있는 바가지라는 뜻으로, 힘든 일이 많은 것을 비유해서 이르는 말.
예시 직장을 그만둔 뒤로 고생바가지를 뒤집어쓰고 살아가는 중이다.
유사 주책바가지.

-박이	1. '무엇이 박혀 있는 사람이나 짐승 또는 물건'이라는 뜻을 더하는 접미사. 2. '무엇이 박혀 있는 곳'이라는 뜻을 더하거나 또는 '한곳에 일정하게 고정되어 있다'는 뜻을 더하는 접미사.

1. **점박이** 얼굴이나 몸에 큰 점이 있는 사람이나 짐승.
   예시 점박이 사내. 점박이 강아지.
   유사 금니박이. 덧니박이. 차돌박이.
2. **붙박이** 어느 한 자리에 정한 대로 박혀 있어서 움직임이 없는 상태. 또는 그런 사물이나 사람.
   예시 붙박이 책상을 들여놓다.
   유사 장승박이.

-배기	1. '그 나이를 먹은 아이'의 뜻을 더하는 접미사. 2. '그것이 들어 있거나 차 있음'의 뜻을 더하는 접미사. 3. '그런 물건'의 뜻을 더하는 접미사.

1. **두 살배기. 다섯 살배기.**
2. **나이배기** 겉보기보다 나이가 많은 사람을 낮잡아 이르는 말.
   예시 그 사람 보기보다는 나이배기더군.
3. **진짜배기** '진짜'를 속되게 이르는 말.
   예시 진자배기만 골랐다.
   유사 공짜배기. 대짜배기.

-뱅이

'그것을 특성으로 가진 사람'의 뜻을 더하는 접미사.

가난뱅이 가난한 사람을 낮잡아 이르는 말.
예시 그는 있는 재산 다 털어먹고 가난뱅이가 되었다.
유사 게으름뱅이. 안달뱅이. 주정뱅이. 좁쌀뱅이.

-보

1. '그것이 쌓여 모인 것'의 뜻을 더하는 접미사.
2. '그것을 특성으로 지닌 사람'의 뜻을 더하는 접미사.
3. '그러한 행위를 특성으로 지닌 사람'의 뜻을 더하고 명사를 만드는 접미사.
4. '그러한 특징을 지닌 사람'의 뜻을 더하는 접미사.

1. **웃음보** 한꺼번에 크게 웃거나 잇따라 자꾸 웃으려는 웃음을 이르는 말.
   예시 웃음보가 터져 나오려는 걸 간신히 참았다.
   유사 말보. 심술보. 울음보.
2. **꾀보** 잔꾀가 많은 사람을 낮잡아 이르는 말.
   예시 명수는 꾀보라서 늘 친구들을 이용해 먹는다.
   유사 싸움보. 잠보. 털보.
3. **울보** 걸핏하면 우는 아이.
   예시 걸핏하면 울음을 터트려서 울보라는 별명을 얻었다.
   유사 먹보. 째보.
4. **뚱뚱보** 뚱뚱이(살이 쪄서 뚱뚱한 사람을 놀림조로 이르는 말).
   예시 그는 먹는 것만 좋아하고 움직이는 것은 싫어하는 뚱뚱보이다. 유사 땅딸보.

-살이

'어떤 일에 종사하거나 어디에 기거하여 사는 생활'의 뜻을 더하는 접미사.

감옥살이 감옥에 갇히어 지내는 생활.
예시 그는 오랜 감옥살이로 몸이 쇠약해졌다.
유사 셋방살이. 시집살이. 종살이.

-스럽다	'그러한 성질이 있음'의 뜻을 더하고 형용사를 만드는 접미사.

복스럽다 모난 데가 없이 복이 있어 보이는 데가 있다.
예시 포동포동한 그녀의 얼굴은 복스러워 보였다.
유사 걱정스럽다. 사랑스럽다. 자랑스럽다.

-씨	'태도' 또는 '모양'의 뜻을 더하는 접미사.

말씨 말하는 태도나 버릇.
유사 마음씨. 바람씨. 발씨.

-이	1. 명사를 만드는 접미사. 2. '사람', '사물', '일'의 뜻을 더하고 명사를 만드는 접미사. 3. '사람' 또는 '사물'의 뜻을 더하고 명사를 만드는 접미사.

1. **길이** 한끝에서 다른 한끝까지의 거리. **유사** 높이. 먹이. 벌이.
2. **때밀이** 목욕탕에서 목욕하는 사람의 때를 밀어 주는 일을 직업으로 하는 사람.
   유사 젖먹이. 재떨이. 옷걸이. 목걸이. 가슴앓이.
3. **애꾸눈이** 애꾸눈(한쪽 눈이 먼 사람을 낮잡아 이르는 말).
   예시 그는 나뭇가지에 눈이 찔려 애꾸눈이가 되고 말았다.
   유사 절름발이. 멍청이. 똑똑이. 뚱뚱이. 짝짝이.

-잡이	1. '무엇을 잡는 일'의 뜻을 더하는 접미사. 2. '무엇을 다루는 사람'의 뜻을 더하는 접미사.

1. **고기잡이** 낚시나 그물 따위로 물고기를 잡음. **유사** 오징어잡이.
2. **총잡이** 총을 잘 쏘는 사람.
   예시 두 총잡이가 약간의 간격을 두고 맞섰다. **유사** 칼잡이.

-장이	'그것과 관련된 기술을 가진 사람'의 뜻을 더하는 접미사.

간판장이 간판을 그리거나 만들어 파는 일을 하는 사람을 낮잡아 이르는 말.
예시 간판장이 노릇을 하다.
유사 땜장이. 양복장이. 옹기장이.

-쟁이	'그것이 나타내는 속성을 많이 가진 사람'의 뜻을 더하는 접미사.

겁쟁이 겁이 많은 사람을 낮잡아 이르는 말.
예시 겁쟁이처럼 도망가지 말고 남자답게 맞서라.
유사 개구쟁이. 고집쟁이. 떼쟁이. 멋쟁이. 무식쟁이.

-질	1. '그 도구를 가지고 하는 일'의 뜻을 더하는 접미사. 2. '그 신체 부위를 이용한 어떤 행위'의 뜻을 더하는 접미사. 3. 직업이나 직책에 비하하는 뜻을 더하는 접미사. 4. 주로 좋지 않은 행위에 비하하는 뜻을 더하는 접미사.

1. **가위질** 가위로 자르거나 오리는 일.
   예시 아이는 서툰 가위질로 색종이를 오리고 있었다.
   유사 걸레질. 망치질. 부채질.
2. **곁눈질** 곁눈으로 보는 일.
   예시 그는 곁눈질로 나더러 나오라는 신호를 보냈다.
   유사 손가락질. 입질. 주먹질.
3. **선생질** 학생을 가르치는 일을 낮잡아 이르는 말.
   예시 선생질이 오죽 되면 그 똥을 개도 인 먹는다고 했겠냐?
   유사 순사질. 목수질.
4. **계집질** 자기 아내가 아닌 여자와 정을 통하는 짓.
   예시 노름과 계집질로 세월을 보내다.
   유사 노름질. 도둑질. 서방질. 싸움질. 자랑질.

-짜리	1. '그만한 수나 양을 가진 것' 또는 '그만한 가치를 가진 것'의 뜻을 더하는 접미사. 2. '그런 차림을 한 사람'의 뜻을 더하는 접미사.

1. 한 뼘짜리. 열 살짜리. 오십 권짜리. 방 두 개짜리. 백 원짜리. 얼마짜리.
2. 양복짜리. 장옷짜리. 창의짜리.

-치	'물건'의 뜻을 더하는 접미사.

날림치 날림(정성을 들이지 아니하고 대강대강 아무렇게나 만든 물건).
예시 물건을 어떻게 이리 날림치로 만들었담.
유사 중간치. 버림치.

-치레	1. '치러 내는 일'의 뜻을 더하는 접미사. 2. '겉으로만 꾸미는 일'의 뜻을 더하는 접미사.

1. **병치레** 병을 앓아 치러 내는 일.
   예시 병치레하느라 얼굴이 홀쭉해졌다.
   유사 손님치레.
2. **말치레** 실속 없이 말로 겉만 꾸미는 일.
   예시 그녀가 놀러 오라고 한 말은 말치레에 지나지 않았다.
   유사 인사치레.

-투성이	'그것이 너무 많은 상태' 또는 '그런 상태의 사물, 사람'의 뜻을 더하는 접미사.

기름투성이 기름이 온통 묻은 상태.
예시 그는 기름투성이가 된 옷을 입고 있었다.
유사 땀투성이. 먼지투성이. 피투성이.

-퉁이

1. '비하'의 뜻을 더하는 접미사.
2. '그런 태도나 성질을 가진 사람'의 뜻을 더하는 접미사.

1. **눈퉁이** 눈두덩의 불룩한 곳을 속되게 이르는 말.
   예시 눈퉁이가 부어오르다.
   유사 배퉁이. 젖퉁이.
2. **미련퉁이** 몹시 미련한 사람을 낮잡아 이르는 말.
   예시 생김이 뒤웅스러우니 하는 짓도 미련퉁이다.
   유사 꾀퉁이. 심술퉁이.

-하다

1. 동사를 만드는 접미사.
2. 형용사를 만드는 접미사.
3. 동사나 형용사를 만드는 접미사.

1. **공부하다** 학문이나 기술을 배우고 익히다.
   예시 학생들이 영어를 공부하다.
   유사 빨래하다. 밥하다. 생각하다. 사랑하다.
2. **건강하다** 정신적으로나 육체적으로 아무 탈이 없고 튼튼하다.
   예시 이십 대 중반인 그는 아주 젊고 건강했다.
   유사 순수하다. 정직하다. 진실하다. 행복하다.
3. **덜컹덜컹하다** 갑자기 놀라거나 겁에 질려서 몹시 가슴이 울렁거리다.
   예시 화물차가 덜컹덜컹하며 지나간다.
   유사 반짝반짝하다. 소곤소곤하다.

5

관용구

잊지 않게 단단히 마음에 기억하다.

1 | 가슴

가슴(을) 치다	마음에 큰 충격을 받다.

예시 할머니의 사연은 내 가슴을 치는 것이었다.

가슴(을) 태우다	몹시 애태우다.

예시 조바심에 가슴을 태우며 시간이 되기를 기다렸다.

가슴(을) 펴다	굽힐 것 없이 당당하다.

예시 그는 어려운 상황이지만 가슴을 펴고 자기의 의견을 제시했다.

가슴에 새기다	잊지 않게 단단히 마음에 기억하다.

예시 그는 할아버지 말씀을 가슴에 새기고 집을 떠났다.

가슴에 손을 얹다	양심에 근거를 두다.

예시 네가 진짜 잘못한 것이 없는지 가슴에 손을 얹고 생각해 보아라.

가슴을 열다	속마음을 털어놓거나 받아들이다.

예시 그와 나는 가슴을 열고 이야기하는 사이다.

2 | 간

간(이) 떨어지다	몹시 놀라다.

예시 갑작스러운 폭발음에 간 떨어질 뻔했다.

1. 간(이) 작다 2. 간(이) 크다	1. 대담하지 못하고 몹시 겁이 많다. ≒ 간이 콩알만 하다. 2. 겁이 없고 매우 대담하다.

예시 1. 그는 간이 작아 큰일은 못할 거야. 2. 그는 보기보다 간이 크다.

간에 기별도 안 가다	먹은 것이 너무 적어 먹으나 마나 하다. ≒ 간에 차지 않다.

예시 이거 먹고는 간에 기별도 안 가겠다.

간을 꺼내어 주다	비위를 맞추기 위해 중요한 것을 아낌없이 주다.

예시 그는 승진을 위해 상사에게 간을 꺼내어 주기도 한다.

간을 빼 먹다	겉으로는 비위를 맞추며 좋게 대하는 척하면서 요긴한 것을 다 빼앗다.

예시 그는 웃는 얼굴로 남의 간을 빼 먹을 사람이다.

간이 붓다	지나치게 대담해지다.

예시 나한테 덤비다니 이놈이 간이 부은 모양이군.

3 | 고개

고개(를) 흔들다	고개를 좌우로 움직여 부정이나 거절의 뜻을 나타내다.

예시 학생은 힘차게 고개를 흔들어 그 사실을 부인했다.

고개(를) 꼬다[비틀다]	1. 이리저리 생각하면서 망설이느라고 고개를 이리저리 돌리다. 2. 믿지 아니하고 의심하여 고개를 이리저리 돌리다.

예시 1. 어머니는 고개를 꼬고 망설이기만 하며 대답하지 않았다. 2. 아무리 설득해도 고개를 꼬기만 할 뿐이었다.

고개(를) 돌리다	어떤 사람, 일, 상황 따위를 외면하다.

예시 그녀의 친구들도 이제는 더 도울 수 없다며 고개를 돌렸다.

고개(를) 숙이다	1. 남에게 승복하거나 아첨하거나 겸양하는 뜻으로 머리를 수그리다. 2. 기세가 꺾이어 누그러지다.

예시 1. 상대의 기세에 눌려 고개를 숙이고 말았다. 2. 추수기를 맞아 고개를 숙인 쌀값.

고개를 내밀다	세력, 감정 따위가 나타나거나 생기다.

예시 사회가 혼탁해지자 폭력 세력이 고개를 내밀기 시작했다.

고개를 들다	기운이나 형세가 성하여지거나 활발하여지다. ≒ 고개를 쳐들다.

예시 그는 자신의 잘못을 깨닫자 고개를 못 들었다.

4 | 귀

귀(가) 따갑다	1. 소리가 날카롭고 커서 듣기에 괴롭다. 2. 너무 여러 번 들어서 듣기가 싫다. ≒ 귀(가) 아프다.

예시 1. 친구는 기차 화통을 삶아 먹었는지 목소리가 커서 얘기할 때 귀가 따가웠다. 2. 그런 말은 이미 귀 따갑게 들었다.

귀(를) 기울이다	남의 이야기나 의견에 관심을 가지고 주의를 모으다.

예시 그는 조용히 다른 사람의 말에 귀를 기울였다.

귀가 얇다	남의 말을 쉽게 받아들인다.

예시 사람이 그렇게 귀가 얇아서 무슨 일을 하겠는가?

귀에 들어가다	누구에게 알려지다.

예시 식구들은 막내의 잘못이 아버지의 귀에 들어갈까 걱정하여 모두 쉬쉬 했다.

귀에 못이 박히다	같은 말을 여러 번 듣다. ≒ 귀에 딱지가 앉다, 귀에 싹이 나다.

예시 불 끄라는 소리는 귀에 못이 박히도록 들었다.

5 | 꼬리

꼬리(가) 길다	1. 못된 짓을 오래 두고 계속하다. 2. 방문을 닫지 않고 드나들다.

예시 1. 꼬리가 길면 잡히는 법이야. 2. 누구야, 꼬리가 긴 사람이. 아직도 문이 열려 있네.

꼬리(를) 감추다	자취를 감추다.

예시 경찰이 들이닥친 것은 범인이 이미 꼬리를 감춘 뒤였다.

꼬리(를) 내리다	상대편에게 기세가 꺾여 물러서거나 움츠러들다.

예시 그 사람은 부하에게는 큰소리치면서 상관에게는 꼬리를 내린다.

꼬리(를) 밟히다	행적을 들키다.

예시 범인은 방심하고 있다가 형사에게 꼬리를 밟히고 말았다.

꼬리에 꼬리를 물다	계속 이어지다. ≒ 꼬리(를) 물다.

예시 풍문은 꼬리에 꼬리를 물고 인근 사방에 전파되었다.

6 | 꿈, 낯

꿈(을) 깨다	희망을 낮추거나 버리다.

예시 꿈 깨라. 세상은 그렇게 만만하지 않아.

꿈도 야무지다	희망이 너무 커 실현 가능성이 없음을 비꼬아 이르는 말.

예시 그렇게 좋지 않은 성적으로 대학에 진학을 하겠다니, 꿈도 야무지다.

꿈에 밟히다	잊히지 아니하여 꿈에 나타나다.

예시 그 불쌍한 어린것이 요즘도 밤마다 꿈에 밟힌다.

낯(을) 들다	남을 떳떳이 대하다. ≒ 얼굴을 들다.

예시 나는 그 일이 있은 뒤로 낯을 들고 다닐 수가 없었다.

낯(이) 두껍다	부끄러움을 모르고 염치가 없다. 얼굴이 두껍다.

예시 너는 어쩌면 그렇게 뻔뻔할 수가 있니? 정말 낯이 두껍구나.

낯이 깎이다	체면이 손상되다.

예시 점잖은 자리이니 낯이 깎일 행동을 하지 않도록 조심해라.

7 | 눈

눈(에) 띄다	두드러지게 드러나다.

예시 경제가 눈에 띄게 성장하였다.

눈(에) 어리다	어떤 모습이 잊히지 않고 머릿속에 뚜렷하게 떠오르다.

예시 자식들의 모습이 눈에 어리다.

눈(을) 돌리다	관심을 돌리다.

예시 이번에는 교육 환경 문제로 눈을 돌려 생각해 봅시다.

눈(을) 똑바로 뜨다	정신을 차리고 주의를 기울이다.

예시 다시는 실수하지 않도록 눈 똑바로 뜨고 일해야 한다.

눈(이) 높다	1. 정도 이상의 좋은 것만 찾는 버릇이 있다. 2. 안목이 높다.

예시 1. 그 여자는 눈이 높아 웬만한 남자는 거들떠보지도 않는다. 2. 부인은 눈이 높으시군요. 그럼 한번 괜찮은 것을 보여 드리지요.

눈(이) 많다	보는 사람이 많다.

예시 이렇게 눈이 많은 곳에서 무슨 짓이에요?

눈(이) 맞다	두 사람의 마음이나 눈치가 서로 통하다.

예시 머슴하고 눈이 맞아서 달아났다던 계집 말이냐?

눈도 깜짝 안 하다	조금도 놀라지 않고 태연하다.

예시 그는 사람들의 세찬 비난에도 눈도 깜짝 안 하였다.

눈 밖에 나다	신임을 잃고 미움을 받게 되다. ≒ 눈에 나다.

예시 그는 약속을 지키지 않아 동료들의 눈 밖에 났다.

눈에 밟히다	잊히지 않고 자꾸 눈에 떠오르다.

예시 그는 어머니의 모습이 눈에 밟혀 차마 발걸음을 옮길 수 없었다.

8 | 다리, 뒤

다리(를) 놓다	상대편과 관련을 짓기 위하여 중간에 다른 사람을 넣다.

예시 그가 중간에서 다리를 놓아 물건을 쉽게 팔았다.

다리(를) 뻗고[펴고] 자다	마음 놓고 편히 자다. ≒ 발(을) 뻗고[펴고] 자다.

예시 고민이 해결되었으니 이제 다리 뻗고 잘 수 있겠다.

1. 뒤(가) 구리다 2. 뒤가 깨끗하다	1. 숨겨 둔 약점이나 잘못이 있다. ≒ 밑(이) 구리다. 2. 숨겨 둔 약점이나 잘못이 없다.

예시 1. 나를 보고 피하는 걸 보니 뒤가 구린 모양이다. 2. 저 사람은 뒤가 깨끗한 사람이야.

뒤가 든든하다	뒤에서 받쳐 주는 세력이나 사람이 있다.

예시 여러분들이 있어 뒤가 든든합니다.

뒤로 물러나다	직임이나 사회 활동에서 은퇴하다. ≒ 뒤로 빠지다.

예시 그 선수는 마흔 살이 넘어서도 뒤로 물러나지 않고 계속 선수 생활을 했다.

뒤를 캐다	드러나지 않은 속이나 행동을 알아내려고 은밀히 뒷조사를 하다.

예시 나에 대해 속속들이 잘 아는 걸로 보아 이미 나의 뒤를 캔 게 분명하다.

9 | 마음

마음(을) 붙이다	어떤 것에 마음을 자리 잡게 하거나 전념하다.

예시 홀어머니가 된 엄마는 자식 교육에 마음을 붙이고 지금껏 살아오셨다.

마음에 두다	잊지 아니하고 마음속에 새겨 두다.

예시 어제 그 일은 마음에 두지도 마라.

마음에 차다	마음에 흡족하게 여기다.

예시 마음에 차는 며느리.

마음이 통하다	서로 생각이 같아 이해가 잘되다.

예시 그와 나는 마음이 통하는 사이다.

마음이 풀리다	1. 마음속에 맺히거나 틀어졌던 것이 없어지다. 2. 긴장하였던 마음이 누그러지다.

예시 1. 나의 사과를 받고 친구의 마음이 풀리자 우리들은 다시 예전처럼 친하게 되었다.
2. 입학시험이 끝나고 마음이 풀려서인지 나는 감기에 걸렸다.

10 | 머리

머리(가) 굳다	1. 사고방식이나 사상 따위가 완고하다. 2. 기억력 따위가 무디다.

예시 1. 내가 너무 머리가 굳어서 그런지 젊은 너를 이해할 수가 없다. 2. 오십이 넘으니 머리가 굳어서 어제 일도 잘 생각나지 않는다.

머리(가) 굵다	어른처럼 생각하거나 판단하게 되다. ≒ 머리(가) 크다.

예시 학생들이 머리가 굵어서 말도 잘 안 듣는다.

머리(를) 내밀다	어떤 자리에 모습을 나타내다.

예시 회의장에 머리를 내밀다.

머리(를) 맞대다	어떤 일을 의논하거나 결정하기 위하여 서로 마주 대하다.

예시 머리를 맞대고 대책을 강구하다.

머리(를) 숙이다	1. 굴복하거나 저자세를 보이다. 2. 마음속으로 탄복하여 수긍하거나 경의를 표하다.

예시 1. 할 수 있니? 아쉬운 네가 머리를 숙이고 들어가야지. 2. 그의 뒤늦은 향학열에는 머리를 숙일 수밖에 없다.

머리를 쥐어짜다	몹시 애를 써서 궁리하다.

예시 아무리 머리를 쥐어짜도 별 뾰족한 수가 나오지 않았다.

11 | 목, 목구멍

목에 힘을 주다	거드름을 피우거나 남을 깔보는 듯한 태도를 취하다.

예시 그는 시의원이 되더니 목에 힘을 주고 다닌다.

목이 날아가다[달아나다]	직장에서 쫓겨나게 되다.

예시 당신같이 유능한 사람의 목이 날아가게 되다니 우리 회사도 이젠 끝이군.

목이 빠지게 기다리다	몹시 안타깝게 기다리다.

예시 명절 때마다 그녀는 마을 어귀까지 나가 서울에 있는 오빠가 오기를 목이 빠지게 기다리곤 했다.

목구멍까지 차오르다[치밀어 오르다]	분노, 욕망, 충동 따위가 참을 수 없는 지경이 되다.

예시 그는 목구멍까지 차오르는 분노를 꾹 참았다.

목구멍에 풀칠하다	굶지 않고 겨우 살아가다.

예시 그는 얼마 안 되는 월급으로 겨우 목구멍에 풀칠하며 산다.

목구멍의 때(를) 벗기다	배부르게 먹다.

예시 동료들은 갑부인 친구의 생일날 오래간만에 목구멍의 때를 벗겼다.

12 | 바가지, 바닥, 바람

바가지(를) 긁다	주로 아내가 남편에게 생활의 어려움에서 오는 불평과 잔소리를 심하게 하다.

예시 아침부터 아내가 바가지를 긁는 바람에 일할 기분이 나지 않았다.

바가지(를) 쓰다	요금이나 물건값을 실제 가격보다 비싸게 지불하여 억울한 손해를 보다.

예시 주인의 말에 넘어가 바가지를 쓰고 이 물건을 샀다.

바닥(이) 드러나다	1. 다 소비되어 없어지다. 2. 숨겨져 있던 정체가 드러나다.

예시 1. 돈이 바닥이 드러나서 막막하다. 2. 그도 이제 슬슬 바닥이 드러나는군.

바닥을 기다	정도나 수준이 형편없다.

예시 중학교 때는 수학 성적이 바닥을 기었는데 이제는 꽤 나아졌습니다.

바람(을) 넣다	남을 부추겨서 무슨 행동을 하려는 마음이 생기게 만들다.

예시 왜 얌전히 공부하는 아이에게 바람을 넣고 그러냐?

바람(을) 잡다	허황된 짓을 꾀하거나 그것을 부추기다.

예시 옆에서 자꾸 바람을 잡았어도 나는 그것을 무시하고 집으로 돌아왔다.

13 | 발

발(을) 구르다	매우 안타까워하거나 다급해하다.

예시 늦은 밤이 되어도 아이가 돌아오지 않자 어머니는 발을 동동 굴렀다.

발(을) 끊다	오가지 않거나 관계를 끊다.

예시 그는 올해부터 술집에 발을 끊고 가정에 충실하기로 마음먹었다.

발(을) 빼다[씻다]	어떤 일에서 관계를 완전히 끊고 물러나다.

예시 노름판에서 발을 빼고 이제는 착실히 일을 하기로 했네.

발(이) 묶이다	몸을 움직일 수 없거나 활동할 수 없는 형편이 되다.

예시 그는 집안일에 발이 묶여 당분간은 공부를 할 수 없게 되었다.

발 벗고 나서다	적극적으로 나서다.

예시 그는 옳다고 생각하는 일이라면 항상 발 벗고 나서는 사람이다.

발이 닳다	매우 분주하게 많이 다니다.

예시 뺑소니차를 목격한 사람을 발이 닳도록 찾아보았으나 성과는 없었다.

14 | 발등, 배

발등(을) 찍히다	남에게 배신을 당하다.

예시 그는 굳게 믿었던 친구에게 결국 발등을 찍히고 말았다.

발등에 불(이) 떨어지다	일이 몹시 절박하게 닥치다.

예시 그는 무슨 일이든 언제나 발등에 불이 떨어져야 시작한다.

발등의 불을 끄다	눈앞에 닥친 절박한 일이나 어려운 일을 처리하거나 해결하다.

예시 그는 지금 자기 발등의 불을 끄는 데 정신이 없다.

배(가) 아프다	남이 잘되어 심술이 나다.

예시 그는 남 잘되는 걸 보고 무척이나 배가 아팠다.

배(를) 불리다[채우다]	재물이나 이득을 많이 차지하여 사리사욕을 채우다.

예시 그는 시간이 흐를수록 요령껏 자기 배만 불리기에 정신이 없었다.

15 | 불, 불꽃, 불똥, 빛

불을 끄다	급한 일을 처리하다.

예시 미안해. 급한 일이 갑자기 생겨서 그 불을 끄느라고 좀 늦었어.

불꽃(이) 튀다	1. 겨루는 모양이 치열하다. 2. 격한 감정이 눈에 내비치다.

예시 1. 불꽃 튀는 경쟁을 치르다. 2. 그는 화가 머리끝까지 올라 눈에서 불꽃이 튀었다.

불똥(이) 튀다	재앙이나 화가 미치다.

예시 그 일로 우리에게도 불똥이 튀면 살기가 더욱 힘들겠네요.

빛을 발하다	제 능력이나 값어치를 드러내다.

예시 밑천이 딸리자 그의 잠자던 수완이 비로소 빛을 발하기 시작했다.

빛을 보다	업적이나 보람 따위가 드러나다.

예시 그의 재능이 빛을 보게 된 것은 훌륭한 선생님을 만났기 때문이다.

16 | 뼈, 사람

뼈를 깎다[갈다]	몹시 견디기 어려울 정도로 고통스럽다.

예시 사랑은 뼈를 깎는 희생을 통해서 완성된다.

뼈를 묻다	단체나 조직에 평생토록 헌신하다.

예시 그는 이 회사에 뼈를 묻을 작정이다.

뼈에 사무치다	원한이나 고통 따위가 뼛속에 파고들 정도로 깊고 강하다.

예시 실향민에게는 모두 뼈에 사무치는 한이 있다.

사람(을) 버리다	좋지 못한 사람으로 되게 하거나 사람을 못쓰게 만들다.

예시 그전에는 참 착한 사람이었는데, 세월이 사람을 버려 놓았군.

사람(을) 잡다	1. 사람을 극심한 곤경에 몰아넣다. 2. 사람의 마음을 황홀하게 하거나 녹여 주다.

예시 1. 담배 한 대 피웠다고 피우지도 않은 대마초에 마약까지 뒤집어씌우다니, 아주 사람을 잡는군. 2. 그 여자, 얼굴은 별로이지만 예쁜 목소리는 사람을 잡는다.

사람(이) 되다	도덕적으로나 인격적으로 사람으로서의 자질을 갖춘 인간이 되다.

예시 사람이란 고생을 해 봐야 사람이 되는 것이다.

17 | 속

속(을) 긁다	남의 속이 뒤집히게 비위를 살살 건드리다.

예시 아내는 아침부터 속 긁는 소리를 해 댔다.

속(을) 끓이다	마음을 태우다.

예시 그녀는 한평생을 자식 문제로 속 끓이고 살아왔다.

속(을) 뜨다[떠보다]	남의 마음을 알려고 넘겨짚다.

예시 넌지시 속을 떠보다.

속(이) 뒤집히다	몹시 아니꼽게 느껴지다.

예시 화가 나서 속이 뒤집힐 지경이다.

속(이) 시원하다	좋은 일이 생기거나 나쁜 일이 없어져서 마음이 상쾌하다.

예시 그 말을 들으니 삼 년 묵은 체증이 내려간 듯 속이 시원했다.

18 | 손, 숨, 씨

손(에) 익다	일이 손에 익숙해지다.

예시 이제 일이 손에 익어서 일을 빠르고 정확하게 처리할 수 있다.

손(을) 끊다	교제나 거래 따위를 중단하다.

예시 나쁜 친구들과 손을 끊어라.

손(을) 내밀다	1. 무엇을 달라고 요구하거나 구걸하다. ≒ 손(을) 벌리다. 2. 도움, 간섭 따위의 행위가 어떤 곳에 미치게 하다. 3. 친하려고 나서다.

예시 1. 그때쯤은 서슬이 푸른 양반이면 어느 산이고 제 산이라고 손을 내밀면 되었다. 2. 우리 집안 문제이므로 너희들은 이 일에 손을 내밀 필요가 없다. 3. 우리 부부가 처음 만났을 때, 남편이 먼저 나에게 손을 내밀어 왔다.

손(을) 뻗치다	1. 이제까지 하지 아니하던 일까지 활동 범위를 넓히다. 2. 적극적인 도움, 요구, 침략, 간섭 따위의 행위가 멀리까지 미치게 하다.

예시 1. 대기업들이 온갖 사업에 손을 뻗치자 중소기업들은 설 곳을 잃게 되었다. 2. 일본은 경제적인 면뿐만이 아니라 정치적인 면에서도 침략의 손을 뻗쳤다.

손(이) 맵다	1. 손으로 슬쩍 때려도 몹시 아프다. 2. 일하는 것이 빈틈없고 매우 야무지다.

예시 1. 조그만 게 어찌나 손이 매운지 맞은 자리가 한참 동안이나 얼얼하였다. 2. 그이는 손이 매워서 한번 시작한 일은 빈틈없이 해낸다.

손(이) 크다	씀씀이가 후하고 크다. ≒ 손이 걸다.

예시 손이 큰 어머니는 친구가 오면 언제나 음식을 푸짐하게 차리곤 하셨다.

손을 맞잡다	서로 뜻을 같이 하여 긴밀하게 협력하다.

예시 경찰과 교사들은 손을 맞잡고 온 힘을 다해 학원 폭력을 줄이기로 했다.

숨(을) 돌리다	잠시 여유를 얻어 휴식을 취하다.

예시 바쁜 일로 쫓기다가 요즈음에야 잠깐 숨을 돌리게 되었다.

숨(이) 막히다	1. 숨을 쉴 수 없을 정도로 답답함을 느끼다. ≒ 숨통(이) 막히다. 2. 어떤 상황이 심한 긴장감이나 압박감을 주다.

예시 1. 일 년 열두 달 한지붕 밑에 있으니까 때론 숨이 막혀. 2. 대상 수상자를 발표하는 숨 막히는 순간이었다.

씨도 먹히지 않다	제기한 방법이나 의견이 받아들여지지 않다. ≒ 씨알이 먹히지 않다.

예시 악덕 사장한테 내 말은 씨도 먹히지 않았습니다.

씨를 말리다	아무것도 남기지 아니하고 모조리 없애다.

예시 관속배나 양반들은 이 땅에서 하나도 남김없이 씨를 말려야 합니다.

19 | 앞뒤, 어깨

앞뒤(를) 가리지 않다	신중히 이것저것 생각하지 아니하고 마구 행동하다.

예시 평소에 성질이 차분하던 그답지 않게 앞뒤 가리지 않고 선무당 춤추듯 하였다.

앞뒤가 다르다	말이나 행동이 서로 맞지 않다.

예시 말이 서로 앞뒤가 다르다가 실없이 되면 안 된다.

앞뒤가 막히다	융통성이 없고 답답하다.

예시 이런 경우에까지 관례밖에 생각할 줄 모르는 그런 앞뒤가 막힌 윤 생원은 아니었다.

어깨가 무겁다	무거운 책임을 져서 마음에 부담이 크다.

예시 분에 넘치는 일을 맡게 되어 어깨가 무겁습니다.

어깨가 처지다 [낮아지다/늘어지다]	낙심하여 풀이 죽고 기가 꺾이다.

예시 적장들은 장수를 잃고 어깨가 축 처져서 촉석루 아래로 기운 없이 내려간다.

어깨에 힘(을) 주다	거만한 태도를 취하다.

예시 사법 고시에 합격했다고 너무 어깨에 힘을 주는 것 아냐?

20 | 이, 입

이(가) 갈리다	몹시 화가 나거나 분을 참지 못하여 독한 마음이 생기다.

예시 생각하면 괘씸해서 뽀득뽀득 이가 갈린다.

이를 악물다 [깨물다/물다/사리물다]	힘에 겨운 곤란이나 난관을 헤쳐 나가려고 비상한 결심을 하다.

예시 그는 이번 일은 꼭 해내겠다고 이를 악물었다.

입(을) 막다	시끄러운 소리나 자기에게 불리한 말을 하지 못하게 하다.

예시 입을 막으려고 뇌물을 주다.

입(을) 맞추다	서로의 말이 일치하도록 하다.

예시 그 일이 탄로 나지 않으려면 우리가 입을 맞춰야만 해.

입(을) 모으다	여러 사람이 같은 의견을 말하다.

예시 무리한 다이어트는 건강을 해친다고 의사들은 입을 모아 이야기한다.

입에 담다	무엇에 대해 말하다.

예시 그는 차마 입에 담지 못할 욕을 하는 친구에게 화를 냈다.

21 | 주머니, 침, 칼

주머니(를) 털다	1. 가지고 있는 돈을 모두 내놓다. 2. 강도질을 하다.

예시 1. 주머니를 털어도 그 물건을 살 수 없다. 2. 불량배가 행인의 주머니를 털었다.

주머니가 가볍다	가지고 있는 돈이 적다.

예시 오늘은 주머니가 가벼우니 저녁을 간단하게 먹자.

침(을) 삼키다[흘리다]	1. 음식 따위를 몹시 먹고 싶어 하다. 2. 자기 소유로 하고자 몹시 탐내다.

예시 1. 그들은 진수성찬을 보고 침을 삼켰다. 2. 언니하고 형부가 이 도련님을 두고 얼마나 침을 삼켰는지 아마 부인은 모르실 거예요.

침이 마르다	다른 사람이나 물건에 대하여 거듭해서 말하다. ≒ 입이 닳다, 입이 마르다, 혀가 닳다.

예시 아내 자랑에 침이 마르다.

칼을 빼들다	결함, 문제 따위를 해결하려고 하다.

예시 정부가 언론 개혁의 칼을 빼들 것인지에 관심이 쏠린다.

칼자루를 휘두르다	권력을 사용하다.

예시 신임 장관은 취임하자마자 칼자루를 휘두르면서 인사 개편을 했다.

22 | 피

피(가) 끓다	1. 기분이나 감정 따위가 북받쳐 오르다. 2. 젊고 혈기가 왕성하다.

예시 1. 거창하고 피가 끓고 영웅적으로 보이지만 전쟁이 생산하는 것은 오로지 주검뿐이다. 2. 지금 이 사람의 가슴속에도 그 뜨거운 피가 끓고 있습니다.

피(를) 토하다	격렬한 의분을 터뜨리다.

예시 백성들은 외적에게 강토를 빼앗길 수 없다고 피를 토하며 절규했다.

피가 뜨겁다	의지나 의욕 따위가 매우 강하다.

예시 그는 어떤 일을 맡겨도 해낼 수 있는 피가 뜨거운 사람이었다.

피가 마르다	몹시 괴롭거나 애가 타다.

예시 아이를 늘 포대기 속에 숨겨 놓고 바깥 동정을 살피기에 피가 마를 지경이었다.

피를 빨아먹다	남이 가진 것을 뜯어먹다.

예시 지금 수령은 백성의 피를 빨아먹고 살고 있소.

23 | 하늘, 허리

하늘에 맡기다	운명에 따르다.

예시 병원 측은 더 이상의 방법이 없다며 나머지는 하늘에 맡기자고 했다.

하늘을 찌르다	1. 매우 높이 솟다. 2. 기세가 몹시 세차다.

예시 1. 미루나무는 하늘을 찌르듯 높이 솟아 있었다. 2. 기세가 하늘을 찌르다.

하늘이 노래지다	갑자기 기력이 다하거나 큰 충격을 받아 정신이 아찔하게 되다.

예시 어머니는 빈혈이 있어 하늘이 노래지는 것을 느꼈다.

허리가 잘리다	1. 국토가 분단되다. 2. 어떤 행동이나 일이 중단되다.

예시 1. 조만간에 삼팔선으로 허리가 잘린 이 조선 땅이 한 나라가 되는 새 세상을 맞습니다. 2. 아들의 재촉을 받고서야 운암댁은 허리가 잘린 이야기를 주뼛 주뼛거리며 되잇기 시작했다.

허리가 휘다	감당하기 어려운 일을 하느라 힘이 부치다.

예시 아버지의 병원비를 대느라 허리가 휠 지경이다.